蒋新苗　等 著

老年人权益
法律制度比较研究

A Comparative Study
on Legal Systems of Rights and Interests
of the Elderly

法律出版社
LAW PRESS · CHINA
—北京—

图书在版编目(CIP)数据

老年人权益法律制度比较研究 / 蒋新苗等著. -- 北京：法律出版社, 2022
ISBN 978-7-5197-6454-8

Ⅰ. ①老… Ⅱ. ①蒋… Ⅲ. ①老年人权益保障法-研究-中国 Ⅳ. ①D923.84

中国版本图书馆CIP数据核字(2022)第030153号

老年人权益法律制度比较研究
LAONIANREN QUANYI FALÜ ZHIDU BIJIAO YANJIU

蒋新苗 等 著

责任编辑 陆帅文
装帧设计 凌点工作室

出版发行 法律出版社
编辑统筹 法律教育出版分社
责任校对 晁明慧 王 皓 王语童
责任印制 刘晓伟
经　　销 新华书店

开本 A5
印张 10　字数 240千
版本 2022年12月第1版
印次 2022年12月第1次印刷
印刷 唐山玺诚印务有限公司

地址：北京市丰台区莲花池西里7号(100073)
网址：www.lawpress.com.cn
投稿邮箱：info@lawpress.com.cn
举报盗版邮箱：jbwq@lawpress.com.cn
销售电话：010-83938349
客服电话：010-83938350
咨询电话：010-63939796

书号：ISBN 978-7-5197-6454-8
定价：42.00元
凡购买本社图书，如有印装错误，我社负责退换。电话：010-83938349

前　言

没有老年人，国家就完全不可能存在。

——［古罗马］西塞罗(《论老年》)

人口老龄化已经成为当今世界难以遏制的发展趋势，具体表现为：老年人口占比增加，年轻人口占比缩小。根据联合国的统计报告，2020年，全球65岁及以上人口为7.28亿，约占总人口的9%。这一比例预计在2030年将达到12%；2050年将达到16%；到2100年可能接近23%。世界上大多数国家和地区都不得不直面人口老龄化诱发的复杂问题、重大的社会风险、巨大的社会经济负担和政治压力，以及种种接踵而至的严峻挑战。积极应对人口老龄化问题已经成为全世界必须共同解决的时代重大课题。老年人群体的权利实现和利益需求备受关注，不少国家提供了良好的法治化保障。

1999年，我国步入老龄化社会行列，属于较早成为老龄社会的国家之一，也是当今世界老龄人口总数最多、老龄化速度增长最快的国家。截至2021年年底，我国60周岁及以上老年人口26,736万人，占总人口的18.9%；全国65周岁及以上老年人口20,056万人，占总人口的14.2%。全国65周岁及以上老年人口抚养比20.8%。[1] 在我国老龄化形势不断严峻的同时，老年人权益保障也不可避免地面临一些亟待解决的新问题。

---

〔1〕《2021年度国家老龄事业发展公报》，载 http://www.nhc.gov.cn/lljks/pqt/202210/e09f046ab8f14967b19c3cb5c1d934b5.shtml，最后访问日期：2022年10月30日。

党的十八大以来,党中央高度重视以老年人权益保障为核心的老龄化工作。近年,通过一系列的政策性文件,形成了较系统的应对老龄化工作政策体系。2019 年国务院《国家积极应对人口老龄化中长期规划》将应对老龄化提升为国家战略。同时深刻地认识到,老龄化问题具有多元化表现,关系着我国政治、文化、经济、社会各方面的和谐发展,是涉及社会整体利益的重要问题,如何有效保障老年人合法权益是落实积极应对老龄化国家战略的核心之所在。2021 年 5 月 31 日,中共中央政治局会议听取“十四五”时期积极应对人口老龄化重大政策举措汇报,对积极应对人口老龄化作出重大决策部署,要求贯彻落实积极应对人口老龄化国家战略,加快建立健全相关政策体系和制度框架。2021 年 11 月 18 日,中共中央、国务院印发《关于加强新时代老龄工作的意见》,从健全养老服务体系、完善老年人健康支撑体系、促进老年人社会参与、着力构建老年友好型社会、积极培育银发经济、强化老龄工作保障和加强组织实施等方面,对新时代应对老龄化工作作出部署。2022 年 2 月 21 日,国务院印发了《“十四五”国家老龄事业发展和养老服务体系规划》,进一步明确“十四五”期间要实施积极应对人口老龄化的国家战略,加快完善社会保障、养老服务、健康支撑体系。2022 年 10 月 16 日《中国共产党第二十次全国代表大会报告》特别强调:“实施积极应对人口老龄化国家战略,发展养老事业和养老产业,优化孤寡老人服务,推动实现全体老年人享有基本养老服务。”

与国家积极倡导组织的养老工作体系相对应,老年人权益法治保障工作的推进也不容忽视。随着全面依法治国的深入推进,中国特色社会主义法律体系日臻完善,我国老年人权益保障立法也形成了以宪法为基础,以《中华人民共和国老年人权益保障法》为主体,包括有关法律、行政法规、地方性法规、国务院部门规章、地方政府规章和有关政策在内的老年人权益保护法律体系,涉及老年人健康、福利、居家养老、社会参与等多项内容的制度体系。然而,自 1996 年

《中华人民共和国老年人权益保障法》发布以来，虽然历经多次修改，[1]但随着社会的日益变迁和经济、科技的飞速发展，特别是面对大规模的公共卫生事件以及互联网技术的日新月异，老年人权益保障在实践中面临困境。这种困境凸显了“权利”在老年人权益保障法律体系中的缺位，主要表现为：现行的法律规范呈现碎片化样态，没有体现老年人作为“权利”主体地位的存在，大部分条文将老年人看作医学护理、治疗、社会保护的对象，而并非看作权利的主体，能够主张权利和作为能动性的社会成员参与社会、共享发展成果，更没有明确为老年人所享有的政治权利、公民权利、经济权利、社会权利、文化权利构建一个综合的权利体系。权利的不确定，必将带来利益的不稳定。此外，相关的制度在实施中还存在欠缺老年人精神赡养的实质性保障措施等问题；老年人婚姻自主权受到限制；老年人监护机制缺乏实际可操作性；老年人就业歧视时有所见；等等。

美国著名政治社会学家西摩·马丁·李普塞特（Seymour Martin Lipset）有过一句名言“只懂得一个国家的人，他实际上什么国家都不懂”（Those who only know one country know no country）。比较法学家也常常借用歌德的一句箴言：“不知别国语言者，对自己的语言便也一无所知。”[2]对于老年人权益保障而言，一种可靠而稳定的法律秩序是我们追求的目标。比较分析的视野可以帮助我们在探索本国老年人权益保障的法律规则时，越过自己国家，关注外国以及国际社会应对类似或相同问题时业已形成的经验财富，走出有限的本国法律世界，通过法律的比较，加深对本国老年人权益保障制度的理解，从中获得关于如何改进和发展以及构造我国老年人权益保障制度的

---

[1] 《中华人民共和国老年人权益保障法》1996 年发布以来，分别于 2009 年、2012 年、2015 年、2018 年进行了修正或修订，最近的一次修正于 2018 年 12 月 29 日发布。

[2] [德]茨威格特、[德]克茨著：《比较法总论》（上），潘汉典、米健、高鸿钧、贺卫方等译，法律出版社 2017 年版，中译本序。

重要启迪。

全书共五章,紧紧围绕在老年人权益国际法律保护统一化运动的背景下老年人权益保障法律制度这一中心议题,运用比较研究方法,在知识体系上主要以法学、社会学的分析视角探究全球性的、区域性的及典型国家老年人权益保障的方式和途径,从全球、区域、典型国家三个维度全面系统地梳理了老年人权益法律保护的历程以及有益的制度设计,以开放的视角看待不同国家和地区如何处理老年人权益保障问题,并提出了我国对老年人权益国际法律保护统一化挑战的因应之策。在内容选取上,既考虑到老年人在养老服务中主要面临的权益保障的具体需求,又考虑了老年人权益维护的全面性和整体性;既有国际社会以及区域的共识,也有国别经验;既涉及国际人权法视角下的国际社会对老年人权利保护的制度安排,也有国际私法视角下的老年人纠纷解决在法律适用上所涉及的法律冲突、管辖权方面的法律规制。同时,在内容上还根据《中华人民共和国老年人权益保障法》的内容,围绕着老年人社会保险、社会救助、社会福利、社会服务等方面进行设计,力争以整体观来综合考察老年人权益的保护,从宏观到微观,从理论到实践展示当今世界人类面临人口老龄化这一共同挑战之下的共识与分歧。

第一章,老年人权益国际法律保护统一化的历史沿革。从"老年人"概念界定的多样化、高龄化社会的现实、老年人国际流动频繁以及各国立法的趋同化四个方面,论证了老年人权益国际法律保护统一化趋势存在与发展的历史原因和现实基础。因老年人权益国际法律保护统一化运动的萌芽产生于联合国,从而本书全面总结了联合国对该统一化运动的正式启动与发展作出的主要贡献。鉴于海牙国际私法会议制定的《成年人国际保护公约》对老年人权益国际法律保护统一化运动的影响尤为深远,本书着重对《成年人国际保护公约》的制定背景与出台历程作了具体阐述。

第二章,区域性统一老年人权益法律保护的历程。本章选取了欧洲、美洲、亚洲、澳洲与非洲五个地理区域，对世界范围内区域性统一老年人权益法律保护历程进行了全面梳理，剖析了各地区有关老年人权益法律保护的历史、现状与主要成就。同时，考虑到一些国家在老年人制度构建上做出了相当大的努力且成果显著，本章在该部分针对部分国家进行了国别研究。

第三章，海牙国际私法会议在老年人权益国际法律保护统一化进程中的贡献。本章概括性分析了海牙国际私法会议为促进国际社会老年人权益法律保护统一化所作的贡献，集中揭示了《成年人国际保护公约》的基本特征与主要内容。《成年人国际保护公约》虽并非专门为保护老年人权利而制定，但其填补了联合国在老年人权益保护方面的空白，因此对老年人权益国际法律保护具有重要意义。

第四章，联合国统一老年人权益国际法律保护规则的展望。本章通过引入《老年人权利国际公约》的起草背景，指出在联合国现有的人权框架下，无论是有约束力的联合国核心人权条约，还是不具有约束力的政治性文书，都体现出老年问题被边缘化，老年人的人权问题没有得到足够重视的现状，并日益加剧，因而制定《老年人权利国际公约》势在必行。本章对《老年人权利国际公约》应具备的主要内容提出了构想，认为其应当对老年人的定义、基本原则与权利框架这三方面的内容进行明确规定。最后，本章按照经济、文化、政治、法律四个维度，深入分析了《老年人权利国际公约》实施过程中可能面临的障碍。

第五章，我国对老年人权益国际法律保护统一化挑战的因应措施。本章主要从“国际”与“国内”两个层面入手，探讨我国如何迎接老年人权益国际法律保护统一化带来的挑战。一方面，我国在老年人权益保护方面，已取得举世瞩目的成就，并积极参与有关老年人权益保护的国际活动，显示出中国尊重保护老年人权益的坚定立场，通过必要性和可行性分析，表明我国签署和批准海牙《成年人国际保护公约》是必要之举。另一方面，从国内的现实情况看，我国老龄化趋势对老年人权益保护提出了严峻挑战。为此,本书着重揭示了老年人权益保护立法上的缺陷,主要体现为:欠缺对精神赡养的实质性保障措施、老年人婚姻自由权难以保障、老年人监护机制缺乏实际可操作性、未涉及老年人就业年龄歧视,等等,并提出相应的对策,以进一步健全和完善我国老年人权益法律保护机制。

尽管我们已经竭尽所能,但由于主观能力和实际经验的欠缺,无论是老年人权利基础理论研究,还是权益保障制度研究,本书尚有许多不足和遗憾。因此,我们衷心希望所有关心老龄化和支持老年人事业的大方之家能够给我们提出宝贵的意见,使我们在进一步研究和修改的基础之上,为探索中国特色的应对老龄化之策贡献力量。

目　录

第一章　老年人权益国际法律保护统一化的历史沿革

第一节　老年人权益国际法律保护统一化动议的提出

一、老年人权益国际法律保护统一化产生的原因

国际社会出现老年人权益法律保护统一化趋势并非偶然，也不是某个人或某个组织的凭空想象，更非学者或立法者的主观臆造，而是建立在社会历史发展和现实需要的客观基础之上的。它是各国政府、国际组织通过对老年人权益保护的客观情况、发展前景的社会预期和各国权益保护实践进行综合考量而作出的理性抉择。

老年人权益国际法律保护统一化运动的产生与发展有着深刻的历史原因与背景。随着人类物质生活水平的提高，特别是伴随现代医疗技术的发展，社会老龄化的普及化程度随着人类整体寿命的延长而不断提高，老年人权益保护成为各国政府乃至国际组织不得不予以高度重视的现实问题。因此，整个国际社会要求加强老年人权益法律保护的呼声日益高涨。具体而言，老年人权益国际法律保护统一化的产生，主要根源于全球缺乏有关老年人的统一定义、高龄化社会的出现、老年人的国际流动性与世界各国老年人权益保护立法与司法实践的差异性等因素。

（一）老年人界定多样化的理论压力

关于“老年人”概念的界定，一直难以形成一个统一的定义，更难

以确定一个全球一致的标准。在不同国家、不同地区、不同历史时期、不同宗教、不同文化传统背景下,“老年人”的界定方式亦各有不同。有人认为,做了祖父祖母就是进入了老年,有人则认为退休就是进入老年的标志,还有人认为头发、眉毛、胡须变得花白才是老年人最明显的特征。

我国古代曾将50岁作为区分“老年”和“壮年”的分界线,例如,《礼记·曲礼上》就提出:“五十曰艾。”[1]因而古称六十岁的人为“耆”,通常将六十岁称为:耆艾、花甲之年、[2]耳顺之年[3]等。而按古代关于寿年的称谓,古人以六十为下寿、七十为中寿、九十为上寿。[4] 有时人们还将一个人年龄达到六十一岁称为“还历寿”。[5] 对于年满七十岁的人,古称“耄”。[6] 通常也有将七十岁称为:古稀之年、[7]从心之年、悬车之年、杖围之年。对于年满八十岁的人,古称“耋”。[8] 通常也有将八十岁称为:朝枚之年、朝枝之年、耄耋之年。在古代,人活到一百岁或百岁以上,颇受称赞。人们常将“长命百岁”作为祝寿之词。人至百岁,饮食、居住、行动各方面都需要孝子

〔1〕《礼记·曲礼上》。

〔2〕孔子曰:“吾十有五而志于学,三十而立,四十而不惑,五十而知天命,六十而耳顺,七十而从心所欲。”参见《论语·为政》。

〔3〕这是按古代计算年代的方法确定的。因为,天干地支配合用来纪年,天干有十,地支十二。从甲子起,六十年成一周,因此,称六十岁为花甲。

〔4〕由于我国书法中草书的“喜”字似七十七,故特代指77岁,也就将77岁称为“喜寿”;因米字拆开好似八十八,故借指88岁,故称88岁为米寿;因99为百少一,故借指99岁为“白寿”;由于茶字上面廿,下面为八十八,两者相加得108岁,故称108岁为茶寿。

〔5〕由于按干子纪年法,60年为一轮,61岁正是新一轮重新算起的时候,所以称为“还历”。

〔6〕《盐铁论·孝养》:“七十曰耄。”

〔7〕杜甫《曲江》:“酒债寻常行处有,人生七十古来稀。”

〔8〕《礼记·曲礼上》:“八十九十曰耋”;《尔雅·释言》注:“八十为耋”;《毛传》又云:“耋,老也,八十曰耋。”

照养，所以，“百岁”也称作“期颐”。[1]

然而，完全根据出生年龄作为界定老年人的依据并不能谓之合理。在现实生活中，同龄之人，身体条件却相差悬殊：或有人身强体健；或有人身染沉疴；或有人壮心不已；或有人已经丧失了面对生活勇气。显然，武断地以年龄作为界定老年人的标准并不能谓之妥当。因此，有学者主张区分年代年龄、生理年龄、心理年龄及社会年龄，按不同标准界分老年人。由于根据年代年龄即出生年龄作为区分老年人的标准存在较大局限性，[2]应在具体实践中结合综合因素准确界定老年人。

第一，根据生理年龄来界定老年人。所谓生理年龄就是指以个体细胞、组织、器官、系统的生理状态、生理功能以及反映这些状态和功能的生理指标确定的个体年龄。按照生理年龄的科学分期标准，以60岁作为衰老前期和衰老期的分界线。由此，老年人的年龄起点应划定在60岁为宜。值得注意的是，生理年龄和年代年龄并不是完全相同的概念，而是有着严格的区分标准。生理年龄的测定主要采用血压、呼吸量、视觉、听觉、血液、握力、皮肤弹性等多项生理指标来决定。

第二，根据心理年龄来确定老年人。所谓心理年龄是根据个体心理学活动的程度来确定的个体年龄。心理年龄以意识和个性为其主要测量内容，一般以年龄60岁作为心理成熟期和衰老期的分界线，进入心理衰老期的人群可以谓之老年人。同样，心理年龄虽然与年代年龄具有一定的相关性，但二者也不能混为一谈。如生理年龄

---

〔1〕《礼记·曲礼上》：“百年曰期颐。”郑玄注：“期，犹要也；颐，养也。不知衣服食味，孝子要尽养道而已。”

〔2〕所谓根据年代年龄划分老年人与壮年，也就是根据出生年龄划分老年人与壮年。出生年龄通常就是指个体离开母体后在地球上生存的时间。西方国家把45~64岁称为初老期，65~89岁称为老年期，90岁以上称为老寿期。发展中国家规定男子55岁，女子50岁为老年期限。根据我国的实际情况，规定45~59岁为初老期，60~79岁为老年期限，80岁以上为长寿期。

已近古稀的人，其心理年龄可能只有二三十岁。

第三，根据社会年龄来确定老年人。所谓社会年龄是根据一个人在与其他人交往的角色作用来确定的个体年龄。也就是说，一个人的社会地位越高，发挥的作用越大，社会年龄就越成熟。虽然界定老年人仍应以年代年龄作为主要参照，但年代年龄乃是先天形成，人类可以通过后天的社会行为改变其生理年龄、心理年龄和社会年龄，并反作用于年代年龄。所以，界定老年人应结合多种情况综合判定。[1]

尽管对界定老年人的标准存在不同看法，但目前实践中还是无法抛弃出生年龄这一传统标准。欧洲大部分国家和北美就通常以65岁为界，超过此界限者定为老年人。世界卫生组织（World Health Organization，WHO）对老年人的定义为60周岁以上的人群。[2]

新中国成立以后，国家非常重视老年人问题。经过不断摸索，我国对老年人的界限给予了明确的立法规定。在我国立法与司法实践中，一般将60岁作为划分“老年”与“壮年”的标准。《中华人民共和国老年人权益保障法》对此亦作了类似的规定。

可以说，无论是理论界还是实务部门，无论是发达国家还是发展中国家，无论是政府间组织还是非政府间组织，对如何确定老年人的划分标准，始终未能找到一种被普遍认可的依据。这种状态有碍于老年人权益在国际社会获得有效的法律保护。因而，面对这一古老而棘手的传统难题，世界各国和国际组织都希望通过老年人权益国际法律保护统一化予以彻底解决。

（二）高龄化社会的迫切要求

人口老龄化问题不仅在部分地域持续存在，伴随社会发展水平

---

〔1〕 刘灵芝：《中国公民养老权论》，吉林大学2008年博士学位论文，第134页。

〔2〕 其中60岁至74岁为年轻老年人，75岁至89岁为一般老年人，90岁以上为长寿老年人。参见 http://new.qq.com/omn/20210120/20210120A03N1K00.html，最后访问日期：2022年6月8日。

的不断提高和人均寿命的提升,人口老龄化问题逐渐成为世界性的社会问题。

实际上,人口老龄化是社会文明进步的重要标志。因为,伴随医疗技术的发展、人类生活方式的改良、物质文化水平的提高,人类寿命不断增加。有学者将人类社会的寿命史分作三个飞跃阶段:第一次飞跃是人类平均寿命从30岁提高到45岁的时期。实现这次飞跃的原因是科学技术的发展促进了生产力的发展,使人类的生活条件得以部分改善,饥荒得以部分地缓解。第二次飞跃是依托科学技术的突飞猛进,社会生产力极大发展,物质文化生活得以显著改善。同时生命科学的进步,各种抗生素药物和科学的免疫接种法问世,使传染病得到了有效的控制。因此人类寿命从45岁提高到70岁左右。人类寿命的前两次飞跃的真正动力,是科学和经济。人类寿命实现第三次飞跃,靠的还将是科学与社会的巨大进步,各种疾病能有效地控制。届时,人类的平均寿命还将有明显的提高。[1]

根据联合国提供的统计数字,全世界人口中年龄超过60岁者,1950年约为2亿,1970年达到3亿,2000年达到6亿,2002年达到6.29亿,[2]2010年达到7.6亿。据科学预测,2020年全世界60岁以上的老年人将达到10亿;2050年60岁以上老人人数将猛增到19.64亿,[3]占世界总人口的21%,平均每年增长9000万,并将超过14岁以下的儿童人口的总数。[4] 具体到各大洲:2050年,非洲老龄人口

---

〔1〕张雨明:《中国女性老年人的生活现状与需求研究》,华东师范大学2008年博士学位论文。

〔2〕2002年全球60岁以上老年人口达到6.29亿,占世界人口总数的10%,并且正在以比总人口快得多的速度递增。

〔3〕到2050年,百岁老人将从2002年的约21万增加到320万。

〔4〕http://www.pladaily.com.cn,最后访问日期:2019年5月18日。

将从4200万上升到2.05亿;亚洲从3.38亿增加到12.27亿;[1]欧洲从1.48亿增加到2.21亿;美洲从9600万增加到3亿。

同时,第二次世界大战后,在战后出生率显著降低的影响下,人均寿命的提升较为显著,已经达到66岁。据有关机构的统计预测,从2000年到2050年,60岁以上的老年人总量将会增加约1倍。老年人口数量占世界总人口的比例将与儿童人口的比例基本相同,达到21%左右。这个历史性的人口统计结果——从高出生率、高死亡率到低出生率、低死亡率——将使全世界老年人和儿童的比例第一次相等。[2] 这种双向发展使全球几乎所有国家的人口结构都不可避免趋向老龄化。

根据联合国1982年举行的"世界高龄者问题会议"的定义,按照高龄人口在国家总人口的比重差异等因素,不同的国家和地区可以划分为"高龄化社会"、"高龄社会"和"超高龄社会"三种形态。[3] 目前,已经进入高龄化社会的国家或地区已经占到全球的35%左右。

根据2020年第七次人口普查的结果,我国总人口数为14.1亿,

---

[1] 联合国亚洲及太平洋经济社会委员会社会发展司司长南达女士(Nanda Krairiksh)指出:亚太地区老龄化现象尤为突出,其增长规模超过了世界上其他任何地区。2010年亚太地区60岁以上人口数量略超过4亿,占全世界老龄人口的一半多,到2050年将会超过12亿,将占全球老龄人口的2/3。到那时,亚太地区每4个人中就会有一个年龄在60岁以上。参见http://www.xzll.gov.cn/html/2041.html,最后访问日期:2019年5月18日。

[2] 在许多发达国家,老年人的数量已经超过了儿童,而且出生率已经跌落到谷底。到了2050年,很多国家的老年人数量将是儿童的2倍。与此同时,在发展中国家,老年人的比例也将从现在的8%上升到2050年的21%,儿童的比例从33%下降至20%。更加引人注目的是老龄化的进程,即不超过30年,全世界3/4的老年人将生活在发展中国家。此外,不管城市化的步伐有多快,发展中国家的绝大多数老年人仍将生活在农村。参见http://www.un.org/chinese/esa/ageing.htm,最后访问日期:2019年5月18日。

[3] 一个国家65岁以上的老年人在总人口中的比例超过7%,或60岁以上的人口超过10%,便被称为"高龄化社会";超过14%的,则称为"高龄社会";超过24%的,则称为"超高龄社会"。王竹青:《德国从成年人监护制度到照管制度的改革与发展》,载《北京科技大学学报(社会科学版)》2005年第2期。

其中,60 岁及以上人口为 26,402 万人,占 18.70%(其中,65 岁及以上人口为 19,064 万人,占 13.50%)。与 2010 年相比,60 岁及以上人口的比重上升 5.44%。我国人口老龄化程度进一步加深,未来一段时期将持续面临人口长期均衡发展的压力。

"银发浪潮"来势迅猛,如今每 10 个人中就有 1 个花甲老人,而到 2150 年每 3 个人中就有 1 个花甲老人。目前,作为 1/4 人口均为老年人的意大利,已经成为全球老龄化最为严重的国家。亚洲国家日本的情况也不容乐观。[1]

人口老龄化已成为当今世界一个十分突出的社会问题,其衍生出的劳动力短缺等问题已经对全球社会治理和经济发展产生影响。[2]如果目前的社会保障和福利政策不变,各国政府的养老金支出将成倍增加。人口老化还将加重社会抚养不从事经济活动的老年人的负担。[3] 正如联合国一人口学家所说:"当年龄的增长如预言一样时,年轻者与年老者的比例将经历一个历史性的转变,人口统计学的革命将进入第三代。"[4]根据有关资料研究,因年龄增长而逐渐丧失判断能力或行为能力的老年人很容易自我疏忽(Self - neglect)和虐待(Abuse by Others),因此在人身和财产上容易遭受侵害。因此,需要在必要的范围内为其设立保护制度,尤其需要在全球建立统一有效的法律保护机制。

---

〔1〕 目前大约 6 个在工作的人需抚养 1 位老年人,而到 2025 年将由 3 人抚养 1 人。

〔2〕 以欧盟为例,2000 年年底,欧盟国家 73% 的劳动力养活 27% 的退休者,而到 2050 年,将由 47% 的劳动力养活 53% 的 65 岁以上的退休老人。据人口专家预计,到 2030 年,西方 7 个主要工业化国家 65 岁以上人口将占全部人口的 22%,而在 1980 年仅占 12.5%。日本、美国和德国 60 岁以上的老年人人数 40 年后将会翻一番。

〔3〕 祝亚雄:《奥地利养老保障制度研究》,复旦大学 2007 年博士学位论文。

〔4〕 *Population Development of Department of Econ. & Soc., Affairs of the United Nations*, (*April.* 10, 2019), *The Ageing of the World's Population*, http://www.un.org/esa/socdev/ageing/agewpop.htm,最后访问日期:2019 年 5 月 19 日。

（三）老年人国际流动的现实需要

作为老年人口在全球总人口比重上升的必然结果，老年人的国际流动频率和范围也在与日俱增和扩大。尤其是相当一部分达到退休年龄的老年人的国际流动性不断增强。究其原因，一是寻找舒适、气候温暖的地域安度晚年，二是随子女迁徙国外。由此，也就产生了涉及跨国流动的老年人权益的国际法律保护问题。[1] 同时，现在医疗技术的进步不仅允许自身健康的老年人自由地迁徙，也允许患有疾病的或生命垂危的老年人能够自由迁徙。一些患病老年人为了获得更好的治疗而迁徙到国外的可能性增加，而他们迁徙后更需要国际社会为其提供有效的国际法律保护框架。特别是20世纪末，随着国际社会人权观念日益深入人心，无论是立法还是司法活动，均不仅强调社会的形式平等，且更注重社会中的弱者权益保障以实现实质正义。这就需要整个国际社会不分国别、不分国籍、不分地域地全方位照顾和保护老年人权益。

（四）世界各国老年人权益保护立法趋同化的客观要求

老年人在传统家庭中一般居于家长地位。然而，随着人口的流动性增强，传统的家庭结构正在发生改变，在许多情况下，传统的家庭结构正在破裂。据有关机构统计，在西方国家，老年人同子女合居的，英国占1/3，美国占1/4，丹麦不足1/5；只有老年夫妇和单身老人居住的户数，英国占55%，美国占65%，丹麦高达73%，这些老年人独居的比例还有上升的趋势。[2] 这样，传统的家庭养老模式正在向家庭养老和社会养老并重的模式转化，由亲属以外的个人或者社会养老机构承担保护责任将是大势所趋。不过，世界各国政府和社会养老的做法千差万别，效果迥异。同时，一些进入高龄行列的老年人

---

〔1〕 Cynthia Sharp Myers, *Jurisdictional Issues in Interstates and International Guardianships*, Elder Law Report, p. 3 (2000).

〔2〕 韩德培：《人权的理论与实践》，武汉大学出版社1995年版，第689页。

拥有了一定数量的财产,如何管理,特别是如何处理财产的国际继承、国际遗赠等问题,亟须完善相关的国际法律制度。然而,全球各国保护老年人权益的立法与司法水平参差不齐,不仅发展中国家有关老年人权益保护法律制度与发达国家有关老年人权益保护法律制度存在较大差别,而且即使在发展中国家内部之间或发达国家内部之间也不完全一致。因此,各国为了加强保护老年人的合法权益,不断在立法与司法中寻求最佳的法律措施。由此,各国学者和立法者不断探究别国的相关法律制度是否存在较好的解决办法。[1] 在各国涉及老年人权益保护的国内法创制过程中,通过理性权衡和考量,选择性地吸收或移植外国的相关法律规则或把国际实践中公认的普遍法律实践纳入自己的国内法。实际上,各国乃至国际社会老年人权益保护立法,必然是一个互相学习、互相借鉴、互相渗透的过程。因此,世界各国的老年人权益保护立法必将会从旧的观念和法律制度中解放出来,继承往昔那些适应新时代需要的法律观念和法律制度,淘汰那些不适应新时代需要的法律观念和法律制度,并在实践中形成各种与时俱进的新的法律观念和法律制度。[2]

当今世界各国老年人权益保护立法的趋同化,不仅客观上要求推进老年人权益国际法律保护统一化,而且为老年人权益国际法律保护统一化进程提供了内在的动力。

二、老年人权益国际法律保护统一化运动的萌芽

“银发浪潮”的出现,既不断给世界各国敲响警钟,又迫使整个国际社会不可等闲视之。来势迅猛的社会老龄化趋势,一方面困扰着整个世界,另一方面又因全球警醒而为老年人权益保护提供新的

---

〔1〕 Israel Doron & Ann M. Soden, *Beyond Elder Law: New Directions in Law and Aging*, Springer, 2012, p. 8.

〔2〕 李双元:《再谈法律的趋同化问题》,载《国际法与比较法论丛》(第四辑),中国方正出版社 2003 年版,第 634 页。

机遇。

人口老龄化问题引起了国际社会的普遍关注。联合国和许多国家[1]都组建了以老龄问题为研究目标的相应科研机构，研究范围涵盖了从自然科学到社会科学的多个研究领域。这些研究也在一定程度上加速了老年人权益国际法律保护统一化进程。

在理论研究与实践的推动下，国际社会对老年人权益法律保护的认识水平不断提升。目前，全世界已普遍意识到：应当把全球老龄化的进程同更广泛意义的发展结合起来，在制定相关老龄政策时，应普遍征求社会各界的意见。[2] 老年人有权利为自己编织更美好的生活，老年人的世界应当被社会各界广泛接纳。[3] 一些国际组织积极参与老年人权益国际法律保护统一化活动，不断提出全球倡议或指导原则。

为了应对全球的老龄化问题，联合国采取了一些初步行动。[4][5]具体而言，联合国在保护老年人权益方面所采取的主要行动有：

1948年，第213(Ⅲ)号决议在联合国大会获得通过，该决议与老年人权利宣言草案相关。

---

〔1〕 如我国、日本、瑞典、法国等国。

〔2〕 曾庆敏：《老年人权益保障与社会发展》，社会科学文献出版社2008年版，第16页。

〔3〕 Bessam Abdulrazak et al., *Towards Useful Services for Elderly and People with Disabilities: 9th International Conference on Smart Homes and Health Telematics*, Springer, 2011, p. 2.

〔4〕 早在1948年联合国大会通过一项关于老年人权利宣言草案的第213(Ⅲ)号决议的时候，有关老年人(年长的人或年老人)在社会上的地位这一主题就在不同的场合上附带地获得联合国大会和联合国特别负责社会问题的机关的关注。而联合国从1982年在维也纳召开第一次老龄问题世界大会以后，历届的联合国大会差不多都涉及了老龄化问题，先后作出了《维也纳老龄问题国际行动计划》《十一国际老人节》《联合国老年人原则》等一系列重大决议。

〔5〕 http://www.un.org/chinese/esa/ageing.htm，最后访问日期：2019年5月20日。

1969年12月11日,联合国大会通过《社会进步和发展宣言》[第2542(XXIV)号决议]。[1]

1973年,联合国大会通过了《年长与老年人问题的决议》[第3137(XXVIII)号决议]。[2]

1974年,世界人口会议通过《世界人口行动计划》。[3]

1982年7月26日至8月6日,联合国举行了第一次老龄问题世界大会。这次大会在奥地利首都维也纳召开,批准了《老龄问题国际行动计划》(以下简称《计划》)。[4]

1990年,第45届联合国大会通过决议,从1991年开始,每年10月1日确定为"国际老年人日"。

1991年,联合国大会所通过的《联合国老年人原则》确立了关于老年人地位5个方面的普遍性标准:自立、参与、照料、自我实现、尊严。

1992年(《计划》批准10周年),联合国大会召开了老龄问题国际会议,通过了《老龄问题宣言》,指明了进一步执行《行动计划》的

〔1〕 其中第11条提及保护老年人的权利和保证老年人福利的需要。联合国《社会进步和发展宣言》第11条规定:"(甲)提供全面的社会报站计划和社会福利事业,为所有因疾病、残疾或年老而暂时或永久不能谋生的人,制定和改进社会保障和社会保险方案,以保证这些人和他们的家庭维持适当的生活水准;……(丙)保护儿童、老年人和残疾人的权利并保证他们的福利;对在身体或精神方面处于不利状态的人提供保护;……"

〔2〕 这个主题也曾由若干专门机构于其活动中牵涉这个问题时而予以审议,主要包括国际劳工组织、世界卫生组织和联合国教育、科学及文化组织。

〔3〕 其中一项条款呼请所有各国政府于其发展政策中充分注意人口中老年人人数及其所占比率的变化所引起的问题。

〔4〕 《计划》就就业与收入保障、健康与营养、住房、教育与社会福利等方面提出行动建议。《计划》把老年人视为独特的、活跃的人口组别,这一人口组别具有多种能力,有时具有特殊的医疗保健需求。

方向，并决定将1999年定为“国际老年人年”。[1]

1997年9月8日，第52届联合国大会通过决议，确定1999年国际老年人年从1998年10月1日开始，主题是建立不分年龄人人共享的社会。

2002年，在马德里召开了第二次老龄问题世界大会。这次大会为21世纪的老龄问题谱写了新篇章。[2]

第二节　老年人权益国际法律保护统一化的正式启动与发展

一、联合国对老年人权益国际法律保护统一化的主要贡献

联合国在老年人权益国际法律保护统一化方面做了相当多的工作，其中最有影响的是组织召开两次老龄问题世界大会。

（一）第一次老龄问题世界大会的召开及主要成果

自1948年联合国大会通过第213（Ⅲ）号决议以后，联合国有关老年人问题的讨论就时断时续地被提及，但并未全面深入地涉及。直到1977年，联合国大会和联合国经济及社会理事会才开始专心致力于老年人权益保护问题。1977年12月16日，联合国大会第三十二届会议在注意到了经济及社会理事会1977年5月23日第2077（LXII）号决议后，通过了第32/132号决议（《年老问题国际和年老问题世界大会》）。该决议督促各国就召开一次老龄问题世界大会是否

[1] 国际老年人年的统一主题“建立不分年龄人人共享的社会”国际老年人年庆祝活动的概念框架要求解决四大根本问题：老年人的处境、终身的个人发展、代与代之间的关系、发展与人口老龄化之间的关系，http://www.un.org/chinese/esa，最后访问日期：2019年5月20日。

[2] 全国老龄工作委员会办公室、中国老龄协会编：《第二次老龄问题世界大会暨亚太地区后续行动会议文件选编》，华龄出版社2003年版，第2页。

可取一事提出意见，并决定将题为“年长与老年人问题”的项目列入联合国大会第三十三届会议议程，并在这一议程项目范围内，审议秘书长的报告和各成员国的有关意见。

1978 年 12 月 14 日，联合国大会第三十三届会议通过了第 33/52 号决议(《年长人问题世界大会》)，决定“在 1982 年主办一次世界大会，以便在会议上订出一项行动纲领来保证老年人得到经济和社会保障，并保证老年人有机会对他们本国的发展作出贡献”。在前述决议中，将世界大会草案方案编制事宜交由秘书长负责并督促其尽快实施，并通过经济及社会理事会提交联合国第三十五届大会讨论。

此后，老龄人问题世界大会的筹备工作，作为联合国秘书处、各专门机构和各有关机关的一项重要工作而按部就班地开展。1979 年 12 月 17 日，联合国大会第三十四届会议通过了题为“年长与老年人问题”的第 34/153 号决议。[1]

经济及社会理事会 1980 年春季会议审议了“年长人问题世界大会”这一议题。1980 年 5 月 2 日，理事会通过了第 1980/26 号决议，要求秘书长“从联合国外为年长人问题世界大会任命一名专任秘书，他应当是公认的老年人问题专家并具有联合国系统方面的经验”；理事会同时要求“应竭力使设置年长人问题世界大会秘书长一职位的

〔1〕 其中注意到了秘书长关于这个问题的进度报告，认识到越来越多国家的老年人数目和比例均在增加以及这种现象对一般社会，特别是对年老人在经济和社会方面有严重的影响，决议向各有关国家政府提出了一些建议，包括各国政府充分参加 1982 年世界大会的建议。此外，大会还督促秘书长收集世界大会各个区域筹备会议可予使用的数据，并应各国政府的要求协助他们规划和执行关于年长人的政策并协助他们从事参加世界大会的筹备工作。该决议还要求联合国各专门机构、其他国际组织——特别是联合国负责筹供资金的各机构——和取得经济及社会理事会协商地位的非政府组织继续其对有关老龄问题各项活动的注意和支持，参见 http://www. un. org/en/ga/docment. htm，最后访问日期：2022 年 5 月 29 日。

有关费用由现有资源和(或)自愿捐款项下支付”。[1]

联合国大会第三十五届会议在1980年12月11日第35/129号决议中核准了理事会的各项建议,并决定“鉴于老龄的个人和人口的老龄化问题之间的相互关系,决定把年长人问题世界大会改名为老龄问题世界大会”。[2]

联合国大会第三十六届会议(1981年)通过了两个有关老龄问题的决议。本次大会关于老龄问题的首个决议于同年12月9日获

〔1〕在该决议中,理事会向联合国大会提出下述建议:决定设立一个不超过23个成员国成员的年长人问题世界大会咨询委员会,其成员由联大第三委员会主席按照公平地域分配原则指派;请秘书长于1981年内尽早在维也纳国际中心召开咨询委员会会议;请秘书长同成员国协商,及时拟订一份国际行动计划草案,备供咨询委员会审议等。此外,理事会建议联大谋求各国政府、有关的专门机构、区域委员会和非政府组织在年长人问题世界大会的筹备工作方面及世界大会本身的工作方面给予合作。

〔2〕联大在同一决议中规定设立一个老龄问题世界大会自愿基金并请成员国向该基金提供捐助;联大还请联合国人口活动基金向世界大会的筹备工作继续提供经费资助;联大请成员国考虑设立国家委员会并在国家一级开展活动以支持世界大会的各项目的。最后,联大决定在第三十六届会议上根据秘书长进一步的报告和世界大会咨询委员会的报告讨论这一问题。联合国秘书长应经济及社会理事会业经联大核准的要求任命美国的威廉·克里根先生自1981年6月1日起为老龄问题世界大会秘书长。联合国大会第三委员会主席于1981年6月30日和8月13日两次致函通知秘书长,他已在依据公平地域原则同各地区集团协商后指派下列22个会员国为世界大会咨询委员会成员:贝宁、白俄罗斯、智利、哥斯达黎加、多米尼加共和国、法国、匈牙利、印度、印度尼西亚、日本、黎巴嫩、马耳他、摩洛哥、尼日利亚、菲律宾、西班牙、苏里南、瑞典、多哥、苏联、美国和委内瑞拉。咨询委员会于1981年8月17日至21日在维也纳举行了第一届会议,选出A. H. B. 德博诺先生(马耳他)为主席,并选出了委员会主席团的其他成员。咨询委员会特别审议了世界大会的筹备工作和拟议的工作安排以及老龄问题国际行动计划草案。委员会通过了一些有关世界大会开会地点、世界大会议程草案以及世界大会和该委员会第二届会议的工作安排的建议。

得通过；该决议是题为“年长人与老年人问题”的第 36/20 号决议。[1] 而另一个决议则是 11 月 13 日通过的题为“老龄问题世界大会”的第 36/30 号决议。[2]

老龄问题世界大会咨询委员会第二届会议于 1982 年 2 月 16 日至 22 日在联合国总部举行，会议经过了多次讨论和审议，通过了关于老龄问题世界大会的相关十项建议和决定。[3] 咨询委员会第三届会议在同年 6 月 3 日至 7 日于维也纳举行。第三届会议进一步对老龄问题国际行动计划草案文进行认真审议，并对世界大会筹备工作进行必要安排，并作出了部分决定。[4]

由秘书处、专门机构、各区域委员会倡议召开的技术会议也是老龄问题世界大会的重要筹备工作之一。技术会议对世界大会可能讨

---

〔1〕 该决议中向各国政府提出了一些有关为年长人和老年人采取的国家措施的建议，吁请成员国向联合国老龄问题世界大会信托基金自愿捐献，并特别请秘书长从事或加强某些与老龄问题有关的活动并将这些活动的结果向联大第三十七届会议提出报告。此外，大会还请联合国人口活动基金“继续在老龄问题领域提供财务支持，特别是在老龄问题世界大会将产生的行动计划的执行方面”。UN.，A/RES/36/20，http://www. un. org/chinese/esa/ageing/1stageing. htm，最后访问日期：2019 年 5 月 20 日。

〔2〕 该决议对有关老龄问题世界大会作出了一些专门的决定。大会欢迎奥地利政府愿意担任老龄问题世界大会的东道国；决定老龄问题世界大会于 1982 年 7 月 26 日至 8 月 6 日在维也纳举行，在世界大会召开之前，举行为期两天的会前协商会议，以便就程序性和组织性事项达成协议；核准老龄问题世界大会的组织机构；并请秘书长在有可以动用的资源的条件下于 1982 年上半年再召开两届老龄问题世界大会咨询委员会会议。

〔3〕 主要是关于参加老龄问题世界大会问题、老龄问题世界大会临时议程、老龄问题世界大会暂行议事规则以及咨询委员会第三届会议的会期、地点和议程。

〔4〕 咨询委员会特别推荐了临时议程修订文本以提交大会通过，同时就国际行动计划草案取得一致意见（有某些保留意见）。咨询委员会还向老龄问题世界大会提出关于大会及其各委员会程序加组织方面的各项措施的建议，供大会核准。这些措施包括议程项目分配任命全权证书委员会成员，选举总务委员会和主要委员会主席团成员，以及非政府组织参加老龄问题世界大会和他们的身份问题。

论的若干议题进行先行审议，发挥了重要的作用。[1]

随后，联合国各区域委员会或专门机构就各主要地区召开了一系列政府间会议。前述会议由各有关区域委员会主持，就世界大会的部分议案进行了先行讨论和审议。其目的是起草区域计划，这些区域计划可供编写有待老龄问题世界大会通过的国际行动计划时予以考虑。[2]

联合国系统的专门机构和其他有关组织也为老龄问题世界大会的召开贡献了力量，先后于1980年9月、1981年4月至1982年2月和1982年5月召开会议以审查并协调其在筹备老龄问题世界大会方面的各项活动和所做努力。一些联合国系统的专门机构和组织编写了有关老龄现象特定方面的文件或研究报告，提交老龄问题世界大会。

在老龄问题世界大会筹备工作中，与联合国进行了充分合作的机构还包括诸多具有与经济及社会理事会咨商地位的国际非政府组织。这些组织为筹备这次世界大会于1982年3月在维也纳举行了一次讨论会。

在联合国的大力推进下，经过多方努力，第一次老龄问题世界大会于1982年7月26日至8月6日在维也纳召开。出席这次大会的

---

〔1〕 例如，1980年6月在马耳他举行了一次中东和地中海地区专家会议。1980年12月在哥斯达黎加举行了有关拉丁美洲地区的会议；1981年1月在曼谷举行了有关亚洲及太平洋地区的会议；1981年6月应美国的一个非政府组织邀请召开了一次有关北美洲的会议；1981年6月应德国政府邀请举行了西欧会议。在东欧，基辅苏联医学科学院老年医学研究所与其他东欧国家的同类性质的机构联合编写了关于该地区出现的老龄问题的报告，参见 http://www.un.org/chinese/esa/ageing/1stageing.htm，最后访问日期：2019年5月20日。

〔2〕 1981年10月举行了关于亚洲及太平洋地区的区域性会议，1982年3月举行了关于非洲地区和拉丁美洲地区的会议。1982年3月举行了欧洲经委会地区的会议。西亚地区未安排政府间会议，而是向1982年5月举行的西亚经济委员会年会提交了一份载有关于老龄问题的政策方针和建议的文件，请会议核准以供编写国际行动计划草案之用。

有 124 个国家的代表团,包括 42 个由部长级官员率领的代表团。[1] 会议就三个方面的主要问题进行了充分讨论,这些问题包括世界人口老龄化的形势,导致人口老龄化的决定性因素和人口老龄化对社会经济的影响。会议得出的一致认识是无论是发达国家还是发展中国家都将面临老龄问题的挑战,老龄问题是全世界需要共同面对的问题,发展中国家的人口老龄化进程将逐渐超过发达国家。会议从政治、经济、人口、社会等角度分别就发展和人道主义两个方面进行了探讨。特别着重讨论了在老龄问题上各国政府应采取的政策和国际合作问题。大会一致通过了《老龄问题国际行动计划》(以下简称《1982 年行动计划》),明确宣称其目的是加强各国有效处理其人口老龄化和老年人的特殊问题和需要的能力,并通过建立新的国际经济秩序的行动和增强国际技术合作,特别是增强发展中国家相互间的技术合作,来促进处理老龄问题的适当国际行动。《1982 年行动计划》共分 4 个部分:导言、原则、行动和执行方面的建议。其中《老年人关切领域》的行动建议共 51 条,涉及保健和营养、保护老年消费者、住房和环境、家庭、社会福利、收入保障和就业、教育等七大领域。

第一次老龄问题世界大会通过的《1982 年行动计划》明确要求成员国应认识到迈入老龄阶段的人口日益增多,需要全人类给予充分的关注,并充分认识到人均寿命的增加所引发的经济压力和其他社会问题;决定个别地和集体地制定及执行国际、区域和国家各级的政策,使老年人有效地参与丰富多彩的社会生活,并让他们在和平、健康和有保障的情况下身心充分、自由地安享他们的晚年。该行动计划还强调各成员国应庄严地重申其坚信《世界人权宣言》所载的不可剥夺的基本权利应充分地、不折不扣地适用于老年人;严肃地认识到生活素质的重要性并不亚于长寿,因此应当尽可能地让老年人能

---

〔1〕 我国派出代表团出席第一次老龄问题世界大会,并在会上就我国老龄问题现状作了发言,参见 http://www.hudong.com/wiki/,最后访问日期:2019 年 5 月 21 日。

够在自己的家庭和社会中享受一种被珍视为社会整体一部分的充实、健康、有保障和令人心满意足的生活。

第一次老龄问题世界大会是人类历史上第一次全球范围的老龄问题大会,标志着人类社会已意识到20世纪和21世纪的人要解决面临的这个新问题并承担责任。在本次世界大会的推动下,将老龄问题纳入主要国际政策文件已成为国际社会的主流,各成员国积极制订和执行保护老年人的政策和方案,加强对老年人权益的维护和保障。[1] 由于国际合作是实现《1982年行动计划》目标所在,因此,在老年人权益保护方面,多边伙伴关系逐渐在多数国家与联合国组织、区域组织、非政府组织和私人基金会之间建立。成员国之间广泛的国际合作也为第二次老龄问题世界大会的召开奠定了基础。

(二)第二次老龄问题世界大会的召开及主要成果

《1982年行动计划》作为第一次老龄问题世界大会的主要成果,对于各成员国老龄政策制定和实践具有重要的指导意义。自1982年至2002年的20年时间里,《1982年行动计划》的执行既有成功的典范,也不乏失败的标本。尤其当人类步入21世纪后,世界人口老龄化日趋严重。有关调查显示:21世纪初世界上人口老龄化问题最严重的国家是西班牙、意大利和日本;俄罗斯、瑞典、瑞士、德国和比利时等国也是人口老龄化严重的国家;赤道几内亚、洪都拉斯、玻利维亚和巴拉圭等国家老龄化问题最轻。无论发达国家还是发展中国家,都无法回避老龄社会问题。在这种情况下,有必要召开第二次老龄问题世界大会,对各国政府老龄政策的制定给予指导和规划,促使老年人为社会作出积极贡献。

联合国大会首次提出召开第二次老龄问题世界大会问题是在其于1999年11月10日召开的第五十四届会议,前述会议通过题为"国际老年人年的后续行动:不分年龄人人共享社会"的第54/24号

---

[1] George Alexander, *International Perspectives on Aging*, Springer, 1992, p. 1.

决议。该决议委托社会发展委员会负责修订《1982 年行动计划》,并根据 1982 年以来情况的发展和 1999 年国际老年人年的经验,拟订老龄问题长期战略。[1] 该决议还要求社会发展委员会第 38 届会议专门讨论可否在 2002 年召开第二次老龄问题世界大会问题并提出具体建议,通过经济及社会理事会向第五十四届联合国大会提交有关该问题的报告。第 54/24 号决议对西班牙政府主动承担第二次老龄问题世界大会东道国的行为给予了高度的评价。[2]

联合国大会第五十四届第 97 次全体会议 2000 年 5 月 25 日通过题为"国际老年人年的后续行动:第二次老龄问题世界大会"的第 54/262 号决议。该决议正式决定在 2002 年纪念维也纳举行的第一次老龄问题世界大会二十周年之际举行第二次老龄问题世界大会,在"不分年龄人人共享社会"的主题范围内,全面审议第一次世界大会的成果,并且通过一项订正老龄问题行动计划和一个长期战略。该决议要求联合国大会邀请非政府组织、研究机构和私营部门参加世界老年人大会及其筹备进程;指定联合国社会发展委员会担任第二次老龄问题世界大会筹备委员会,并委托委员会负责引导关于《国际行动战略》的谈判。该决议倡导集中讨论如下问题:各国社会为回应人口老龄化进程而要采取的注重行动的措施;老龄问题与发展的关系,尤其是就发展中国家而言;将老龄问题纳入当前种种全球发展议程主流的措施;为建设不分年龄人人共享的社会,建立公共和私营部门之间、包括同非政府组织的伙伴关系的形式;使代与代之间更加和衷共济的措施等。不仅如此,第 54/262 号决议将联合国老龄问题方案交付社会发展委员会处理,并指定其为第二次老龄问题世界大会的秘书处。发动社会所有部门均须参加战略的起草工作,欢迎专家组会议、专题小组讨论、联合国各机构、基金、各国政府、非政府组

---

〔1〕 UN. ,A/RES/54/24,http://www. un. org/chinese/esa/ageing/1stageing. htm,最后访问日期:2019 年 5 月 21 日。

〔2〕 http://www. un. org/en/ga/54/docment,最后访问日期:2019 年 5 月 21 日。

织和民间社会提出意见或建议。第54/262号决议还特别督促联合国秘书长设立由一个自愿捐助供资的技术委员会，在筹备第二次老龄问题世界大会的过程中协助秘书长拟订向社会发展委员会提交的建议。[1]

联合国大会指出，着手修订1982年国际老龄问题行动计划并编写老龄问题长期战略，这是第二次老龄问题世界大会的中心任务和实质内容。《2002年倒计时》的目的是定期反映这个进程的诸多阶段。

联合国大会第五十四届会议第54/262号决议决定成立的由各个地区、不同专业的专家组成的技术委员会，其主要作用是向秘书处提出关于计划和战略内容的咨询意见；而秘书处的任务是起草计划和战略，当然他们须经政府间谈判和大会核准。技术委员会在第二次老龄问题世界大会筹备过程中，共召开了三次重要会议，专门讨论相关问题，协助秘书长编写提案并提交给联合国社会发展委员会（世界大会筹备委员会）。

联合国大会第五十五届会议于2000年12月4日通过题为"国际老年人年的后续行动：第二次老龄问题世界大会"的第55/58号决议。该决议正式确定于2002年4月8日至12日在马德里举行第二次老龄问题世界大会。要求联合国秘书处新闻部与秘书处经济和社会事务部及东道国合作，为第二次老龄问题世界大会开展一次大型宣传活动。另外，第55/58号决议还要求各成员国延长国际老年人年期间设立的国家委员会和其他机制的任务期限，以便开展各国筹备第二次老龄问题世界大会的工作。[2]

按照联合国第54/262号决议所成立的技术委员会第一次会议

〔1〕 UN.,A/RES/54/262,http://www.un.org/chinese/esa/ageing/1stageing.htm，最后访问日期：2019年5月21日。

〔2〕 UN.,A/RES/55/58,http://www.un.org/chinese/esa/ageing/1stageing.htm，最后访问日期：2019年5月21日。

于2000年6月13日至16日在法兰克福举行，会议由德国政府提供财政资助并由德国公共和私人福利协会主办。来自不同专业和地域有关部门的15位专家都以个人身份参加了法兰克福的会议。为期4天的第一次技术委员会会议集中讨论了修订行动计划的五个领域：重点、框架、基础、最终用户和格式、老龄问题长期战略的演变和内容。总的来说，会上专门审议了如何确保将来的订正计划和战略特别注意发展中国家的问题；专家们建议不必用具体章节笼统说明发达国家和发展中国家的情况，理由是这两类国家内部差别很大。此外，专家们一致同意“不分年龄人人共享的社会”这个概念是确定行动计划组织框架的有效方式。同时，有人提出用简明直接的分类突出发展中国家关注的问题，具体包括保健、人权、收入保障和就业、住房和环境、全球化、正规或非正规护理、家庭和多世代关系、研究、教育和培训以及终身发展等问题。

第二次技术委员会会议于2000年10月24日至27日在多米尼加共和国举行，由西班牙政府提供财政资助。第三次技术委员会会议于2001年4月23日至26日在奥地利举行。这两次会议强化了第一次技术委员会会议的成果，在提供投入方面发挥了关键作用。此外，会议讨论的草案中还收入了成员国、联合国机构和民间社会的多项意见和建议。

技术委员会三次会议成效显著。联合国秘书处在起草第二次老龄问题世界大会文件时集中考虑到这些会议的讨论情况和成员国、联合国系统、政府间组织和国际非政府组织等整个国际社会的投入。

在此基础上，作为第二次老龄问题世界大会筹备委员会的社会发展委员会，专门在纽约召开了三次会议讨论世界大会的草案。社会发展委员会举行的第二次老龄问题世界大会筹备委员会会议的时间分别是：第一次会议于2001年2月26日至3月2日召开，第二次会议于2001年4月30日至5月1日召开，第三次会议于2001年12月10日至12日召开。

在联合国主持下，经过各国、国际组织的多方努力，2002 年 4 月 8 日至 12 日在西班牙首都马德里顺利召开了第二次老龄问题世界大会。158 个国家和地区的代表团参加了大会，与会代表约 1500 人。许多代表团团长为政府的首脑，会议规格相当高。[1] 在西班牙召开的第二次老龄问题世界大会，其主要任务是制订面向 21 世纪国际老龄行动计划。

经过西班牙政府世界大会组织委员会的悉心安排，第二次老龄问题世界大会在马德里的市政大会堂顺利召开。大会的工作安排以全会和主要委员会为轴心。[2]

经过各成员国代表、联合国专门机构人员、非政府组织代表等与会人员的反复讨论、磋商，第二次老龄问题世界大会一致通过了《马德里政治宣言》和《2002 年老龄问题国际行动计划》。这是国际社会探索老年人权益保护统一化的重大尝试，大会的成果为 21 世纪全球强化老年人权利的法律保护提供了基本依据和行动指南。

《2002 年老龄问题国际行动计划》（以下简称《2002 年行动计划》）拟定了具体目标，提出了可行性建议，呼吁各国改变态度、政策和做法，挖掘和发挥 21 世纪内老龄化的巨大潜力。许多老年人的确有保障、有尊严地进入晚年，并增强他们本身参与家庭和社区生活的能力。《2002 年行动计划》的目标在于确保全世界所有人都能够有保障、有尊严地步入老年，并作为享有充分权利的公民参与社会活动。虽然认识到健康充实的老年生活奠基于早年，《2002 年行动计

〔1〕在 2002 年第二次老龄问题世界大会上，我国派出了以国务委员司马义·艾买提为团长及各涉老部门 20 多人组成的政府代表团参会，参见 http://www.un.org/chinese/esa/ageing/1stageing.htm，最后访问日期：2019 年 5 月 22 日。

〔2〕按照大会的程序安排，与会者可在全会上就各大主题进行一般性意见交流，而主要委员会和其他工作组将负责编写有关国际行动战略的意见，供第二次老龄问题世界大会全体会议审议通过。西班牙政府还主办了一系列圆桌讨论会，吸引独立专家、知名人士和在老龄问题上具有特殊利益的群体参加，目标在于促进各国政府同民间社会就涉及老龄化的重大问题和挑战开展广泛对话。

划》旨在作为一个实际工具,来协助决策者侧重同个人和人口老龄化相关的主要优先问题。《2002 年行动计划》在确认老龄社会共同特征的同时,结合各国的实际情况分别提出了有差异的政策性建议。《2002 年行动计划》认识到发展的许多不同阶段和目前在各不同区域发生的转型变化以及在全球化世界中各国的相互依存关系。

鉴于传统的"福利方法"过分强调为扶持老年人必须提供照顾和福利,而未将老年人作为政策制定的主体,存在显著的缺陷,《2002 年行动计划》决定不再采取这种方法。[1] 《2002 年行动计划》要求,关于老龄化问题的政策应从更广的生命过程的发展观点以及整个社会的角度来仔细审查,并且考虑到最近提出的全球性倡议以及各次主要的联合国会议和首脑会议已制定的指导原则。老年人作为人口中增长迅速的群体,如果他们仍然被排除在发展进程之外,国家的发展目标就难以实现。[2]

为此,主要的联合国会议和首脑会议及大会特别会议和审查后续进程已在各级确定了目标、目的和承诺事项,以便改善所有人的经济和社会状况。[3] 必须在这些框架内考虑老年人的特定贡献和关心事项。实施上述各项规定将能帮助老年人充分地为发展作出贡献,并平等地从中获得利益。《2002 年行动计划》中贯穿了一些中心

---

〔1〕 Israel Doron & Ann M. Soden, *Beyond Elder Law: New Directions in Law and Aging*, Springer, 2012, p. 7.

〔2〕 全国老龄工作委员会办公室、中国老龄协会编:《第二次老龄问题世界大会暨亚太地区后续行动会议文件选编》,华龄出版社 2003 年版,第 25 页。

〔3〕 http://www.un.org/en/ga/57/docment,最后访问日期:2019 年 5 月 22 日。

主题，与这些目标、目的和承诺事项一脉相承。[1]

老年人平等、有尊严地参与社会生活，必然要求各国政府能够采取行之有效的措施促进和保护公民的基本人权和基本自由，增加社会对年龄差异的包容性。采取有效的措施反对年龄歧视，使老年人获得来自他人与社会的公正对待，对于保证老年人受到应有尊重而言，至关重要。实现不分年龄人人共享的社会必须建立在基本人权和基本自由获得充分保护的基础之上。在这方面，必须通过广泛而有效的对话，培养、强调和鼓励世代之间的互惠关系。[2]

老年人与发展、促进老年人的健康和福祉、确保有利的和资助性环境是行动建议确立的三个优先方向，其是影响老年人生活保障的程度的重要因素。这些优先方向的目的在于指导政策的制定和执行，以便实现成功地适应老龄化世界的具体目标，从而可以按照社会发展、老年人生活品质方面和维系一生幸福的各种正式的和非正式制度的持续性方面改善的程度来衡量成败。[3]

---

〔1〕 其中包括：充分实现所有老年人的所有人权和基本自由；使老年生活安全无虞，这涉及重申消除老年贫穷的目标以及在《联合国老年人原则》的基础上作进一步发展；使老年人能够通过赚取收入工作和志愿工作，充分和有效地参与其社会的经济、政治和社会生活；通过诸如获得终身学习的机会和参与社区生活，为整个一生和晚年的个人发展、自我实现和幸福提供各种机会，但同时认识到，老年人并不是一个没有差异的群体；确保老年人充分享有经济、社会和文化权利以及公民和政治权利，并消除对老年人的一切形式的暴力和歧视；通过消除性别等方面的歧视来确保老年人的性别平等；认识到家庭、世代相互依存、团结和互惠对于促进社会发展极为重要；提供老年人所需的保健和资助，并对其提供社会保护，包括预防和康复性保健；促进各级政府、民间社会、私营部门和老年人本身各方间的合作，把《国际行动计划》变为实际行动；特别是在发展中国家内，利用科学研究和专门知识，并发挥技术的潜力，集中注意老龄化所涉及的个人、社会和保健等问题；认识到老年土著人的境况及其独特的处境，并认识到有必要设法使其对直接影响到自己的决定有实际的发言权。

〔2〕 Elvira Pulitano, *Indigenous Rights in the Age of the UN Declaration*, Cambridge University Press, 2012, p. 37.

〔3〕 全国老龄工作委员会办公室、中国老龄协会编：《第二次老龄问题世界大会暨亚太地区后续行动会议文件选编》，华龄出版社2003年版，第289页。

把老龄问题纳入全球议程的主流至为重要,国际社会必须作出一致努力,以便对政策一体化采取广泛公正的观点。其任务是把老龄化问题同其他社会经济发展和人权的框架联系在一起。虽然具体政策会因国家和地区而异,但人口老龄化是一种全球性力量,同全球化一样,足以改变未来。各国政府对下述事项应该有充分的认知,老年人不仅能够通过自身的行为来改变自己的生存状态,并且能够通过提高自身参与社会的能力来对社会带来积极的影响,其所能够产生的社会贡献不容忽视。承认老龄人口所能产生的社会发展能量正是前瞻性思考的重要体现。

另外,《2002 年行动计划》的执行并不会是一条平坦垂直的道路,也不会是一个自发的进程,而是逐步发展的过程;预计国家间和国家内的行动速度和方向也不尽相同。特别是对发展中国家和经济转型期国家来说,也许可确定执行进程的两个普遍和基本方面:国家能力建设和将老龄问题纳入国家发展议程的主流。这两个方面是相互关联、相互依存的。《2002 年行动计划》的执行战略不应是一成不变的,而应随着各有关国际和国家行动者之间的执行活动、经验和不断进行的交流而有所发展。经济和社会事务部老龄问题方案作为联合国有关老龄问题的协调中心,其作用就是通过联合国系统内外的关系网协助执行行进途中不断发展的项目。因此,《2002 年行动计划》特别指出,执行《2002 年行动计划》需要在各个层次持续采取行动。将从国家一级来确定执行过程的成功与否。将老龄问题纳入主流和能力建设是国家执行进程的两个重要方面。[1]

尤其值得注意的是,联合国成员国在第二次老龄问题世界大会通过的《马德里政治宣言》中确认必须将老龄问题纳入发展议程,并承诺致力于有效地将老龄问题纳入社会和经济的战略、政策和行动

---

〔1〕 全国老龄工作委员会办公室、中国老龄协会编:《第二次老龄问题世界大会暨亚太地区后续行动会议文件选编》,华龄出版社 2003 年版,第 290 页。

中。将老龄问题和老年人关心的问题纳入国家发展框架和消除贫穷战略的主流是成功执行《2002年行动计划》的首要步骤。而国家能力建设作为成功执行的一个先决条件具有决定性的作用。国际社会了解到有其他纳入主流的倡议,最引人注目的是将性别观点纳入主流。国际社会还认识到,没有能力建设,在行动计划通过之后也不可能实现纳入主流。于是,为了鼓励和支持各成员国切实执行《2002年行动计划》,特别是促进将老龄问题纳入国家发展框架和消除贫穷战略的主流,经济和社会事务部应成员国的请求,正在需要拟定协助他们在国家一级执行《2002年行动计划》的方案。通过举办国家讲习班,向成员国提供机会,明确具体地执行优先事项、评估执行需要和可以利用的基础设施以及落实资源。

第二次老龄问题世界大会的召开是国际社会老龄行动的一个新的里程碑,它使各国普遍意识到了这一问题的重要性。2002年9月,联合国在我国上海召开了第二次老龄问题世界大会亚太地区后续行动会议。我国政府代表团团长、国务委员、全国老龄工作委员会常务副主任司马义·艾买提在大会上作了重要发言,我国政府代表团副团长、民政部副部长、全国老龄工作委员会办公室常务副主任李宝库在圆桌会议上发言,共同向全世界阐述了我国政府在老龄问题上的立场和方针。这次后续行动会议为亚太地区老年人权益保护及老龄事业发展提供了纲领性文件和行动准则。[1]

无论是第一次老龄问题世界大会,还是第二次老龄问题世界大会,都是在联合国主持下召开的。联合国的专门机构大力推动,各国及相关国际组织积极参与,通过了促进老年人权益保护的一系列国际法律文件。1982年维也纳会议通过的《老龄问题国际行动计划》和2002年马德里会议通过的《马德里政治宣言》和《2002年行动计

[1] 全国老龄工作委员会办公室、中国老龄协会编:《第二次老龄问题世界大会暨亚太地区后续行动会议文件选编》,华龄出版社2003年版,第2页。

划》,对引导全球保护老年人权益的行动发挥了重要作用。然而,这两次会议通过的行动计划或宣言,法律位阶不高,不像国际条约或公约那样具有法律约束力,对参加会议的各国或未参加会议的国家或地区的法律效力十分有限。由于联合国主持召开的两次老龄问题世界大会并未在老年人权益保护方面制定或通过有约束力的国际公约,因而在老年人权益国际法律保护统一化方面留下了空缺。

二、海牙国际私法会议《成年人国际保护公约》的通过与实施

因 1982 年的第一次老龄问题世界大会只通过了《1982 年行动计划》,而第二次老龄问题世界大会在筹备过程中也只考虑修订行动计划和制定发展战略,也未打算在老年人权益国际法律保护统一化方面制定相关公约(实际上 2002 年马德里大会的结果也是如此)。因此,制定有关老年人权益国际法律保护全球性公约的重任,也就落到了海牙国际私法会议身上。

(一)公约制定的社会历史背景

海牙国际私法会议承担起制定有关老年人权益国际法律保护公约的任务,有着深刻的社会历史因素的影响。简言之,一是老龄化社会迅猛发展所导致的巨大压力,二是国际社会在这方面的空缺急需填补,三是海牙国际私法会议本身的责任所在。[1]

早在 1998 年 10 月 1 日,联合国秘书长安南在联合国总部纽约召开的联合国会员大会上发表演讲时,就呼吁全球关注老年人问题。他特别强调:“1999 年是国际老年人年”,[2]接下来他将致力于《联

〔1〕 Paul Lagarde, *Explanatory Report on the* 2000 *Hague Protection of Adults Convention*, Hague Conference on Private International Law, p. 22(2003).

〔2〕 Secretary General Kofi Annan, *Address at the Opening Ceremony of the International Year of Older Persons*, United Nations(April. 10, 2019), http://www.un.org/esa/socdev/iyop/iyopsgsm.htm,最后访问日期:2019 年 5 月 21 日。

合国老年人原则》[1]的推广,因1991年起草的该原则确立了老年人的基本人权框架。[2] 安南还宣称,这些原则也是联合国制定提高世界老年人健康和福利的具体政策的指导性依据,其核心是各国应该认识到并保护"人类的尊严和价值"。[3] 同其他提到有关老年人的国际人权条约或公约一样,《联合国老年人原则》在开头就使用"尊严"这一术语。[4] 其他类似的公约主要有:《欧盟基本权利宪章》第25条"认识到和尊重老年人的权利,以使他们能过一种具有尊严和独立的生活,并使他们能参加社会和文化生活";[5]《美洲人权公约补充议定书》第9条"每个人都有这样的权利:从身体上和心理上保

---

[1] United Nations Principles for Older Persons, G. A. Res. 46, U. N. GAOR, 74th sess., U. N. Doc. A/Res/46/91(1991), United Nations(April. 10,2019), http://www. un. org/esa/soedev/iyoppop. htm,最后访问日期:2019年5月21日。

[2] 该原则包括:"独立"指获取食物、水、住所、衣着和保健的机会;"参与"指老年人应积极地参与制定和执行影响其福祉的政策,并将其知识和技能传给子孙后辈,并且能组织其运动和协会;"照顾"指老年人应享有家庭照顾、健康照顾并能够在住所、安养院或治疗所享有基本的人权和自由;"自我充实"指老年人通过享用社会教育、文化、精神和文娱资源,寻求充分发挥他们权利的机会;"尊严"指老年人应有尊严、有保障,不受剥削和身心虐待,应不论年龄、性别、种族和族裔背景、残疾、经济情况或任何其他状况,均享受公正对待,并且不论其经济贡献大小均应受到尊重。

[3] United Nations Principles for Older Persons, G. A. Res. 46, U. N. GAOR, 74th sess., U. N. Doc. A/Res/46/91(1991), United Nations(April. 10,2019), http://www. un. org/esa/soedev/iyoppop. htm,最后访问日期:2019年5月21日。

[4] 《联合国老年人原则》在以"尊严"为标题的一节提出:老年人的生活应有尊严、有保障,且不受剥削和身心虐待;在以"照顾"为标题的一节提出:老年人居住在任何住所、安养院或治疗所时,均应能享有人权和基本自由,包括充分尊重他们的尊严、信仰、需要和隐私,并尊重他们对自己的照顾和生活品质做抉择的权利。

[5] Charter of the Fundamental Rights of the European Union, 2000 O. J. (C364), p. 1 – 22, European Union(April. 10,2019), http://europa. eu. int/ comm/ justice-home/unit/charte/pdf/texte – en. Pdf[Charter of Fundamental Rights of the EU],最后访问日期:2019年5月21日。

护自己,免受年老和残疾的侵袭,过一种受到尊重和体面地生活";[1]《消除对妇女一切形式歧视公约》第 11 条第 5 款"非歧视原则应将社会安全扩大到老年妇女,尤其是那些退休的、失业的、患有疾病的、丧失工作能力的和年老的";[2]《非洲人权和民族权宪章》第 18 条第 4 款"老人和残疾人有获得特殊保护的权利,以满足他们身体上和精神上的需要"。[3] 这些都表明维护尊严是老年人最重要的权利。而在确定老年人的权利范围时,其核心的问题可能就是准确地理解国际法中"尊严"一词的含义。由于"尊严"这个词含义的模糊性(允许条约的签署国自己对该词进行解释),引发各国的实际适用情况迥然有异,以致维护老年人尊严的条款流于形式。同时,老年人权利的保护受到是否具有足够的由国家财政支持的医疗保险和养老金的限制。[4] 如《世界人权宣言》第 25 条规定:"人人有权享受为维护他本人和家庭的健康和福利所需的生活水准,包括食物、衣着、住房、医疗和必要的社会服务;在遭受失业、疾病、残疾、守寡、衰老或在其他不能控制的情况下丧失谋生能力时,有权享受保障。"显然,大多数老年人都不赞成对他们承担有限的社会责任,相反,他们希望更多地关注他们的自治权和个人自由。

安南曾强调指出:为实现维护人类的尊严和价值,提高世界老年人健康和福利这一政治目的需要一个新的国际法体系。《联合国老

---

〔1〕 *Additional Protocol to the American Convention on Human Rights in the Area of Economic*, Social and Cultural Rights, Art. 9, 28I. L. M. 156(1989).

〔2〕 *Convention on the Elimination of All Forms of Discrimination Against women*, Art. 11, Para. (1)(e), 1249 U. N. T. S. 13(1980).

〔3〕 *African charter on Human and Peoples' Rights*, Art. 18, Para. 4, 211. L. M. 59 (1982).

〔4〕 Universal Declaration of Human Rights, G. A. Res. 217A, U. N. Doc. A/810, Art. 25(1948).《世界人权宣言》第 25 条是唯一提到"老年人"的条款。该条规定:人人有权享受为维护他本人和家庭的健康和福利所需的生活水准,包括食物、衣着、住房、医疗和必要的社会服务,在遭受失业、疾病、残疾、守寡、衰老或在其他不能控制的情况下丧失谋生能力时,有权享受保障。

年人原则》也承认需要通过缔结条约或公约的方式来实现这一远大的目标。[1] 为实现这一目的,这要求条约或公约的起草人在遵守原则的要求的同时,不得背离签署国的意图或使之承担过重的压力。[2] 因为《联合国老年人原则》为国际老年人权利设置了一个底线,但是并没有明确具体的实现路径。海牙国际私法会议《成年人国际保护公约》就是为实现这一政治目的而制定的。[3]

实际上,1982 年第一次老龄问题世界大会通过的《1982 年行动计划》在全世界的推行以及第二次老龄问题世界大会筹备活动的广泛开展,都不同程度地加速了海牙国际私法会议创制有关老年人权益保护国际公约的进程。而《成年人国际保护公约》就是海牙国际私法会议为完成联合国未实现的使命的产物。

(二)公约出台的具体历程

海牙国际私法会议是政府间国际组织,由 66 个成员国代表组成,其中包括美国、多数欧洲国家、我国和一些南美国家等。《海牙国际私法会议规约》第 1 章明确规定,作为国际组织的海牙国际私法会议的宗旨与任务是"从事国际私法规范的逐渐统一工作"。[4] 海牙国际私法会议所使用的实现这一目的的主要方法是谈判和起草多边条约,这些条约被称为海牙条约。

虽然海牙国际私法会议在保护成年人特别是老年人方面没有获

---

[1] *Conceptual and Operational Frameworks for the United Nations Prsneiples for Older Persons*, United Nations (April. 15, 2019), http://www. un. org/esa/soedev/iyop/iyoPreco. htm,最后访问日期:2019 年 5 月 16 日。

[2] 孙世彦:《论国际人权法下国家的义务》,载《法学评论》2001 年第 2 期。

[3] *Convention on the International Protection of Adults*, Hague Conference on Private International Law (May. 16, 2019), http://www. hcch. net/e/ eonventions/text35e. html,最后访问日期:2019 年 5 月 16 日。

[4] Paul LaGarde, *Explanatory Report for the Convention on the International Protection of Adults* 23 – 24 (2000), Hague conference on Private International Law (May. 16, 2019), http://www. hcch. net/e/eonventions/text35e. html,最后访问日期:2019 年 5 月 16 日。

得与保护未成年人相当的成就,[1]但是,该会议并没有忽略有关成年人特别是老年人权益的保护问题。第一次世界大战前,第四届海牙国际私法会议通过了海牙《关于禁治产及类似保护措施公约》,[2]现在该公约在意大利、波兰、葡萄牙和罗马仍然有效。1928 年第六届海牙国际私法会议修订了海牙《关于禁治产及类似保护措施公约》。[3] 1979 年第十三届和第十四届会议期间,海牙国际私法会议将有关成年人的保护这一课题作为一调查问卷的主题分发给了成员国。但成员国在答复[4]中指出没有任何频繁发生的有关用国际规则保护成年人的实际问题。因此,在 1980 年 2 月的会议上,特别委员会在确定会议的未来计划时,没有保留这一课题。

自从那时起,发达国家人均寿命不断增长,同时随着年龄的增长,患有疾病的老年人数量也不断增加,其中患老年痴呆症的老年人数量增速较为显著。海牙国际私法会议的秘书长注意到了经济和社会委员会作出的推测:60 岁以上的老年人将从 2001 年的 6 亿增加到 2025 年的 12 亿,80 岁以上的老年人将从 2001 年的 5000 万增加到 2025 年的 1.37 亿。这些问题也引起了世界各国和有关国际组织的注意,一些国家已经着手重构国内保护老年人权利的法律体系。[5]

---

〔1〕 海牙国际私法会议于 1961 年通过《保护未成年人的管辖权和法律适用公约》,1996 年通过了《关于父母责任和保护儿童措施的管辖权、法律适用、承认、执行和合作条约》。

〔2〕 《关于禁治产及类似保护措施公约》第 1 条规定:禁治产及其类似保护措施,适用禁治产人的本国法。公约所称的禁治产人是指那些精神错乱、低能的人或挥霍无度浪费成性的人。

〔3〕 The Permanent Bureau of the Conference, *Proceedings of the Special Commission of a Diplomatic Character of September – October* 1999 *Protection of Adults*, Hague Conference on Private International Law, p. 9(2003).

〔4〕 *Acts and Documents of the Fourteenth Session*(1980), *Tome* 1, Miscellaneous matters, p. 114 – 147.

〔5〕 Paul Lagarde, *Explanatory Report on the* 2000 *Hague Protection of Adults Convention*, Hague Conference on Private International Law, p. 56(2003).

同时,现代人口的流动性增强,尤其是,有相当一部分达到退休年龄的人决定在温和的气候中度过他们的余生,这就使律师和公证人更加关注所涉的国际私法规则。因为,老年人通常拥有自己多年积累的财产,公证实践已面临有关管理或处理他们财产继承的国际法问题。于是,海牙国际私法会议就从 20 世纪末开始正式着手有关成年人特别是老年人权益保护公约的制定问题。具体而言,动议的正式提出还是要溯源到 1993 年召开的第十七届海牙国际私法会议。这次会议提出了可否将修订的 1961 年"关于父母责任和保护儿童的公约"扩大适用于成年人特别是老年人。不过,也有学者认为,海牙国际私法会议早在第一次世界大战前就注意到了有关成年人特别是老年人权益保护问题。海牙国际私法会议第四届会议 1905 年 7 月 17 日通过的一个公约就有条款涉及了老年人权益问题。1928 年海牙国际私法会议第六届会议又继续涉及并讨论到了相关议题。[1] 1979 年海牙国际私法会议第十三届会议、第十四届会议期间,与会成员国也对老年人权利问题有所论及。虽然前述会议均从某个方面论及老年人权益保护问题,但未正式提出老年人权益保护公约的制定问题。真正在海牙国际私法会议提议制定有关成年人特别是老年人权益保护公约问题的还是应归功于第十七届海牙国际私法会议。

在 1993 年 5 月 29 日第十七届海牙国际私法会议上,大会最后决定:在海牙国际私法会议第十八届大会上,讨论修改 1961 年 10 月 5 日《关于父母责任和保护儿童的管辖权、法律适用、承认、执行和合作公约》时,重审弱势成年人特别是老年人的国际保护问题。然而,海牙国际私法会议第十八届大会只完成了该决定的部分内容,仅仅通过了《关于父母责任和保护儿童的管辖权、法律适用、承认、执行和合

---

〔1〕 Bernard Dutoit, *La protection des incapables majeurs en droit international privé*, Revue critique de droit international privé, p. 465(1967).

作公约》,并没有足够的时间详细地审查老年人法律保护问题。同时,海牙国际私法会议第十八届大会于1996年10月19日还作出决定:成立一个具有外交性质的特别委员会来审查弱势成年人特别是老年人国际保护问题。[1] 依照这一决定,海牙国际私法会议常设局成立了负责成年人特别是老年人的国际保护公约起草工作的特别委员会。该特别委员会拟审查将保护儿童的方法适用于保护弱势成年人特别是老年人的合理性,因为这两个问题有关联,至少在技术层面上如此。海牙国际私法会议通过的《关于父母责任和保护儿童措施的管辖权、法律适用、承认、执行和合作公约》为海牙《成年人国际保护公约》的起草者提供了示范,但却并非一个完美的样板。海牙国际私法会议特委会完成《成年人国际保护公约》的草案,经历了近4年的艰苦努力。海牙国际私法会议特委会自1997年4月14日至16日召开了起草《成年人国际保护公约》的专家工作组会议。特委会在1997年6月13日至14日召开会议讨论了"成年人国际保护公约"草案框架的第一稿的专家工作组会议。特委会于1997年9月3日至12日召开会议讨论并完成了《成年人国际保护公约》草案及主题报告。随后又经过反复谈判、磋商,海牙国际私法会议特委会完成的《成年人国际保护公约》草案的最后文本于1999年9月22日至10月2日提交海牙国际私法会议外交大会讨论。出席这次会议的代表分别来自30个成员国、6个观察员国家和3个非政府间组织。[2] 海牙国际私法会议外交大会于1999年10月2日通过了《成年人国际保护公约》。依该公约第53条第1款的规定,海牙国际私法会议《成

---

[1] Paul Lagarde, *Explanatory Report on the* 2000 *Hague Protection of Adults Convention*, Hague Conference on Private International Law, p. 23(2003).

[2] The Permanent Bureau of the Conference, *Proceedings of the Special Commission of a Diplomatic Character of September – October* 1999 *Protection of Adults*, Hague Conference on Private International Law, p. 27(2003).

年人国际保护公约》于1999年10月2日向成员国开放签署。[1] 荷兰于2000年1月13日最先签署海牙《成年人国际保护公约》,但至今未批准实施。[2]

[1] http://www.hcch.net/index_en.php,最后访问日期:2019年5月16日。
[2] http://www.hcch.net/index_en.php,最后访问日期:2019年5月16日。

第二章　区域性统一老年人权益法律保护的历程

第一节　欧洲地区统一老年人权益法律保护的历程

生老病死是每个人都要经历的人生阶段。随着人类物质生活水平的提高，特别是现代医疗技术的发展，人类寿命不断延长，人口老龄化成为现代人类社会面对的共同难题，对于老年人权益的保护也成为各个国家面对的共同课题。无论在哪个国家，老年人权益保护问题都不可能为某一部特定的法律、法规所涵盖和解决，因为它是由一系列同老年人权益保护相关的法律法规体系构成的，通常包括老年人权益保护法、老年人福利法、老年人保健法、老年人就业促进法等，这些法律共同构筑了老年人权益的法律保障体系。[1] 从各国老年人法律保障制度的立法实践看，老年人权益保护的立法模式主要有两种：一是没有以老年人为对象的专门性立法，而是将老年人的权益保护分散规定于社会保障和社会福利的制度中；二是采取专门的或者独立的老年人立法，如《日本老年人福利法》、《美国老年人法》及我国《老年人权益保障法》等。

从世界范围来看，多数国家不采取专门性老年人立法的模式，在这些国家中，老年人法实质上以多种形式包含在社会保障和社会福利的制度中。这种将老年人法律保护从属于社会保障和社会福利制

---

〔1〕 李兵、张恺悌：《中外老龄政策与实践》，中国社会出版社2010年版，第199页。

度的立法模式，是将老年人视为全体国民中的一个群体，也即老年阶段仅仅视为人生命历程的一个重要阶段来对待。在此之下，有关养老保险、医疗保险以及社会救助立法等，老年人享有的经济、健康和社会参与的权利相应地规定在社会保障制度中，作为社会整体福利的一个组成部门。[1] 综观而言，这些国家老年人法律保障制度的来源表现为社会保障和社会福利制度。采用专门老年人立法模式的国家在世界范围内并不多，在该种模式下，法律直接规定了老年人的特殊权利，具体主要表现为单独的老年人法律，如老年人权益保护法、老年人福利法、老年人保健法、老年人就业促进法等，[2] 我国《老年人权益保障法》在模式上基本属于这个范畴。有学者认为采取专门的老年人立法的国家有以下几个特点：一是多为经济比较发达的国家；二是东亚国家较多；三是法律出台普遍晚于其他法律，时间主要集中在经济社会的转型时期。欧洲地区国家主要是采用将老年人法律规范分散于社会保障和社会福利制度中的模式。

社会福利与社会保障的关系在学术界一直存在争议。由于概念上的认知差异以及各国、各地区的社会历史背景不同，人们对社会福利的理解并不一致。有观点将社会福利广义化，即将社会保障作为社会福利的一部分。有观点将社会福利狭义化，认为社会福利是社会保障的一部分。也有观点将社会保障划分为三大层次，即基本保障对应社会保险；最低保障对应社会救助；最高保障对应社会福利。还有观点认为“社会福利”和“社会保障”这两个概念都有广义和狭义的定义。[3] 欧美国家在社会保障与社会福利概念的界定上则一般认为，社会福利包含社会保障，国家在整体性制度安排和制度设计

---

〔1〕 李超：《老年人维权之利剑：老年人法律保障制度研究》，上海人民出版社2007年版，第90－91页。

〔2〕 李超：《老年人维权之利剑：老年人法律保障制度研究》，上海人民出版社2007年版，第90－91页。

〔3〕 管亮：《社会福利和社会保障的关系》，载《法制与社会》2009年第19期。

方面，应着重于社会福利制度，而不是社会保障制度。[1]

欧美国家理解的广义的社会福利是指由政府举办或出资的一切旨在改善人民政治、经济、文化、卫生、教育等生活的措施，包括政府举办的文化、教育和医疗卫生事业、城市住房和各种服务事业，以及各项福利性财政补贴。[2] 总而言之，社会福利就是一个社会对于全体公民政治、经济、文化等一切福利权利与福利保障的制度设置和措施供给。[3] 国际劳工局（International Labour Organization，ILO）在《社会保障导言》（1984 年）中对社会保障的界定是："社会保障即社会通过一系列的公共措施对其成员提供的保护，以防止他们由于疾病、妊娠、工伤、失业、残疾、老年及死亡而导致的收入中断或大大降低而遭受经济和社会困窘，对社会成员提供的医疗照顾，及对有儿童的家庭提供的补贴。"综合以上概念可以看出：社会福利比较宏观，在外延上比较宽泛，包含了政治、经济、文化等各个方面；社会保障则强调国家对于公民的经济保障功能，强调法律的强制性、制度性以及对公民基本生活的保障和收入再分配的特性。因此，社会福利是一个比社会保障更为宽泛的概念。社会福利既包含了旨在保证最基本生活的社会保障的内容，又把超越于基本生活保障、目的在于提高全民福利水平的内容包括在内，既提供物质保障还提供服务保障，是一个包含内容更为广泛的概念。[4]

20 世纪初期以来，社会保障制度基本确立。此种制度主要以社会救助、社会保险和福利津贴为主。如果说福利制度是座大厦的话，以社会救助、社会保险和福利津贴为主的社会保障则是位于大厦底

---

〔1〕 刘继同：《谁大谁小：社会福利与社会保障关系辨析及其政策涵义》，载《中国社会报》2003 年 7 月 29 日，T00 版。

〔2〕 王石泉：《中国老年社会保障制度与服务体系的重建》，复旦大学 2004 年博士学位论文，第 28 页。

〔3〕 [美]戴维. 波普诺：《社会学》（下册），刘云德、王戈译，辽宁人民出版社 1987 年版。

〔4〕 管亮：《社会福利和社会保障的关系》，载《法制与社会》2009 年第 19 期。

层的基础，主要满足贫困救济、基本收入保障、工伤、疾病、失业、养老等需要，其上依次是福利服务、教育服务、住房服务、健康服务和就业服务。[1] 社会福利层次越高，说明人们生活质量越高，社会现代化程度越高。

同时，西方国家社会、经济、政治、历史文化背景的不同，往往直接影响政府、企业和个人在社会保障制度中的责任划分、社会保障制度中权利与义务的关系、社会保障给付水平高低等，进而使不同类型国家形成不同的社会保障制度模式。[2] 根据上述方面的不同，欧洲各国社会保障制度模式可以划分为社会保险型和福利国家型社会保障制度两种模式，其中又以英、法、德、瑞典四国的情况最为典型。

综上所述，欧洲国家社会福利体系包括社会保障制度和非社会保障制度的福利以及政治、经济、文化福利等，而对于老年人权益的法律保护主要体现在具有强制性的社会保障制度中，故本节将根据社会保障制度模式的不同，结合德、法、英、瑞典四国的具体制度，主要从社会保险、社会救助、福利服务这三个方面予以阐述。

一、欧洲地区有关老年人权益法律保护的历史

老年人权益保障的历史正如整个社会保障的历史一样，经历了以初期保障、早期慈善救助与旧济贫法制度为代表的传统保障时期，以德国为代表的保险制度诞生以及西欧国家保险制度普遍建立的现代保障时期的两个主要历史阶段。传统保障时期的老年人权益保障主要是采取社会救助形式；近代随着保险制度在德国的诞生及推广，社会保险形式得以普遍适用；现代社会，伴随社会经济发展水平提高和人民生活质量改善，社会、心理和文化因素的影响日益突出，“软性的”社会服务得以发展。传统保障时期的保障和现代保障的本质区

---

〔1〕 陈劲松：《建构北京市大福利制度的思考》，载《北京社会科学》2011年第5期。
〔2〕 丁建定：《西方国家社会保障制度史》，高等教育出版社2010年版，第108－109页。

别在于:在传统社会,国家和政府没有把养老保障看作国家的义务和公民应该享受的权利;而在现代社会,则是通过建立法律制度,把养老保障作为国家和政府的职责以及公民的权利而加以规范。[1]

(一)传统社会的保障

在原始社会,随着氏族与部落的形成,人类以一种大家庭的方式群居互助,女人在家照顾老、弱、病、残、幼,青壮年男子则外出打猎捕食,过着相互帮助和相互扶持的群居生活。人类普遍遵守传统准则对老年人进行照顾,这是人类社会的初级保障阶段。

西欧教会与民间慈善救济在欧洲具有悠久的历史。在中世纪欧洲的社会救济中,教会举办的慈善救济占有重要地位。[2] 教会组织在基督教慈爱思想的影响下,往往将教会收入的一部分用于对穷人的各种救济,并建立了许多救济院、医院、上帝之家、疯人院以及为罪犯赎罪提供服务的机构。教区往往将其什一税[3]收入的1/4或1/3用于救济穷人。[4]如宗教改革前,英国教会什一税的1/3用于慈善事业。而老年人由于体力衰竭、劳动力下降,往往在慈善救济的穷人中占有一定的比重。

中世纪西欧社会中的个人或相关组织所提供的世俗性慈善救济与教会救济具有同等重要的地位。社会各阶层成员大多对慈善救济活动表示支持和参与,特别是商人往往捐献自己的一部分财产或者

---

〔1〕王石泉:《中国老年社会保障制度与服务体系的重建》,复旦大学2004年博士学位论文,第65页。

〔2〕丁建定:《西方国家社会保障制度史》,高等教育出版社2010年版,第117页。

〔3〕什一税产生于旧约时代,是欧洲基督教会向居民征收的一种主要用于神职人员薪俸和教堂日常经费以及赈济的宗教捐税,这种捐税要求信徒按照教会当局的规定或法律的要求,捐纳本人收入的1/10供宗教事业之用。

〔4〕Philip R. Popple, *Social Work, Social Welfare, and American Society*, Massachusetts, 1990, p. 106.

直接建立社会慈善机构。[1] 相关组织如法国教会[2] 和英国行会[3]在对贫民提供救济方面发挥了重要的作用。

在基督教神学统治下,西方社会以神为中心,世俗社会中个人与社会组织的慈善行为是在履行对上帝的虔敬,而不以关注人的需要为出发点。[4] 这就是宗教慈善阶段。

在16世纪前后,以英国为先驱,欧洲大陆率先进入工业化时代。在该时期,与原始工业化相伴随的"圈地运动"开始瓦解欧洲农业社会中的人身依附关系。连年不断的战争和遍及欧洲大陆的天灾瘟疫使成批的农业人口离开故土向城镇流动。他们在摆脱了人身依附关系的同时也失去了职业保障和生活保障,他们中的有些人在有些地方形成了城镇贫民或城镇乞丐阶层。与此同时,原始工业化改造传统的城市体系,新兴资产阶级全面崛起,新兴工业城市蓬勃发展,为救助城市贫民提供了基本财力支持的前提。在这种情势下,旧有的、狭小的、地域性的农业保障形式的保障生产的功能对这些人已经失效,由教会或教区主办的各项慈善事业又无法单独地满足新形势下社会生活的需求,保障形式的改革迫在眉睫。[5]

---

[1] 例如,1007年威尼斯商人奥尔塞禄·彼得二世从自己1250里弗尔商业投资所获利润中拿出一部分为慈善事业使用。1173年,法国商人彼得·华尔多创办了著名的里昂贫民院。1601年,英国德文郡呢绒商人彼得·布伦达死后,留下4万英镑的财产,用于社会慈善救济事业。参见克拉潘:《简明不列颠经济史》,范定久等译,上海译文出版社1980年版,第408页。

[2] 法国教会在对贫民提供救济方面发挥了重要的作用,法国贵族而不是商人在建立贫民救济院方面具有直接影响。参见 Gaston V. Rimlinger, *Welfare Policy and Industrialization in Europe, American, and Russia*, John Wiley & Sons, Inc., 1971, p. 24。

[3] 英国是中世纪行会比较发达的西欧国家。伦敦皮匠行会不仅向老年和生病的贫困会员提供每周7便士的救济,而且规定被救济者死后,如果其妻子是一个正派的人,又没有再嫁,便可以得到每周7便士的救济。参见丁建定:《西方国家社会保障制度史》,高等教育出版社2010年版,第120页。

[4] 丁建定:《西方国家社会保障制度史》,高等教育出版社2010年版,第118页。

[5] 周弘:《欧洲社会保障的历史演变》,载《中国社会科学》1989年第1期。

15—16世纪为应对圈地运动加重的流民问题，英国政府开始颁布一系列“血腥法令”，迫使流浪者和流动人口接受雇佣，同时，开始对不同情况的贫民进行区别对待。1531年，英国议会颁布一项严厉惩罚身体健全的乞丐的法令，法令规定：凡是有劳动能力的乞丐都将被捆绑到市场，处以赤身裸体的鞭刑，直至全身被打出血为止。法令同时要求市长、法官和其他地方政府官员，“应当努力发现并帮助所有年老的穷人和那些值得尊敬和救济的人们”。[1] 1536年，英国颁布的《亨利济贫法》具有重要影响，它标志着英国政府开始为解决社会贫困问题承担一定的职责。法令虽然对身体健全而不愿意工作者所实施的惩罚更加严厉，但同时规定，地方官员有义务分发教会收集的自愿捐献物资，用来救济穷人、残疾人、病人和老年人。[2] 1601年，英国颁布了世界历史上著名的《伊丽莎白济贫法》。该法规定：父母有义务抚养子女，晚辈也有责任赡养他们贫穷的长辈，政府有责任资助老人、盲人等丧失了劳动能力的人，为他们建立收容场所，政府也有义务帮助贫穷的孩子去做学徒，并给身体健全者提供工作。[3]《伊丽莎白济贫法》兼有强迫劳动和福利救济的性质，目的在于阻止劳动力的流动和稳定社会秩序。1782年，英国议会通过《吉尔伯特法》，法令取消了只有贫民习艺所中的贫民才可以得到救济的规定，将贫民习艺所改为专门救济老人、儿童与残疾者的机构。

在17世纪和18世纪的法国，尽管中央政府也时常干预地方政府的事务，但对贫民提供救济的责任仍主要被认为是一种地方责任。[4] 19世纪中期瑞典的济贫法制度主要是为无以为生的老年人

---

〔1〕丁建定：《西方国家社会保障制度史》，高等教育出版社2010年版，第121－122页。

〔2〕丁建定、杨凤娟：《英国社会保障制度的发展》，中国劳动社会保障出版社2004年版，第5页。

〔3〕李琮：《西欧社会保障制度》，中国社会科学出版社1989年版，第11页。

〔4〕丁建定：《西方国家社会保障制度史》，高等教育出版社2010年版，第127页。

和孤儿提供救济。其救济在瑞典农村主要表现为在外寄宿和搭伙、[1]群体轮流抚养[2]等形式。其他北欧国家也在19世纪初开始颁布济贫法，但北欧国家济贫法制度与英国济贫法制度有一个显著的不同，就是处于开始实施阶段，其各项政策规定不像英国济贫法制度那样严苛。北欧济贫法制度在19世纪后期进行改革后才趋于严苛。[3]

《伊丽莎白济贫法》的颁布说明，旧有的保障形式无法适应社会结构和生产方式的变动，国家必须承担起社会保障的职责。社会发展的要求使得国家必须出面把社会救助行为变成一项社会的基本政策和政府行为，社会保障逐渐由传统保障向现代保障——政府职责以及公民权利转化，政府社会救济措施的地位和作用越来越重要。这就是旧济贫法阶段。

19世纪前期的欧洲国家，在现代社会保障制度产生以前，除了通过济贫法制度保障老年人权益之外，英国的友谊会和工会、法国的共济会等互助组织和慈善协会也发挥了重要作用。1869年，英国建立了全国性慈善组织机构——"慈善组织协会"，对有需要的贫困者提供一般性救济，包括贫困救济、养老救济、健康救济等，为贫困人口提供医疗服务和医疗救助。[4] 英国工会向会员提供的主要社会福利包括疾病津贴、养老津贴等。

（二）现代社会的保障

现代社会保障制度的主要特征就是把公民对于社会保障的权利和义务通过立法的形式作了规定。换言之，建立社会保障的法律制

---

〔1〕 地方政府将无以为生的老人和儿童交给其他家庭寄养，并定时间向提供这种寄养的家庭提供补助。

〔2〕 这种救济方式是将需要照顾的老人和儿童在不同的农场之间轮流寄养一段短暂的时间，这种轮流寄养在不想提供其他救济方式所需的寄养费的贫穷地区非常流行。

〔3〕 丁建定：《西方国家社会保障制度史》，高等教育出版社2010年版，第130页。

〔4〕 David Owen, *English Philanthropy*, 1660－1960, Harvard Press, 1964, p. 493.

度是现代社会保障的标志。[1]

1834年英国颁布了《济贫法修正法》。该法实施了颇为严格的受益准入条件,规定济贫院外的救济只能适用于患病或年老贫民,而不再适用于身体健全的贫民,身体健全的贫民必须进入济贫院中方可得到救济。接受院内救济者不仅受到许多限制,而且还被剥夺选举权等政治权利,以示对贫困者在政治上的一种惩罚。[2] 但它与旧《济贫法》相比的先进之处在于,它初步确立了社会救助是公民的基本权利、而实施社会救助则是政府应尽义务的新的社会保障理念。

19世纪末至20世纪初,西方现代社会保障制度出现,该制度以社会保险制度为核心内容。德国是最早建立社会保险制度的欧洲国家。早在1881年,经宰相俾斯麦倡议,德皇威廉一世颁布诏书申明:工人在患病、发生事故、伤残和老年经济困难时应该受到保障,他们有权要求救济,工人保障应由工人自行管理。这一诏书被视为德国社会保障的"大宪章"或起源。1883年,德国颁布了以法律形式强制实施的《工人疾病保险规定的准则》。1889年,德国国会通过《老年和残疾社会保险法》,法案的主要内容是工人和低级职员一律实行老年和残疾社会保险,费用由雇主和工人各负担一半,国家对领取老年和残疾保险金者每人补贴90马克,退休工人的收入依原工资等级和地区等级而定,年满60岁并缴纳20年以上养老保险费者可以领取老年和残疾保险津贴;领取残疾保险者必须证明确实失去工作能力,并缴足5年保险费方可领取;并对收入在3000马克以上者征收累进税,作为老年和残疾社会保险的基金来源。[3]

19世纪末,有关养老金制度是否应缴纳费用的问题在英国引起

---

〔1〕 王石泉:《中国老年社会保障制度与服务体系的重建》,复旦大学2004年博士学位论文,第66－67页。

〔2〕 L.W. Cowie, *A Dictionary of British Social History*, G. Bell & Sons Ltd., 1973, p. 225－226.

〔3〕 和春雷:《社会保障制度的国际比较》,法律出版社2001年版,第16页。

极大的争论。在1905年的选举中，自由党提出实行免费养老金计划的竞选口号进而赢得了选举。1907年，英国开始推进累进所得税制度，为免费养老金制度的实施提供财政准备。1908年8月1日，英国议会正式批准《养老金法案》，英国国家养老金制度正式实施。该法案规定符合年满70岁；作为英国公民至少已达20年，并居住在联合王国的土地上；依该法令标准计算的年收入不超过30英镑10先令这三个条件的任何公民均可申请养老金。同时也规定了申请者没有资格或继续领取国家养老金的情况。[1] 1911年，《健康保险法》作为英国《国民保险法》的第一部分获得议会通过，该法实行缴费制，所有16岁以上被雇佣以及那些未被雇佣但却具有被保险人资格者，可以依该法规定的方式投保，所有被保险人有权依该法所规定的方式与条件得到健康保险津贴及医疗服务，但被保险人达到70岁时即无权领取疾病津贴与伤残津贴。

19世纪末20世纪初，法国社会保险以雇主提供的养老保险和工伤保险的形式开始出现。但是这种由雇主提供的保险基金很不稳定，雇主对养老基金具有较大的支配作用，雇员的养老权益经常受到损害。显然，要想有效避免上述缺陷，需要依靠国家发挥强制性职能。法国于1910年通过《工人和农业劳动者养老金法》，规定养老金费用由雇主和雇员分担，国家给予少量补贴，要求年收入3000法郎以下者必须参加，年收入在3000～5000法郎者自愿参加。1911年以后法国又规定，如果雇员不能提供缴纳分摊金的证明，法庭将裁决雇主解除其对雇员的养老保险义务。法国养老保险制度从产生到实

---

〔1〕 申请者没有资格或继续领取国家养老金的情况：(1)1908年1月1日以后仍领取各种方式的济贫补贴；(2)在成为国家养老金领取者前，未能为自己及其家人努力工作；(3)被拘禁于疯人院及其他任何同类地方的流浪贫民；(4)被控犯罪处以监禁者，在其监禁期间以及释放后的10年间无权领取或继续领取国家养老金。法令严格保护国家养老金领取人的经济权利和政治权利。参见 Joel H. Wiener, *the Lion at Home*, *A Documentary History of Domestic Policy*, 1689－1973, Vol. 3, p. 2790－2795(1974)。

施,一直面临非常大的阻力,与英国和德国相比仍然非常落后。据统计,1910 年,法国只有 11.5% 的工人拥有退休金,到 1913 年,700 万人应该享受退休金的工人之中只有 346 万人能够得到退休金保障。[1]

1913 年,瑞典议会通过《养老金法案》,该法规定,瑞典的养老金制度是普遍性缴费养老金制度,所有 18 ~66 岁的瑞典公民都可以参加养老金制度。无力缴纳养老金费用者由瑞典政府提供免费的养老救济,免费养老救济领取者必须接受收入状况的调查。

表 2 -1 1880—1914 年西欧主要国家养老金制度和医疗保险制度建立年份

制度	德国	英国	法国	比利时	卢森堡	爱尔兰
养老金制度	1889 年	1908 年	1910 年	1900 年	1911 年	1908 年
医疗保险制度	1883 年	1911 年	—	1894 年	1901 年	1911 年

表 2 -2 1880—1914 年北欧、中东欧主要国家养老金制度和医疗保险制度建立年份

制度	丹麦	瑞典	挪威	奥地利	瑞士	意大利
养老金制度	1891 年	1913 年	—	1909 年	—	—
医疗保险制度	1892 年	—	1909 年	1888 年	1911 年	1912 年

随着社会发展,老年问题不再是社会发展落后的结果,而是经济发展、生活水平提高以及医疗卫生条件改善带来的结果。在这种原因及性质的变化下,老年问题不再是主要被视为个人责任,而是被视为社会责任,领取社会保险津贴成为一种公民权利而不是社会对个人的施舍。政府不再是社会保障费用的唯一承担者,社会成员同样

---

〔1〕[美]米尔丝:《社会保障经济学》,郑秉文译,法律出版社 2003 年版,第 14 -15 页。

要承担一定数额的社会保障费用，这不仅使社会保险制度建立在一种更加坚实的财政基础上，具有更大的预防和应对社会风险的能力，也使普通民众因履行缴费义务而在获得各种社会保障津贴时既有一种权利感也有一种责任感。[1]

这就是以社会保险制度为核心的现代保障阶段，但并不意味着社会救助形式的湮灭。传统济贫法制度在改革的基础上就成为重要的官方社会救助制度，各种非官方社会慈善救助在发展的基础上依然发挥非常重要的社会救助功能，它们共同构成这一时期西方新型社会保险制度的必要补充。

（三）现代保障的发展

1. 20 世纪初——第二次世界大战期间

从 20 世纪初到“二战”前的 40 年间，资本主义国家先后出现了 1900 年、1907 年、1920 年、1929 年和 1937 年共 5 次世界性经济危机，使整个社会经济生活陷于极端混乱和瘫痪之中，由此也带来了大批失业者如何维持生活及抚养家庭、老年人如何安度晚年等一系列问题。在这期间，欧洲国家普遍建立起养老金制度、健康保险制度，而且推动了大部分社会保险项目从原来的自愿性互助保险向强制性社会保险制度转变，并且作为西方社会救助制度先导措施与重要内容的家庭补贴制度在西班牙、荷兰、意大利、法国、比利时等国开始出现，以便为社会保险制度提供必要的补充。到第一次世界大战前夕，欧洲的社会保障立法，除了英国等少数国家外，主要解决工伤事故赔偿、老年人年金、疾病保险等比较急迫的问题。两次世界大战之间，欧洲国家社会保障立法的中心目标是解决失业保险和救济问题。[2]

由于欧洲各国历史条件、社会问题的类型及程度不同，两次世界大战之间，欧洲国家养老保障的发展同样表现出强烈的国别特色。

---

〔1〕 丁建定：《从济贫到社会保险——英国现代社会保障制度的简历》，中国社会科学出版社 2000 年版，第 254 - 255 页。

〔2〕 和春雷：《社会保障制度的国际比较》，法律出版社 2001 年版，第 43 页。

(1)社会保险制度

1925年,英国议会通过了《寡妇、孤儿和老年人缴费养老金法》,该法案第一次在英国建立起缴费养老金制度,其适用范围是65~70岁的所有参加健康保险的人们,70岁以后的老人进入免费养老金系统,确定了养老金问题上权利与义务相结合的原则,使英国的养老金制度开始真正具有现代保障制度的性质。[1] 1937年,英国政府颁布了《寡妇、孤儿及老年人自愿缴费养老金法》。[2] 1938年英国政府又颁布了《盲人养老金法令》。[3]

1927年,英国颁布《健康保险法》,规定所有65岁以上的老人除自愿参加者之外,都不能再领取健康保险津贴。1932年,英国政府又采取措施,直接降低健康保险津贴的标准。1929年,英国通过《地方政府法》,将济贫医院的管理归并到地方政府,成为英国国民保健服务的基本机构。

德国的养老保障制度则经历了一个动荡的过程,即先后经历了魏玛共和国时代、1929年经济危机和法西斯专制统治。1919年8月11日颁布的《魏玛宪法》对德国社会保障制度的初步发展产生了重要影响。[4] 1929年经济危机开始以后,德国政府开始采取紧缩性社

---

〔1〕 丁建定:《20世纪英国养老金制度的历史演进》,载《南都学坛》2002年第2期。

〔2〕 该法扩大了1925年《养老金法》的适用范围,开始向没有参加国民健康保险的收入较高者提供缴费性养老金,这些人大多数是独立职业者如小店主、小场主、小手工业者等。参见丁建定:《20世纪英国养老金制度的历史演进》,载《南都学坛》2002年第2期。

〔3〕 该法将1920年《盲人养老金法》所规定的50岁的年龄标准降低至40岁,同时,该法对老年盲人所提供的养老金是免费的并且不附带任何财产状况调查规定。

〔4〕 德国养老保险的适用范围得以扩展,津贴标准有所提高。家庭手工业作坊中的雇员开始纳入养老保险制度,养老金津贴标准由"一战"前的每年平均180马克提高到1929年的每年400~700马克。参见李工真:《德国魏玛时代社会福利政策的扩展与危机》,载《武汉大学学报》1997年第2期。

会保障政策。[1] 纳粹党上台后，很快就建立起以希特勒为首的法西斯专制统治，宣布停止社会保障自治管理，建立中央集权管理。[2]

法国1930年通过《社会保险法》，将养老保险津贴标准分为两种，一种是根据缴费资格提供养老金，缴费资格年限为30年，领取资格年龄为满60岁，其养老金由被保险人养老保险账户支付；另一种是保证最低津贴标准的养老金，当养老金领取者领取的养老金低于年工资的40%时，由政府对其提供补充养老金。[3]

两次世界大战之间，瑞典建立起一种全国性自愿健康保险制度。养老金制度的发展不如其他社会保险制度的发展明显。1935年，瑞典政府决定对附带收入状况调查的养老金制度加以改革，使其成为对所有低收入工资者都适用的养老金制度。

（2）社会救助

两次世界大战之间，社会救助计划几乎在所有欧洲国家存在，各国为了满足居民或公民的需求，都寻求制定相应的成文法规范。[4] 在此过程中，获得最低生活保障或社会救助是公民的一项基本权利，社会救助制度逐渐向政府行为转化。

1929年，英国颁布了《地方政府法》，救济事业正式成为地方行

---

〔1〕 例如，1931年取消所有免费性医疗项目和疾病预防支出；养老金制度中的儿童、寡妇、孤儿津贴标准均有所降低。

〔2〕 1935年，法西斯通过一项法令，宣布重建专业化的国民服务，并因此取消了2500～4000人的疾病保险资格，该法令对德国地方疾病保险产生重要影响。1937年，德国法西斯政府宣布，所有40岁以下的城市居民有权参加自愿性年金保险；1938年，通过《手工业者养老金法》将强制性老年和残疾保险扩大到大部分自我雇佣的手工业者，自我雇佣的手工业者须向雇员保险基金缴费，除非他们已向私营人寿保险缴纳达到该法规定的费用；1941年，疾病保险和养老金制度的适用范围扩大到自我雇佣者如艺术工作者、家庭作坊雇员以及佣人。1942年，养老津贴标准开始根据工资而不是缴费数量确定。

〔3〕 和春雷：《社会保障制度的国际比较》，法律出版社2001年版，第42页。

〔4〕 John Ditch et al., *Comparative Social Assistance: Localisation and Discretion*, *Aldershot, Brookfield USA, Singapore, Sydney*, Ashgate, 1997, p. 3.

政工作的一部分。1940 年,由于失业者人数减少,失业救助委员会更名为救助委员会,其职责包括为老年人提供补助。

魏玛共和国初期,德国政府将建立社会救助制度放在重要的位置。为保障养老金领取者的生活水平,德国实行养老金领取者福利救济制度,1929 年,有 30% 的城镇养老金领取者和 22% 的农村养老金领取者领取此类补充性福利救济。〔1〕

早在 1918 年,瑞典政府颁布法令,对有需要者提供公共救济。因老年、身体或精神原因需要帮助,又不具备领取社会保险津贴资格者有权申请社会救济。

2. 第二次世界大战以后

20 世纪五六十年代,社会保障事业在西欧和北欧的一些发达国家获得快速、充分发展。以 1942 年的贝弗里奇报告为理论基础,英国、大部分北欧国家和其他一些西欧国家纷纷建立起被称为从"摇篮到坟墓"、以高福利为主要内涵的社会保障制度,由此出现了一批"福利国家"。这些国家不仅建立起完善的社会保险和社会救助制度,而且发展起充分的公共福利服务,并在社会保障制度中体现出强烈的政府责任与充分的公民权利色彩。

(1)社会保险制度

1959 年,英国颁布新的《国民保险法》,正式建立起新的养老金制度,该制度与收入相联系。至此,英国建立起两种性质三种形式的养老金制度。两种性质为国家养老金制度和职业养老金制度,三种形式为同一标准的养老金制度、与收入相联系的等级性养老金制度和职业养老金制度。〔2〕 英国政府在 1946 年颁布《国民医疗保健服务法》,对所有的医疗机构进行国有化,实施全民医疗保险制度,所有

---

〔1〕 Peter A. Kohler, *The Evolution of the Social Insurance*, 1881 – 1981, *Studies of Germany, France, Great Britain, Austria and Switzerland*, *New York*, 1982, p. 45.

〔2〕 丁建定:《英国养老金制度的发展及其对中国养老金制度的启示》,载《社会保障问题研究》2003 年第 1 期。

居民都能享受免费的医疗服务。

德国的养老保险分为法定保险和自愿保险两大类，分别适用于不同职业的劳动者；医疗保险由法定医疗保险、私人医疗保险和其他保险中的医疗保险三部分组成，法定医疗保险覆盖了 90% 以上的全国人口。法国养老保险包括基本养老保险、补充养老保险、再补充养老保险、个人养老保险四个层次。瑞典养老保险包括基本养老保险、补充养老保险、私人养老保险、工会养老保险和部分养老保险，前两项属于国家法定保险。

（2）社会救助

“二战”以后，西方国家在发展和完善社会保险制度的同时，致力于社会救助制度和公共福利制度的建立和发展，使社会救助真正成为保障公民基本生存权利的主要途径，并在此基础上使公共福利制度成为保障公民发展权利的主要途径。[1]

1948 年，英国政府颁布实施《国民救助法》，从而正式建立起国民救助制度。1957 年，德国实施《老年农场主救助法》。[2] 1961 年，德国通过《联邦社会救助法》。1963 年，德国开始对失去工作能力且年龄近于老年者提供老年补贴。1957 年瑞典通过《社会福利与社会救助法》。1933 年，丹麦建立社会救助制度。芬兰于 1957 年建立社会救助制度。挪威于 1965 年建立社会救助制度。

二、欧洲地区有关老年人权益法律保护的现状

现代社会保障制度在经历了 20 世纪 60 年代黄金时期后，70 年代急转直下，欧洲各国纷纷踏上了改革和调整之路。究其主要原因是 1973 年石油危机所引发的普遍经济停滞以及普遍性福利政策带

〔1〕 丁建定：《西方国家社会保障制度史》，高等教育出版社 2010 年版，第 44 页。

〔2〕 该法规定当农场被转予继承人或出租时，老年农场主将获得老年补贴，老年农场主只要证明自己曾经是一个农场主就可以得到老年补贴而不需缴纳任何费用。

来的财政预算危机。另外,人口老龄化加剧的压力及经济全球化、欧洲一体化的发展使欧洲各国现今仍处于一个改革阶段。

各国现行养老保障计划实施调整的方案与政策不尽一致,但就其改革的宗旨与总体方向而言又存在若干趋同倾向。这一趋势主要表现为以下几个方面:

第一,提高退休年龄。在社会保障体系中,公共养老计划在其支出项目中占据首要地位。各国提高退休年龄旨在提高受保人进入该计划的门槛限制,其意义是:一方面,可以通过工作年限的延长也相应地延长缴费期限,对该计划会产生潜在的收入效应;另一方面,工作年限的延长又会减少受保人领取年金的余命期限,从而减少了该计划的日常支出,反过来又会增加这一计划的基金储备规模。[1] 各国为养老保险体系"开源节流",不仅是基于财政预算的压力,也是出于老龄人口增加将会威胁社会保障体系安全的现实利益考虑。

第二,政府社会保障责任向私营部门转移。当代西方社会保障制度理念开始发生变化,强调社会问题的解决既是政府、社会的责任,也是个人的责任,国家、社会与个人共同责任观念逐渐成为当代西方社会保障制度的基本理念。在这种理念的驱使下,强调社会保障制度中个人责任的改革措施成为各国改革阶段的主要措施与核心内容。其具体体现为鼓励私营部门以职业年金与私人养老计划、医疗计划两种形式参与福利资源的配置,政府与私营部门在社会政策上的这种分工,导致混合福利的兴起。[2]

第三,福利服务快速发展。随着社会经济的不断发展,人民生活水平的不断提高,老年人对养老的需求也相应发生了变化,不仅要求物质层面的富足,精神方面的需求与满足也成为福利服务的主题。福利服务提供者由基督教会、民间组织、公民个人扩大到国家、公私

〔1〕 郑秉文、和春雷:《社会保障分析导论》,法律出版社 2001 年版,第 14 页。
〔2〕 郑秉文、和春雷:《社会保障分析导论》,法律出版社 2001 年版,第 16 页。

企业和各类社区组织。例如，在公共财政的支出控制成为政府主要议题的改革阶段，作为其中的一个解决手段，社区照顾成为了西方各国老年福利服务的必然选择。

尽管当代欧洲国家养老保障制度改革背景和主要措施具有许多共同性，但是由于各国政治、经济、社会和社会保障发展状况各异，因此改革政策的选择也存在一定的差异性，下面将主要从三个方面予以阐释。

（一）社会保险

如前所述，在社会保险制度方面，欧洲国家的改革主要表现为对商业保险的鼓励推广，形成多层次的养老保障体系。

1. 养老保险制度

（1）英国

历经近半个世纪的改革和发展，英国“三支柱”的多层次养老保障体系基本结构没有改变，只是对其中的具体制度作了相应的修改。其中，第一支柱是法定的国家基本养老保险和最低养老保险，主要由政府通过国家税收和国家保险，以现收现付模式为公民提供最基本的生活保障。第二支柱是强制的养老保障制度，主要由政府借助国家保险体系，以非积累的现收现付模式为缴纳基础，以雇员的收入水平为依据提供保障。第二支柱包含两种形式：第一，国家补充养老金计划，该计划包括 1978—2002 年的国家收入关联养老金计划、2002 年至今的国家第二养老金计划。国家收入关联养老金计划是一项强制的计划。具言之，所有雇员只要超过国家基本养老保险缴费规定的下限，都将自动加入该计划，但是，雇员和雇主在满足一定条件以后，仍可以“协议退出”该计划；而国家第二养老金计划的主要目标人群则是非常规就业者、年收入过低者、长期患病或身体残疾的雇员等低收入弱势者，这有效防止了资源在低收入者和高收入者之间的分配不均。第二，职业养老金计划。该计划主要由公司或者雇主机构为本企业或机构内工作人员发起设立。第三支柱是自愿的养老保障制度,主要由个人以供款积累制的方式,自愿进行养老储蓄或向金融机构购买养老保险产品。

1979 年,保守党政府主要对养老金制度、国民保健制度进行了私有化改革,其主要措施是鼓励和推行职业养老金制度与私人养老金、建立自主经营的国民健康服务公司,并鼓励个人通过多元方式为自己提供补充养老金,这些方式包括储蓄、参加保险等。1997 年,以布莱尔为首的英国工党上台执政。工党政府改革的目标是为养老金领取者提供充分的养老保障,其主张在与收入相关联的养老金制度的基础上,建立国家第二基本养老金制度,主要是为那些最需要帮助者提供养老金。此外,新工党政府还在 1999 年颁布《福利改革和养老金法》,对老年妇女的养老权益予以法律保护。[1]

2003 年,为保护那些企业破产后无养老金保障人员的利益,英国政府开始对公司养老制度进行改革,其通过对公司强制征税,建立起了保护性基金。

2005 年,为了缓解越来越严重的养老金支付压力,英国政府又开始了新一轮的养老保险制度改革。此次改革主要包括逐步提高退休年龄和调整养老金支付水平。改革内容具体体现在以下方面:第一,国家公务人员领取养老金年龄由 60 岁提高到 65 岁;普通公民领取全额退休金年龄由 65 岁延长至 76 岁;高收入人群领取全额退休金年龄则提高至 70 岁。第二,对于延长退休的公民,其基本养老金标准将由 80 英镑/周提高至 109 英镑/周。[2]

为了解决日益严重的人口老龄化问题,2006 年,英国公布了一份养老系统改革的白皮书。在该白皮书中,民众的退休年龄将逐步提高至 68 岁,但 2010 年 4 月 6 日前达到法定退休年龄的公民仍可继续按原来的退休年龄领取养老金。此外,从 2010 年起,女性公民的退

---

〔1〕 刘昕:《英国最新福利制度改革分析》,载《外国经济与管理》1999 年第 9 期。

〔2〕 陈星:《英国养老金制度发展演变及其启示》,载《中国地质大学学报(社会科学版)》2007 年第 4 期。

休年龄将逐步被提高,预计到 2020 年实现男女退休年龄均为 65 岁的目标。计划到 2046 年,实现男女退休年龄均为 68 岁的目标。

2013 年 1 月,英国公布了最新的养老金方案,该方案决定在 2020 年,领取国家养老金的最低年龄将提高至 66 岁,2028—2046 年间将提高至 68 岁。只有每周缴纳国民保险费长达 35 年的公民,才可领取政府全额养老金。因此,公民若想领取全额养老金,就必须延长退休年龄,这实质上是一种变相延长退休年龄的方法。该方案是英国近几十年养老保险制度发展史上规模最大的养老金改革方案,其已于 2017 年 4 月实施。

(2)德国

德国的社会养老保障制度主要依靠法定养老保险和补充养老保险来实现。补充养老保险又分为企业养老保险和私人养老保险,均属于自愿性质的养老保险,后者主要适用于自由职业者和手工业者,且都能获得国家补贴和制度上的保障。

1992 年,德国颁布《养老金改革法》,规定养老金制度实行现收现付制。1996 年,德国又将男性退休年龄从 63 岁提高到 65 岁,女性退休年龄从 60 岁提高到 65 岁。2003 年,施罗德政府提出“2010 年议程”的改革计划,决定从 2011 年开始把退休年龄提到 67 岁;扩大私人养老保险;实施养老金政府补贴制度。[1] 2013 年德国通过降费、增收、延退的组合拳政策来调整养老保险制度,具体包括:德国从 2013 年 1 月 1 日起将法定养老保险缴费率调减到 19%,德国的法定退休年龄从 65 岁延长到 67 岁,2013 年 11 月 27 日达成的组阁协议中规定至 2017 年德国将利用公债收入为养老保险等改革措施提供 230 亿欧元的资金。[2]

---

〔1〕 柴野:《德国老龄化危及社会保障体系》,载《光明日报》2003 年 6 月 17 日。

〔2〕 http://baike.baidu.com/link/url = dq52GA – 7vKDndkkV3zFUUYwCWkyjmBGmMq0ZttyyIvx4__lYq55tbI ET5t2CRlezJgQA5kAdBd9_XpZq20Tvm,最后访问日期:2019 年 5 月 23 日。

(3)法国

法国的养老保险制度是一种普及型社会保险,它涉及险种最多也最为复杂,大体可分为三大类:基本养老保险制度、补充养老保险制度和特殊养老保险制度。每一类下面又因年龄或补助金的不同而形成众多的标准,其中所涉及的利益群体数量多、情况复杂。

1982 年法令在提高法国养老金津贴的基础上,对法国传统的养老金制度进行了改革。按照缴费资格期限的不同,改革后的养老金将采取全额、比例、预备养老金、年龄超过 65 岁者的养老金等多种形式。2003 年和 2007 年改革的内容主要包括三个方面:降低公共部门的保障水平、优化养老保险结构、照顾弱势群体。2010 年政府强势推动养老金制度改革,改革包括三个主要方面:第一,年龄的提高。退休年龄由 60 岁延长到 62 岁;领取全额养老金年龄由 65 岁延长到 67 岁。第二,缴费年限的提高。交纳退休金的年限提高至 41 年;全额领取养老金的退休者的缴费年限需达到 43 年。第三,缴费比例的提高。公共部门退休金缴纳比例将从 7. 85% 提高至 10. 55% ;企业雇员和雇主的养老保险缴费率每 4 年提高 0. 3% 。由于此次改革并没有较大幅度地延迟退休年龄,而主要是在缴费率和待遇领取资格上进行调整,因此法国此次改革的调整力度显得十分有限。[1]

(4)瑞典

凡瑞典公民,包括移居国外的瑞典籍公民和外来移民中在瑞典连续工作 5 年以上或连续居住 10 年以上,年龄在 65 岁以上,除雇主、个体经营者以外,均有权享受养老金。养老金包括基本养老金(又称国民养老金)和补充养老金两种,每位退休老人除享有数额相等的基本养老金外,还可根据自己工龄长短和退休前工资的高低领取一份补充养老金。

---

〔1〕 http://baike. baidu. com/link/url = dq52GA - 7vKDndkkV3zFUU YwCWkyjmB-GmMq0ZttyyIvx4__lYq55t bIET5t2CRlezJgQA5kAdBd9 _XpZq20Tvm,最后访问日期:2019 年 5 月 23 日。

1993 年,瑞典将退休年龄提高到 65 ~ 66 岁。1994 年,瑞典议会提出用工资指数代替物价指数作为确定补充养老金标准的依据。1999 年,瑞典正式开始实行以名义账户制为核心的新公共养老金制度。这一制度包括了现收现付基金和个人账户。具体而言,个人缴纳的养老费用将计入个人账户,雇主缴费与国家财政补贴将计入现收现付基金,参与该制度的退休者领取的养老金津贴一般与其个人账户的数额相关。但瑞典整个养老金制度还是按照现收现付制度运行,个人账户的意义只在于记录个人缴费情况及回报率并作为确定津贴标准的重要依据。[1]

2. 医疗保险制度

这方面主要表现为商业保险的活跃,逐步增强个人在医疗保险中的作用,尤以德国为典型。德国的医疗保障主要采用社会保险模式进行运作,除此之外,德国还存在商业健康保险作为社会医疗保险的补充。公民就业后可视其经济收入多少,自由地在法定的社会医疗保险和私人保险之间进行选择。但是,只有达到一定收入标准的居民才可以选择参加商业健康保险,这是由商业健康保险的补充性地位所决定的。

另外,从 1995 年开始,德国根据社会需求,在社会养老保障体系中增加了一个新险种——护理保险。护理保险主要是指为被保险人的护理支出提供保障的保险,但其需以保险合同约定的日常生活能力障碍的护理需要为条件。德国法定护理保险的保险费主要源于个人、单位和国家,其中个人与单位缴纳的保险费用需超过 2/3,余下的费用则由国家财政解决。护理保险所提供的护理服务主要包括在家护理和住院护理。但护理不局限于日常生活护理,还扩大到医疗护理和精神护理,近年来还增加了心理咨询和治疗等内容,以满足老年

〔1〕 丁建定:《西方国家社会保障制度史》,高等教育出版社 2010 年版,第 335 页。

人的心理需要。[1] 德国法律规定，凡雇员加入法定医疗保险，其赡养人口则视为同时加入。因此，德国的医疗保险和护理保险几乎可以覆盖全社会的人群，有效地减轻了中低收入家庭在未来步入老龄阶段或遭遇病残时购买护理服务的经济负担，切实有效地保障了老年人和病残者应享有的基本护理权利。[2]

（二）社会救助

社会救助开始进入多元主体责任阶段。这一阶段更加重视个人、家庭在社会救助中的作用，因而要扩大对申请者家庭成员的审查范围。例如，在德国，社会救助需对申请者进行"家计调查"。该调查的家庭成员范围包括了申请人的父母、祖父母和成年子女。在该阶段，地方政府亦应承担一定的责任，因为地方政府对当地的贫困状况比中央政府更了解。但为了避免地方政府负担过大，社会救助资金由中央政府与地方政府分摊。

学者 Lïemel 和 Schulte 等在考察西欧国际"减贫体制"时提出，划分社会救助体制的主要指标有两个：一是救助的领取是否连带社会工作/治疗措施；二是救助计划的中央集权化程度。对此，他们将西欧国家的社会救助分成四类：第一类为制度型，该类以英国为典型，其几乎没有社会工作介入，而主要由中央政府组织，救助的目标主要以能维持收入为限；第二类为完全分化型，该类以德国、荷兰、奥地利等国家为典型，其强调辅助性原则，[3] 一般挂靠权利的普通救助类别计划，地方分权的程度较低；第三类为补缺型，该类以斯堪的纳维亚国家为典型，社会救助主要由地方管理，目标人群是"边缘化"群体，强调社会工作治疗；第四类为不完全分化型，该类以南欧国家、

---

〔1〕 姚海明：《国外老年护理制度及对我国的启示》，载《现代经济探讨》2006 年第 6 期。

〔2〕 沈建：《德国社会养老保障制度及其启示》，载《宏观经济管理》2008 年第 6 期。

〔3〕 指虽然不同级别的政府有其合适的公共职能，但最终的行动应该由最低级的政府来实施，它们实施的效果较好。

地中海国家等为典型,普通救助计划的发展程度较低,强调其他活动的辅助。

1976年英国修订通过《补充救助法》,指出凡是16岁以上的英国居民,其收入来源不能满足最低生活需要者,都可以申请社会救助。1986年通过的《社会保障法》,则改革了原有的贫困补助制度,将原来的贫困补助待遇改为贫困收入支持。1961年,联邦德国制定了《联邦社会救助法》,对社会救助作了一般原则性规定,具体的内容则由各州立法自主决定。1982年,瑞典社会民主党政府用《社会服务法》代替《社会救助法》,新实施的《社会服务法》不仅规定现金补贴形式,而且对于老年、学前儿童和残疾人等弱势群体的社会保障亦作出规定,这无疑为瑞典民众提供了较之以前更加全面、充分、有效的社会保障。

(三)福利服务

福利服务主要是满足人们在生活照顾方面的需要。老年人群体往往由于健康及能力方面的不足,难以完全照顾自己的生活,需要别人的帮助。由于福利服务这些特定的内容,因此在英国往往也被称作社区照顾。

1. 社区照顾

社区照顾通常是指通过非制度性的方式对老年人进行照料和安置,[1]它产生的初衷是由政府及非政府组织在社区里建立小型化、专业化的服务机构,发展以社区为基础的服务设施,提供更贴近人们正常生活的养老服务。[2]

1970年英国终于通过《地方当局社会服务法》,形成了统一的社会服务制度。1990年英国颁布《国民卫生服务与社区照顾法》,对两

---

〔1〕[英]苏珊·特斯特:《老年人社区照顾的跨国比较》,周向红、张小明译,中国社会出版社2002年版。

〔2〕全利民:《社区照顾:西方国家老年福利服务的选择》,载《华东理工大学学报(社会科学版)》2004年第4期。

个福利部门进行了协调，主要是解决医院存在的长期住院病人问题。这些病人大多数是老年人，事实上医院对这些病人提供的治疗有限，但在照顾成本方面却很高。新的立法规定医院将这些病人移交给社会服务部门，在社区发展相应的护理和照顾，并给予技术上的支持，以提高社区照顾的医疗和护理水平，同时不仅为这些病人提供照顾，还提供一定的医疗服务。20 世纪 90 年代以来的改革基本政策是建立“准市场”机制，政府尽量少扮演服务供给者的角色，而是让私人部门和自愿部门的机构充当直接的供给者。

英国的福利服务主要分为四种：一是住院服务。例如，老人院、老人福利院、老人护理院等，老年人脱离家庭集中到福利院居住，由福利院提供各方面的服务。二是日间照顾。日间服务中心主要是为老年人设立，使他们有个活动场所，可以在那里享用午餐及开展娱乐活动，有时还能得到一些生活照顾。三是社区照顾，老年人在家里得到上门提供的各种服务。例如，居家帮助，这些服务涉及用餐、洗涤、清洁等方面。四是现场工作服务。它可以发生在家里、福利院或者社区，基本特点是这是由一支专业社会工作者组成的队伍，通常也有一些专业康复医师参与，在地段内流动到各个需要的地方提供现场服务。在服务方式的选择方面，英国长期以来存在着加强社区服务，弱化住院服务的做法。

2. 住房福利

在英国，政府公房构成福利住房制度的主体，它以低租金或折扣租金的方式提供给低收入家庭，老年人构成这一福利的受益群体，但这主要是针对在工作期间没有买房的老年人。住宅津贴是瑞典目前在住宅方面的主要福利措施，主要有三种：中央政府给予的住宅津贴；中央与地方政府共同提供的联合津贴；政府对老年人的住房费用和房租还有特别的补充津贴。〔1〕

〔1〕　孙炳耀：《当代英国瑞典社会保障制度》，法律出版社 2001 年版，第 237 页。

三、欧洲地区统一老年人权益法律保护规则的成就

（一）欧洲一体化过程中的养老保障协调

1951 年，《巴黎条约》得到签署，欧洲煤钢共同体成立，这使得欧洲一体化的发动机开始启动。1957 年 3 月，《罗马条约》[1]顺利签署，欧洲原子能共同体和经济共同体也随之建立，欧共体三大经济支柱开始正式运转。1991 年 12 月，欧共体 12 国首脑达成《马斯特里赫特条约》，决定成立欧洲联盟，以取代欧共体，并同时正式确立建设欧洲经货联盟和政治联盟的目标。1995 年 12 月，欧盟首脑会议通过《马德里决议》，将未来的欧洲单一货币正式定名为欧元，并确认经货联盟第三阶段于 1999 年 1 月 1 日准时启动。欧元成为参加国的非现金交易的"货币"，各国货币同欧元的汇率被最终锁定下来。自 2002 年 1 月 1 日起，欧元区 11 国将总共 700 亿欧元投入流通领域，到 2002 年 7 月 1 日，欧元成为欧元区 11 国的唯一货币，欧洲单一货币宣告正式形成。

欧洲单一市场和单一货币的出现，对欧洲乃至全球的政治、经济、社会生活等方面均产生了深远的影响。在欧洲国家政治、经济协调不断深入的同时，欧盟成员国之间社会政策的重要性日益凸显，这主要表现在养老保障政策方面。具体而言，首先，在欧洲中央银行统一制定欧元区货币政策、欧盟各国财政政策受到欧盟有关规定制约的情况下，养老保障的过高支出对财政产生不利的影响，这引起人们的广泛关注；其次，社会保障政策受到各国历史传统、文化背景、道德习惯、政治博弈等因素的制约，各国政府在改革过程中都采取了谨慎

---

〔1〕《关于建立欧洲原子能共同体条约》和《关于建立欧洲经济共同体条约》统称为《罗马条约》。《罗马条约》规定了促进欧洲一体化的一系列经济措施，包括制定共同的农业政策和建立公平的市场竞争制度、建立关税同盟、努力实现成员国之间资本和劳务的自由流动等；同时，也制定了一些走向政治一体化的措施。

态度，超国家协调则更加困难。[1]

（二）欧洲社会保障模式简析

在不同理念的影响下，欧洲各国建立了各具特色的社会保障体系，形成两大主要模式。第一种模式是英国首创的“福利国家模式”以及由此派生出的“斯堪的纳维亚模式”。这种模式倡导在全社会“收入均等化、就业充分化、福利普遍化、福利设施系统化”，提供“从摇篮到坟墓”的完整的社会保障措施。相比而言，“福利国家模式”主要受到传统自由主义影响，强调发挥私人的积极性，因此社会保障措施虽然全面但保障水平不高。而“斯堪的纳维亚模式”则主要受到社会民主主义思潮的影响，因此其社会保障措施的保障水平相当高。第二种模式是在德国形成的“社会保险模式”，该模式受到“国家干预主义”的影响，主张互帮互助原则，保障社会上大多数人不陷入贫困，这有效地维持了经济发展的微观动力，确保了资本主义制度的稳定和劳动者基本生活的保障。

这两种社会保障制度模式之间存在明显差别。首先，在社会保障责任上，社会保险型主要由雇主和雇员按照一定比例承担，福利国家型中雇主缴费与政府财政补贴所占比例较大；其次，在权利与义务的关系上，社会保险型主要强调权利与义务的对等性，社会保障津贴水平的高低与个人缴费有关，福利国家型则相反；最后，在社会保障津贴水平上，福利国家型的津贴水平较高且差异不大，其目的不仅在于缓解和预防贫困，更要提高全民的生活质量，社会保险型国家的社会保障津贴则存在明显的个人差别。

另外，两种社会保障制度模式之间存在许多相互联系甚至相互一致的地方。首先，社会保险型社会保障制度是出现最早的西方社会保障制度模式，福利国家型模式是在此基础上发展起来的一种模

---

〔1〕 陶金：《欧洲：社会保障一体化背景下的养老保障改革》，载《世界经济情况》2010年第4期。

式，两者具有同源性。第二次世界大战后，德国社会保障制度在恢复与重建中曾经有走向福利国家的趋势。其次，两种模式下的社会保障制度项目基本一致，都包括社会保险、社会救助与公共福利制度。最后，两种模式下社会保障基金筹资模式具有一致性，主要都是采用现收现付制，[1]而且也都存在一种从完全现收现付制筹资模式向现收现付为主、部分积累制[2]为辅的筹资模式的转变。

（三）欧洲地区统一老年人权益法律保护的既有实践

由于欧洲各国的社会保障制度都具有属地性，因此各国间社会保障制度的法律冲突不可避免。为了解决这些法律冲突，欧盟制定了一系列法规，“允许劳动者为其在不同成员国完成工作的所有时间不受歧视地获得福利”。欧盟关于社会保障问题的法律规定可以分为两个类别：一类是原则性规定，即保证在自由流动中的劳动者的社会保障权利规定，这类规定是欧盟各国共识的体现，为具体立法提供了法律基础；另一类是具体规定，这类规定的主要目的是解决跨国劳动者的社会保障问题，其形式包括了条例、指令、决定等。这类具体规定实质上是一种冲突规范，即告诉人们应该选择哪一国的法律作为社会保障的准据法。

1. 原则性规定

1951 年签订的《欧洲煤钢共同体条约》对特殊行业中劳工的工资水平、生活保障、工伤、失业补助以及再就业提出了超国家的指导

---

〔1〕 现收现付制社会保障基金筹资模式的基本原则是以支定收，根据短期社会保障制度的支付需要，确定社会保障基金规模，从而确定社会保障缴费率，以筹集社会保障基金并支付社会保障津贴。

〔2〕 在部分积累制情况下，退休人员的养老金一部分来自现收现付式的筹资方式，另一部分来自完全积累式的筹资方式。与完全基金制和现收现付制的两种方式相比，部分基金制既保持了现收现付制下的代际间的收入再分配功能，又能通过部分资金积累，降低现收现付制下当代人的负担与完全基金制下货币贬值的风险和资金保值增值的压力。部分积累模式是现收现付模式和完全积累两种模式相结合的一种模式。

性意见。1957年建立的欧洲原子能共同体设立了有关工人及公众健康保护的基本标准。

1961年10月18日欧洲理事会成员国会议通过《欧洲社会宪章》,并于1965年2月26日生效。1996年通过修改后新的《欧洲社会宪章》,并于1999年开始生效。该宪章第23条规定:"每个老年人享有社会保障权。为保障老年人的社会保障权,缔约国同意直接或与有关组织合作采取适当有效措施。(1)为老年人提供足够的资源使之能够体面生活,为老年人提供服务设施和服务信息使老年人能够(在身体、心理和智力方面)尽可能长久地作为社会的完整成员;(2)为老年人提供适合其需要和健康状况的住宅(或相应足够的资助),提供必要的健康保健服务,使老年人能够自由选择生活方式,并在其熟悉的环境中过他们所希望的独立生活;(3)保证生活在社会事业机构中的老年人得到适当资助,同时尊重他们的隐私并能参与该机构有关生活条件的决策。"[1]

1989年12月,欧共体除英国外的11个成员国在斯特拉斯堡签署了《共同体基本社会权利宪章》。宪章所提出的基本社会权利包括:(1)得到社会保障的权利;(2)得到医疗和安全保障的权利;(3)老年人得到生活保障的权利等。

1992年签署通过的《马斯特里赫条约》包括《欧洲经济与货币联盟条约》和《政治联盟条约》。这一条约是对《罗马条约》的修订,它为欧共体建立政治联盟和经济与货币联盟确立了目标与步骤,是欧洲联盟成立的基础。这一条约进一步提出了"欧洲公民"的法律概念,要求成员国更大程度地协调社会政策,明确了对欧盟成员国公民权利进行保护的法律法规,规定欧洲公民享受社会保障的权利。

2004年,欧盟25个成员国在比利时首都布鲁塞尔举行首脑会

---

〔1〕 熊金才、曹琼:《社会养老服务法律化进程比较研究》,载《净月学刊》2015年第5期。

议,一致通过了《欧盟宪法条约》草案的最终文本。同年10月29日,欧盟25个成员国领导人在罗马签署了《欧盟宪法条约》。条约共分为四个部分,第二部分涉及欧洲公民的基本权利。条约还规定,其必须在欧盟全部成员国根据本国法律规定,通过全民公决或议会投票方式批准后方能生效。由于2005年条约在荷兰和法国全民公决中遭致否认,《欧盟宪法条约》最终未能获得通过。2007年10月19日,欧盟非正式首脑会议通过了欧盟新条约(又称为《里斯本条约》),并于2007年12月13日由欧盟各国首脑在里斯本签署,以取代《欧盟宪法条约》。

《里斯本条约》于2009年12月生效,被称为简化版的《欧盟宪法条约》。《里斯本条约》确认了《欧盟基本权利宪章》对各成员国的法律约束力,不过英国获得部分"豁免",以免其国内的《社会权利和劳工法》等与宪章有抵触的法规被判定为非法。《欧洲联盟基本权利宪章》实际上就是原《欧盟宪法条约》中有关基本权利宪章的第二部分。该条约第25条规定:"联盟承认和尊重老年人享有体面的和独立的生活权利以及参加社会文化生活的权利。"

2. 具体规定

由于原则性规定缺乏可操作性,因此,欧盟理事会先后通过了若干协调社会保障制度的法规。例如,1968年颁布的第68/360号《关于消除成员国劳动者及其家庭流动和居留的各种限制的指令》;1971年第1408/71号《关于适用于薪金雇员和自由执业者及其家属在共同体内流动的社会保障制度的条例》;1972年第54/72号《关于上述条例的适用方法的条例》;1983年第2001/83号条例。上述法规中最基础、最重要的是1408/71号条例。

1408/71号条例对雇员或自由职业者的界定非常广泛,包括那些具有某一成员国国籍,但并不在欧盟成员国内居住的,而投保于两个或两个以上成员国的养老保险计划的雇员或自由职业者,都可以依据条例规定要求累计其养老金。

在申请人提出申请后,各成员国主管机构依据国内法和欧盟协调法令对申请进行审核。如果申请人依据某特定国国内法有资格获得某项福利待遇,则在计算福利待遇时须遵循"双重结算程序"。具体按以下方法计算养老金分担比例:

(1)根据国内法应给予的福利待遇,必须以申请人在特定成员国内工作时间和所得收入为基础计算。

(2)按以下方法计算养老金分担比例:

①必须计算养老金理论值,即在申请人已经达到该欧盟成员国关于养老金的工龄门槛(在数个成员国累计工龄)情况下,方有资格获得的养老金金额;

②然后必须计算养老金分担比例,并按照申请人在某成员国实际工龄占累计工龄的比例,在养老金理论值的基础上确定分担比例。

(3)在上述两种养老金计算方式下,采取对申请人最有利、金额最高者。

如果申请人未达到享受国家福利的条件,则以养老金分担比例计算养老金。依据所涉及成员国的法律,从多个成员国获得的养老金被分别给付给受益人。

医疗保险相关法令则明确规定欧盟公民在不同医疗机构和医生间就诊的连续性。在跨国异地就医方面,欧盟的医疗保险适用累计的原则,即流入地的医疗保险经办机构必须考虑这个人在流出地的相关"记录",从而将流出地的记录纳入"累计"中。医疗服务涉及现金补偿和实物补偿两种方式。法令规定,跨国异地就医人员享受不高于在流出地就诊的补偿待遇,同时需要承担由此产生的额外医疗费用。此外,欧盟组织中推广标准化 E 系列表格(E forms)和"欧洲医疗保险卡"(EHIC),统一跨国就医医疗保险信息标准。E 表格的作用主要体现在信息获取申请、社保接续、社保记录、待遇证明、应对特殊情况以及费用报销等方面。E 表格面向对象包括一般参保者、参保者亲属、雇员的雇佣者以及医疗保险管理机构;欧洲医疗保险卡具有信息辨别功能,保险卡持有者可以实现跨国看病和就地报销的待遇。

另外,1408/71 号条例还确定了以工作地为依据的社会保障制度准据法。883/2004 号条例将取代 1408/71 条例的规定,居住在一成员国的全体欧盟公民无论国籍,都可以根据该国法律,与该国公民一样享有同等的权利,承担同等的义务。这部条例带来的改变或改善扩大了承保人群以及承保风险范围,从而增加被保险人享有的权利;根据社会保障协调制度,增加保障分支数目,将退休准备期纳入立法范围;强化工人在其他国家领取社会保险金的权利等几个方面。

值得注意的是,2014 年欧洲议会选举中,有 17 个成员国的右翼政党获得了最多的选票,它们倾向于反对移民、反对自由贸易、反对欧洲进一步一体化。本次选举还进一步暴露出欧盟各成员国之间的意见分歧,欧洲一体化未来前景的不确定性增加,欧洲一体化的深入将面临更大的困难。欧洲地区统一老年人权益保护的进程将面临新的挑战。

第二节　美洲地区统一老年人权益法律保护的历程

纵观美洲地区老年人权益法律保护的历史,美国和加拿大这两个发达国家无论从法律保护的理念,还是法律保护的机制以及法律执行等方面都引导着整个美洲地区老年人权益法律保护的发展。因此,基于统一化进程的考虑,本节将着重阐述美国和加拿大两国对老年人权益法律保护的历程。

一、美洲地区有关老年人权益法律保护的历史

从全球对老年人权益法律保护的立法模式上看,主要存在两种

模式:第一种是分散的立法模式,即没有专门针对老年人的单独立法,而是把对老年人权益保护的条款分散在许多相关法律中。第二种是单独的老年人立法保障模式,采取专门立法模式大多是发达国家。其中,加拿大的老年立法模式属于前一种模式,美国的老年立法模式属于后一种模式。

(一)美国老年人权益法律保护的历史

众所周知,美国是一个联邦制国家,其立法存在联邦和州之间的差别。同样,对于老年人立法而言,也存在联邦的老年人立法和州的老年人立法之间的差别。本节将主要介绍美国联邦政府老年人立法的历史发展。

美国老年人立法的发展可以划分为四个阶段:第一个阶段是从1797年至1935年,是老年人立法的萌芽阶段;第二个阶段是从1935年至1950年,是老年人立法的形成阶段;第三个阶段是从1950年至1972年,是联邦老年人立法的发展阶段;第四个阶段是从1972年至今,是老年人立法的渐进完善阶段,其主要围绕成本控制来展开。

1. 美国老年人立法的萌芽阶段

英国《济贫法》影响着美国早期的社会福利思想,各种各样的慈善团体及民间服务工作,大多依赖宗教团体以及民间机构的推动和发展。[1] 美国受20世纪30年代世界经济危机的影响,社会和经济都遭受了强烈的冲击。危机的突然出现,大量的人口失业陷入贫困,严重地影响了美国人民的日常生活,人们的生活陷入了水深火热之中。因危机的发生覆盖面广、影响大,各类民间慈善组织与互助机构已经无法承担解决经济危机的责任。在此背景之下,美国人民开始寄希望于联邦政府,普遍认为联邦政府能够带领人民走出经济危机

[1] 张丽丽:《试论加拿大养老保障制度的建立与发展》,山东大学2014年硕士学位论文。

所带来的困境。从此，福利活动这一被认为是私人承担社会责任的事业，逐渐向政府与私人共同协助方向转变。

2. 美国老年人立法的形成阶段

1935 年，美国率先颁布了《社会保障法》，该法的颁布标志着福利救助真正从私人责任转向了政府与私人共同承担。在此之前，私人都是自发地承担社会救济责任，而政府的加入使这一社会救济进入社会福利层面。与私人救济措施相比，政府开展的社会福利覆盖面广、影响大。《社会保障法》的出台是在经济逐渐复苏后，让人们意识到经济发展的同时也要完善社会保障和社会救助政策。这不仅是联邦政府的责任，同时也是国家和社会共同的责任。为此，设置了全国范围内大多数雇员必须参加的老年保险计划（Old – Age Insurance）。美国“老年保险计划”从 1935 年设立以来，无论在保险对象、赔偿模式、受益范围、管理形式及税收等方面，都发生了巨大的改变。1935 年设立之初，“老年保险计划”受益群体仅限于老年群体，1939 年增加了“遗属抚恤计划”，1956 年又增加了“残疾人福利计划”，这三者计划合称为“老年、遗属、残疾保险”计划（Old Age，Survivors and Disability Insurance，OASDI），构成了美国完整的社会保障体系。[1] 此外，该法案还设立了老年援助项目，主要针对那些不能参与老年保险制度或虽然参与了老年保险制度但仍需要救助的老年人，由联邦政府与州政府支付有关对其照顾其日常生活等方面的成本开销。

3. 美国老年人立法的发展阶段

1965 年是美国老年人立法最具重要意义的一年，这一年推出的相关法律和项目为美国老年法律制度的建立和发展起到了至关重要的作用。相继出台的一系列有关老年人权益的法律，保障老年人的生存、发展权。这一年中联邦政府相继出台了《老年人法》、《医疗保险法案》和《医疗救助法案》三部法案。涉及老年人特殊医疗、保险、

---

〔1〕 葛增誉：《老年人救治制度研究》，长春理工大学 2012 年硕士学位论文。

社会救助等各个方面,后期老年人社会权益保障法基本上是在此基础上加以完善的。与此同时,还制定了与法律相配套的政府项目以辅助法律正常实施。《社会保障法》虽然在各个方面都有了突破,但仍未完全解决老年人面临的社会不平等对待,他们仍要面对老年危机。

1961 年 1 月 9—12 日,有 3000 名代表参加的美国白宫老龄第一次会议的召开,强调人们要关注到老年人问题的特殊性,并希望老年人问题能引起所有人的重视,因为老年人面临的问题危机,不仅是联邦政府的责任,也不仅是联邦政府需要解决的难题,还需要所有民众共同的参与。这次会议主要议题是全国老年人健康保障,并在大多数州设立老龄问题委员会。[1] 会后确立了几部具有里程碑意义的老年法律,比如《老年人法》、《医疗保险制度》、《医疗救助制度》以及《食品券法》等,这些已经成为现今美国老龄法规政策发展的基础。

此阶段美国经济高速发展,随着经济的发展,人们的生活水平逐渐提升,追求的物质条件也越高,促进了社会福利政策的进一步发展。美国政府启动了许多老年项目计划,给予老年人更多的福利政策。对于老年人福利政策的制度,都是以年龄作为享有福利权利的界限。只有达到联邦政府规定的年龄要求,才能受到社会福利的保障。因此,《老年人法》是基于年龄为标准的联邦补助金项目,建立了联邦协调部门——老龄委员会。各州也相继成立了老龄组织机构和管理部门专门负责解决老龄问题,保护老年人的社会救济权。《老年人法》颁布以后,启动了关于老年人政治、经济、文化和社会各方面权益的保障项目。

美国医疗保障制度相对健全,但随着经济的发展,老年人无法承受昂贵的医疗费用,联邦政府为了减轻老年人医疗方面的负担,于 1965 年修订了《社会保障法》。新修《社会保障法》专门增加了老年

---

〔1〕 https://baike.so.com/doc/5804599 - 27886790.html,最后访问日期:2019 年 5 月 23 日。

人医疗保险制度和社会弱势群体的医疗救助制度。医疗救助制度中所指的弱势群体需要附加低收入者因素才符合条件。这两项制度的设立给了老年人和弱势群体更多的社会福利帮助,老年人所享有的医疗保险福利真正意义上减轻了医疗负担,特别是针对低收入的老年人还可以申请医疗救助,老年人追求幸福晚年的目标更进一步。

4. 老年人立法的渐进完善阶段

1971 年 11 月 28 日—12 月 2 日举行第二次美国白宫老龄问题会议,与会代表 4000 余人。主要议题是老年人的收入保证。会后重要立法活动有:建立生活费用幅度表、制定全国老年人营养计划;并设立众议院老龄问题小型特别委员会和联邦老龄问题委员会。

1972 年后美国开始实行财政紧缩的政策。这一阶段的老年人立法和完善制度变得严谨,主要有两方面原因:一是联邦政府在社会福利上的一系列政策增加了财政压力;二是老龄化危机日益严重,老年人人口数量逐渐超过出生人口数,社会压力增大。两方面原因导致老年人立法在这一阶段处于渐进发展状态,每一项新的与老年人立法相关政策都需要斟酌和考量。也正因如此,老年人社会保障成为了政客们获得选票的一个突破口。联邦政府和各州在处理老年人问题时,会更加谨慎。

1981 年 11 月 29 日—12 月 3 日举行第三次美国白宫老龄问题会议,由 J. 卡特和 R. 里根两届政府筹备和组织召开,有 2000 名代表和 1150 名观察员参加,会议主要讨论老年人的社会保险问题,发表了 3 卷本报告。[1]

值得关注的是,1995 年美国白宫召开第四次老龄问题会议,足以见得,美国联邦政府对老龄问题的重视。20 世纪末美国的老龄问题已经严重威胁到社会的进一步发展,因此,此次会议旨在解决老龄化

---

[1] http://www.baike.com/wiki/%E7%BE%8E%E5%9B%BD%E7%99%BD%E5%AE%AB%E8%80%81%E9%BE%84%E9%97%AE%E9%A2%98%E4%BC%9A%E8%AE%AE,最后访问日期:2019 年 5 月 23 日。

严重问题,为进入新时期勾画老年人幸福、安稳晚年生活蓝图提供方案。此次会议确定了老年人福利政策的发展方向和原则:强化并肯定已经实施有效的美国老年人福利政策,包括社会保障、医疗保险、医疗救助;强化老年人的独立性;促进个人的安全保障;鼓励个人对其长辈尽赡养义务;运用老年人的智慧、经验以及技能,将老年人视为重要的资源;重视各世代间的相互照顾。这既是为老龄化问题找到的解决方案,也是对老年人即将到来的新时代生活许下的承诺。

除了《美国老年人法》之外,还有许多其他法律涉及老年人权益保护的规定。如 1935 年颁布的《社会保障法》、1937 年颁布的《房屋法》、1964 年颁布的《食品券法》、1965 年颁布的《医疗保险法》和《医疗救助法》、1967 年颁布的《年龄歧视法》、1970 年颁布的《城市公共交通法》、1974 年颁布的《雇员退休收入保障法》、1975 年颁布的《禁止歧视老年人法》、1978 年颁布的《房屋与社区发展法》、1984 年颁布的《退休平等法》、1987 年颁布的《公共预算调整法》、1990 年颁布的《残疾人法案》和 1993 年颁布的《家庭和医疗病假法案》。

由此可见,美国不仅是从单个方面对老年人进行法律保护,而是从老年人生活的方方面面对老年人权益进行了法律的保障,已基本上构建了一个相对完善的老年人权益保障法律体系。

(二)加拿大老年人权益法律保护的历史

与西方工业化国家一样,加拿大在 19 世纪也开始了人口老龄化进程。根据联合国制定的老龄化社会标准,加拿大人口 1880 年以前属于“年轻型”老龄社会,19 世纪 80 年代开始进入“成年型”老龄社会,20 世纪 40 年代进入“老年型”老龄社会。加拿大政府每隔 5 年就会进行一次大规模的全国人口普查,根据加拿大统计局提供的数据,从近 5 次人口普查的资料(分别是 2001 年人口普查、2006 年人口普查、2011 年人口普查、2016 年人口普查以及 2021 年人口普查)来看,2001 年加拿大 65 岁及以上年龄人口数约 389 万人,占当时总人口比例的 13%；2006 年该群体总数约为 434 万人，占总人口比例的 13.7%；2011 年总数约为 495 万人，占总人口比例的 14.8%；2016 年 65 岁及以上老年人数量为 594 万人，占当时总人口比的 16.9%；最近一次人口普查发生在 2021 年，数据显示该群体人数已经达到 702 万人，占当时总人口比例的 19%，其中 65 岁及以上男性占全国男性总人口比例的 17.7%，65 岁及以上女性占全国女性总人口比例的 20.2%。数据还显示自 2001 年至 2020 年，加拿大 65 岁及以上年龄群体数量增长率均为正值，其中 2016 年至 2020 年的增长率高达 18.3%。[1]

加拿大同美国一样也是一个联邦制国家，各省都有自主立法权，因而，各省关于老年人保障权益与联邦国家的立法制度会存在不同。各省以联邦国家立法为基础，结合本身的特殊情况和不同因素对本省的影响，可以单独对本省的老年人权益予以立法规定。加拿大的老年人立法也受到了英国《济贫法》的影响，因为其老龄化进程较他国早，其老年人的养老保障制度较完善，有着“老年人天堂”的美称。依据联合国的老龄化标准，加拿大的老年人立法发展分为三个阶段：第一个阶段是 19 世纪 70 年代至 20 世纪 20 年代，老年人立法的萌芽阶段；第二个阶段是 20 世纪 20 年代至 20 世纪 40 年代，老年人立法的形成阶段；第三个阶段是 20 世纪 40 年代至 20 世纪末，老年人立法的成熟阶段。

1. 加拿大老年人立法的萌芽阶段

加拿大早期的社会保障以 1867 年《英属北美法》的颁布为起点，该阶段的加拿大处于发展的高峰期，其老龄化模型从“年轻型”向“成年型”过渡的阶段，老人生活依靠子女的抚养，人民生活水平承受较大的压力，老年人生活矛盾凸显。在此阶段，老年人的权益虽尚未

[1] https://www12.statcan.gc.ca/census-recensement/2021/as-sa/fogs-spg/page.cfm?topic=2&lang=E&dguid=2021A000011124，最后访问日期：2022 年 6 月 19 日。

受到联邦和各省的重视,仍旧依靠私人力量,但是联邦和各省在社会保障上的责任已开始有了转变,老年人的社会保障已悄悄萌芽。

2. 加拿大老年人立法的形成阶段

“成年型”老龄社会发展到高峰期,联邦政府逐渐意识到老龄化问题即将带来的危机。因而,在宪法中明确规定了联邦与省政府在老年人社会保障计划中各自的责任。加拿大于1927年颁布了第一部养老保障立法——《养老金法案》。此后,在《宪法》和《加拿大权利与自由宪章》的框架基础下,加拿大制定了一系列社会保障具体项目立法,有联邦层次和省一级的立法区分:

联邦层次的立法中包括1935年颁布的《就业和社会保险法》。省一级层次的立法包括:第一,《工伤保险法》。安大略省于1914年最先建立,其后其他各省如新斯科舍省(1915年)、不列颠哥伦比亚省(1916年)、艾伯塔省和新不伦瑞克省(1918年)、马尼托巴省(1920年)紧随其后建立了《工伤保险法》。10年后,萨斯喀彻温省(1929年)和魁北克省(1931年)也先后启动了相关立法进程。第二,母亲年金或补贴计划。马尼托巴省(1916年)、萨斯喀彻温省(1917年)、艾伯塔省(1919年)、不列颠哥伦比亚省(1920年)、安大略省(1920年)、新斯科舍省(1930年)、魁北克省(1937年)也先后制定了母亲年金或补贴计划。有关老年人权益的法律均分布规定于联邦和各省的法律中。

3. 加拿大老年人立法的成熟阶段

加拿大进入“老年型”老龄化阶段,是进入老龄化阶段最早的国家之一,社会处于转型阶段,正是需要劳动力的鼎盛时期,严重老龄化问题给社会发展带来了很大的挑战。联邦和各省开始完善老年人社会保障规定,1945年颁布的《家庭补助法》和1946年颁布的《国民保险和国民健康服务法》、1952年颁布的《老年保障法》、1965年颁布的《加拿大养老金计划法案》、1966年颁布的《医疗保健法》和1997年颁布的《就业保险法》等。爱德华王子岛(1949年)和纽芬兰省

(1950 年)也实施了以上法案。新不伦瑞克省(1943 年)和爱德华王子岛(1949 年)先后建立了母亲年金和补贴计划福利项目[1]。

同时,建立了一系列的老年人社会保障体系相关制度。加拿大老年人的社会保障体系主要由老年保障金、退休金、私营保险与个人储蓄组成。包括以下四个方面:第一,建立于 1951 年的养老金计划(Old Age Security,OAS):依据法律规定,凡 18 岁以后在加拿大居住满 10 年,年龄达到 65 周岁的老人,无论是否曾经有过工作,都可以从政府领取养老金。其中住满 40 年以上者可以领全额养老金,不满 40 年者分别得到部分或基本养老金。[2] 老年人的生活水平如果在政府规定的贫困线以下,不仅可以领取法定养老金,还能够领取一定数额的养老补助金。第二,保证收入补助金计划(Monthly Guaranteed Income Supplement, GIS)建立于 1967 年,其中的老年津贴,是加拿大政府对低于基本生活水平线以下的贫困老年人给予生活资助的计划。第三,1966 年制定的加拿大养老金计划(Canadian Pension Plan, CPP),主要由联邦政府负责,各省具体组织实施。该计划制定的目的是保障供款人的未来权益,在其无生活来源和生活能力时(需满足年老退休或者因伤残而失去工作能力或去世的特定条件),他自己和家人不会因上述原因的发生而出现经济危机。这是一个集合了由雇员、雇主、自雇人士的供款及加拿大退休金计划投资基金所投资的收益。除魁北克省外,在加拿大其他各省均有实行。[3] 第四,私营保险,又称"私营退休金计划":主要是雇主为其雇员提供的。不过是否参加该计划完全由投保人个人决定。总体来说,加拿大的养老保障制度有三个层次:第一层次是按照普遍性原则设计和税收资助实施

---

[1] 仇雨临:《加拿大社会保障制度的选择及其对中国的启示》,经济管理出版社 2003 年版。

[2] 王红艳:《加拿大的社会保障制度概览》,载《英语知识》2009 年第 5 期。

[3] http://blog.sina.com.cn/s/blog_669960ae0100vdi7.html,最后访问日期:2019 年 5 月 24 日。

的老年保障金制度、保证收入补贴制度以及配偶津贴等；第二层次是缴费性的加拿大养老金计划/魁北克养老金计划；第三层次包括雇主建立的养老金计划和供个人自愿选择的退休储蓄计划。[1]

然而相对于其他的国家老年人监护立法而言，加拿大的老年人监护立法理念——共同决定制度，[2]不仅具有其创新之处而且贯彻于老年人监护立法。虽然此共同决定制度至今仍是褒贬不一，但是在某些方面体现出了能够从老年人自身状况的角度出发考虑问题，仍不失为一种较为先进的立法模式。而且，各省的立法机构也对此共同决定制度表示了肯定的态度，萨斯喀彻温、马尼托巴、和育空等省均通过了正式的《共同决定法案》，其中萨斯喀彻温2001年生效的《成年人监护和共同决定法案》，该法案表明："我们的社会越来越多地意识到了成年被监护人，尤其是老年被监护人的需求。我们需要明确的是，不是所有的被监护人都要求同一层次和类型的帮助。在法案中，当法院意识到指定一个共同决定者反映了当事人的最佳利益，满足了当事人的需求，同时法院认为此种指定可以对当事人作出管理人身和财产的决定提供合理的帮助，法院就必须作出为当事人委任一名共同决定作出者的命令。当法院认为被监护人没有作出合理决定的能力，需要指定监护人来替代他们作出决定时，法院应当委任监护，包括全权监护和限制监护。当然，共同决定令的发出必须以无任何替代性措施为限。"亚伯达省对萨斯喀彻温省的立法模式全盘吸收，同时伯达省颁布《成年人监护和信托法案》，与《成年人监护和共同决定法案》共同构成加拿大的共同决定立法体系。

总的来说，加拿大的老年人权益法律保护体系在发展的过程中不断完善、不断进步，尤其加拿大政府能够及时地根据老年社会所出

[1] 曹海菁：《加拿大雇佣和劳动法概述》，载《上海政法学院学报》2005年第20期。

[2] 共同决定理念即以监护人同被监护人分享监护权利、帮助被监护人自主决定的方式限制监护人的监护权利，将被监护人定位于帮助人之角色，改善传统意义上的"一揽子"许可。

现的新的情况来修正其法案,处处体现出"以人为本"的立法理念与"乐于奉献"的服务精神。而且,其立法模式以及先进的立法理念也值得其他国家借鉴。

二、美洲地区有关老年人权益法律保护的现状

(一)美国老年人权益法律保护的现状

1. 养老保障法律制度

由于历史和现实交织的多重因素,构成了当今美国养老金的体系。老年人、遗属和残障保险计划、雇主责任退休养老金计划和个人储蓄退休养老金计划共同构成了美国养老金体系。其中,老年人、遗属和残障保险计划和雇主责任退休养老金计划构成了美国养老金体系的主体。

第一类:老年人、遗属和残障保险计划。其是美国联邦政府建立最早的社会保障制度,全民参与,具有公共性和强制性,是一般意义上的"公共养老金"。该计划和"残障保险计划"两个基金共同构成社会保障制度,其中前者占据了80%左右的份额。资金主要来源是雇主和雇员两方交纳的社会保障工薪税(Payroll Tax),目前的税率为职工工资总额的12.4%,由雇主和雇员各自交纳6.2%。[1] 但是随着老年人口的不断增加以及低生育率的出现,出现了交纳养老金的人员负担的人口比例逐渐提高以及造成社会保障基金缺口的局面。这几年来已成为改革家们关注的重点,有部分专家提出了以下改革方案:第一,降低社保基金的支出即福利水平。第二,提高工薪税税率。第三,延长退休年龄。当前,美国法律规定的退休年龄是66岁,近几年,美国国家计划将会建议延长法定退休年龄(增加1岁至67岁)。第四,将社保基金部分私有化以提高基金收益率。据美国

---

[1] 中华人民共和国财政部国际司:《美国养老保险制度介绍》,http://gjs.mof.gov.cn/pindaoliebiao/cjgj/201310/ t20131025_1003316.html,最后访问日期:2019年5月24日。

社会保障署2018年公布的信息显示,美国养老保障金将增加2.8%。此外,对大多数美国人而言,想要获得养老保障和养老金资格的前提是满40个社会保障信用积分(依规定,一年最多只能获得4个社会保障信用积分,不因工作中断或者变更而清零,可以连续累积计算。美国社会保障署公布的数据显示,2019年的社会保障信用积分获取为1360元/分,较2018年增加了40美元)。[1] 社会保障信用积分获取的要求更高,养老保障金的增加,这是提升就业税率的情况下保障老年人未来的养老福利,增加现时的压力换取未来的稳定和幸福。

第二类:雇主责任退休养老金计划。此计划来自1974年通过的《雇员退休收入保障法案》(Employee Retirement Income Security Act,ERISA),该法案为私营企业的养老金计划设定了最低标准,不要求雇主必须为雇员建立养老金计划。但是,凡是建立养老金计划的雇主就必须满足该计划所规定的要求。该法案要求养老计划应定期为参与者提供的信息包括:计划功能和资金、为参与者所设定了最低标准、特别保护权、效益收益、计划受托人的责任和让参与者有控告违反信托责任者的权利。该法案由职工福利安全保障委员会(Employee Benefits Security Administration ,EBSA)执行,此退休计划是雇主、雇员组织或者两者共同的组织自愿建立并维护。其中,退休金是职工福利计划中的一个部分,其建立和维护的是为退休人员提供退休金,或者推迟给予退休金直到终止就业为止。主要有两种形式:第一种,待遇确定型养老金计划(Defined Benefit Plans,DBP)。该计划的特点在于以职工工资和年龄作为计算他们退休收益的基础,职工工资和年龄的高低决定着退休后收益的高低,也就是说工龄对退休收益是正影响的。一般情况下,职工的退休收益等于职工工

[1] 刘菲:《从2019年养老金调整看美国社会保障制度》,载《银行家》2018年第11期。

龄乘以职工最后的平均收入，再乘以退休金增长百分比。[1] 第二种，缴费确定型计划（Defined Contributions Plans，DCP）。该类型计划中的退休金由雇主和职工共同缴费的资金、利息及投资收益构成，由雇主为职工管理部分储蓄，为职工的理财提供保障。类似于雇主管理职工的主要代表为401K计划。401K计划这一名称出自《国内税收法案》第401（k）节，它允许员工将一部分税前工资存入一个储蓄计划，积累至退休后使用。[2] 401K计划有两个显著的特点：一是该计划是税前缴费，在退休前该笔资金不能取出，政府也不会对个人退休账户红利、利息和资本所得征税，退休后取出资金时才依照税率对其征税（雇员退休时，可从以下三种办法中任选一种领取待遇：①一次全部支出，但要纳税，税率约为25%；②按月支取，按月纳税，税率为10%至15%；③转存入银行，不需要纳税），递延纳税带来的税收优惠大大刺激了401（k）计划的发展。二是该计划不同于传统的养老金计划，雇员拥有个人账户的决定权，自己管理和控制账户，可以根据自身的情况选择保守存款或者风险投资，此种计划给了职工更多的工作信心，工作时有动力，退休后也有经济保障。因其存在的自我选择性（对账户的自我管理）特点，也成为美国人常用的投资方式，主要投资的种类包括股票基金、公司股票、担保投资合同（GIC）、平衡基金占7%、债券基金、货币市场基金和其他。

第三类：个人储蓄退休养老金计划。这是根据个人实际情况建立起来的养老储蓄计划。[3] 此种类计划是具有个人选择性的，非强制的，由职工个人决定是否参与。个人储蓄退休养老金计划不具有广泛适用性，该类退休养老金中所有的资金都需要储户个人存入，职

---

〔1〕 http://www.wenku365.com/p-17447500.html，最后访问日期：2019年5月25日。

〔2〕 http://www.baike.com/wiki/401%28k%29，最后访问日期：2019年5月25日。

〔3〕 曹健、王云斌主编：《老年人权益保障法律制度比较研究》，中国政法大学出版社2012年版。

工需要承受巨大的经济压力。该类计划的一般都是属于中等消费能力以上的职工，其工资收入除去基本消费后还有余数，否则，每月工资只能满足基本生活消费需要而无法承担个人养老金储蓄的压力。而且个人储蓄退休养老金计划不会与其他养老金相冲突，根据美国现行老年人养老法律规定，70 周岁以下有收入者不论是否参加了其他养老金计划投资，都可以开设退休账户。此类个人账户由其所有人进行管理，可开展个人的投资活动。

这些养老计划经历了长期的运作后，由于经济、政治和社会发展等因素的交织，都面临着较严峻的现实考验，越来越多的专家呼吁对这些计划进行改革以更加适应时代的需求。

2. 医疗保障法律制度

1996 年 7 月通过的《健康和医疗保险法案》，被认为是自“新政”[1]以来一项具有重大意义的社会保障法案。它包括健康和医疗两类。

健康保险具有强制性。该法案强制要求雇主和职工每月必须支付薪金的 1.4%（保险费率也是个变数）作为雇员的健康保险费。每一个职工必须参保健康保险，无例外。65 周岁以后，参加健康保险者如因病住院，可以享受健康保险为其支付 60 天以内的全部住院费用。只有在因病住院超过 60 天后的部分或者因其他原因住院时，才需要由自己支付费用。健康保险可以在一定程度上减轻退休者住院后承担的经济消费负担，但是也需要进一步完善，只对因病住院的消费予以赔付，对因其他正当原因导致的住院或者医疗不能由医疗保险支付。

医疗保险具有任意性，不强制缴纳。老年人可根据规定自愿交纳保险费。这笔费用是用来支付医疗开支的。而 2010 年 3 月 22 日，

---

〔1〕 此“新政”指美国 F. D. 罗斯福政府于 1933—1939 年为克服 1929—1933 年经济危机采取的一系列政策措施。

美国国会众议院以 219 票对 212 票通过参议院医改法案。[1] 这一法案将彻底地改变美国的医疗保险。该法案要求绝大多数美国人购买医疗保险,支付不起保险费的人可以获得联邦资助。规模较大的公司或企业必须为其员工提供医疗保险,否则将被罚款。[2] 美国医改法案则规定政府将对老年人在购买特殊药物("Donut Hole"药物,但 Donut Hole 药物在总消费额超过一定限度时将不予报销)时给予折扣,该类药物的问题在 2020 年彻底解决。[3] 这一点也是该法案的最大亮点之一,保护了老年人的权益。

3. 服务保障法律制度

美国在老年人政策法规体系方面的规定是比较健全的,涉及老年人生活的方方面面,其中包括:社区养老业、劳动就业、收入保障、医疗保健、就业保障以及公共福利等方面。

在近几年的发展过程中,社区服务得到了世界范围内大多数国家的认可与提倡。其中,相对于英国的养老社区服务来说,美国的养老社区服务起步较晚,但是从这几年发展的规模和速度来看,如今的美国养老社区服务业可以说是世界范围内比较先进且人性化的服务。美国老年人社区照顾模式大体可分为独立生活社区(Independent Living Community)、护理居住社区(Nursing Home/Skilled Nursing Facility)、协助生活社区(Assisted Living Community)、活跃长者社区(Active Adult Community)、失忆护理(Alzheimer's Care)和持续照顾退休社区(CCRC)。

独立生活社区。此种生活社区有两种代表社区:老年公寓和老

---

〔1〕 http://news.sina.com.cn/w/2010-03-22/110417254795s.shtml,最后访问日期:2019 年 5 月 24 日。

〔2〕 吕庆广:《社会重构:战后以来美国改革浪潮的特点与启示》,载《江南大学学报(人文社会科学版)》2013 年第 6 期。

〔3〕 李文沛、高维:《中美医疗保险筹资模式比较研究》,载《中国劳动关系学院学报》2010 年第 6 期。

年聚集住宅。老年人可以根据自己的喜好和生活方式自由选择不同的居住方式,喜欢独居且具有独立生活能力的老年人可以选择老年公寓独自生活,老年人便有自己更多的独立空间。此种模式的安全系数较小,老年人独居,若突发疾病难以及时送医。相对而言,老年聚集住宅社区中老年人集中,生活方式不会单一,安全系数较高。独立生活社区适合于年龄在55~64岁的活跃长者居住,此年龄段的老人独立生活能力仍较强,大多数问题都能自己解决,需要帮助的可能性小。

护理居住社区。该种社区专为需要持续医疗康复护理、明显丧失日常生活活动能力的老年人提供服务。对那些老年痴呆或者患有慢性病的年长者而言,护理院为他们提供24小时不间断的护理照料,这也是他们最佳的养老居住地。

协助生活社区。协助生活社区主要起协助老年人生活作用,主要适用群体是有独立生活能力的老年人,他们需要有自己独立的空间,又不需要持续、固定的医疗照顾,只需要在特定时间做健康医疗检查即可。此种社区具有一定的灵活性,以提供基本生活需要服务为主,主要包括:就餐、整理卫生以及医疗等基础服务。

失忆护理是专门为患有初期老年痴呆者提供照料。老年痴呆者的初期症状是容易迷路,不能记起亲戚朋友等熟悉之人。但是如果是严重的老年痴呆症还得选择护理居住社区。

持续照顾退休社区。持续照顾退休社区的老年人大多数是缺乏独立生活能力或者独立生活能力缺失的群体,他们需要持续、固定的医疗服务和健康照顾。因此,此种社区模式集养老公寓、护理居住、公共设施等服务为一体。它便于老年人各种需要,社区中的各项服务都是健全的,因其具有全面、配套的老年服务设施,其所需的费用是所有社区种类中最高的,需要老年人具有较高的经济支付能力。老年人根据自身的需求和经济条件,选择一退休就入住不同的居住形态(包括独立居住、协助居住和护理居住等),一般个人支付给社区一次性费用和月租费。其将老年人所需要的各种服务集中在一个社区,由老年人根据其自身的条件和身体状况来选择所需要的服务。

除了政府支持建立的社区养老体系之外,目前,美国出现很多社区居民自发构建社区养老服务体系的趋势。如成立于2007年的美国国会山村(Capitol Hill Village)和2002年波士顿比肯希尔村(Beacon Hill Village)就是由居民自发组成的"社区互助型"养老社区。美国退休人员协会的调查显示,近90%的65岁及以上美国人希望在家养老。[1] 而社区居民自治的养老社区正好符合了老年人的愿望。在这些社区中,志愿者是社区养老服务的支撑。这些志愿者绝大多数是社区居民,志愿者在提供服务的同时,自己也是被服务者。社区主要向"村民"免费或低价提供交通、购物、简单修理等服务,而且所缴纳的费用通常低于社会养老机构建设的养老院。

因此,美国地区的养老服务体系呈现出多元化的发展模式——社区居民自治的养老社区与政府机构建设的养老社区齐头并进。说明了在全球老龄化的今天,单单依靠政府来解决居家养老的问题已不是万全之策,还必须依靠社区内老年人的自身建设,才能使老年人的晚年生活更加舒心、更加舒坦。

(二)加拿大老年人权益法律保护的现状

1. 养老保障法律制度

众所周知,加拿大是一个高福利的国家,其中最为关键的就是完善的养老金体系。加拿大的养老金体系起步较早,以1927年颁布的《养老金法》(Old Age Security, OAS)为根基,并在后来的发展过程中颁布《老年保障法》、提出"保障收入补助金"等等计划,不断地完善了加拿大养老金制度。总体而言,加拿大实行的是混合制养老金体

---

[1] http://news.xinhuanet.com/world/2011-11/27/c_111196894.htm,最后访问日期:2019年5月25日。

系,该混合制养老金体系分为三类。

第一类:由联邦政府提供的政府养老金(Monthly Pension)、保证收入补助金(Monthly Guaranteed Income Supplement)和月津贴(Monthly Allowances)。根据 2013 年 12 月 12 日《老年保障法》的修正案和《加拿大政府养老金法案》的规定,养老金是加拿大政府每月支付给 65 岁及以上老人的一种社会福利,它源于政府税收。作为一种社会福利,它只对居住年限及年龄有要求:①如果住在加拿大。a. 65 岁或以上;b. 居住在加拿大且是加拿大公民或者永久居民;c. 18 岁以后在加拿大住满了 10 年。②如果没有住在加拿大。a. 65 岁或以上;b. 当你离开加拿大时,是加拿大公民或者永久居民;c. 18 岁以后在加拿大住满了 20 年。③如果你不符合上述两个条件,但你曾经住在和加拿大有养老金协议的国家(如美国),也够资格申领养老金。养老金作为一种社会养老福利,必须通过申请才能获得,但养老金可以回溯最多 11 个月。同时,加拿大政府会参照加拿大统计局人口普查的相关资料以及领取养老金的人数和领取养老金的年龄等信息来决定是否发放养老金。

1976 年加拿大设立"保障收入补助金"项目为低收入的退休者提供经济补助。凡通过政府审批能领取养老金者,除了所领取的政府养老金外,还可以获得此经济补助。此保障项目补助金的获得除需要通过政府审批外,还需满足无其他收入或者有其他收入但收入低于政府规定的数额,补助金额以现有的收入和婚姻状况为基础。而对于投资移民者(已与政府签订领取养老金的社会保障协议)而言,除非其投资的期限已结束或者其在加拿大居住生活满 10 年,否则无法领取收入保证项目。[1]

月津贴(Monthly Allowances),其领取对象是特定的,政府为养

[1] http://www.servicecanada.gc.ca/eng/about/publication/srg-gis-eng.shtml,最后访问日期:2019 年 5 月 26 日。

老金者的配偶、寡妇、鳏夫提供收入补贴，保障这些特殊家庭的最低收入。月津贴的领取者除满足特殊的身份要求，还有年龄限制，补贴年限最多6年。符合条件的申请者的年龄需在60～64岁，如符合申请条件补贴领取到65岁，改领政府养老金。需满足以下条件：第一，申请津贴者的配偶或者寡妇、鳏夫已领取政府养老金同时也是收入保证项目的合格申请者；第二，加拿大公民或者合法的居住者；第三，从18岁起在加拿大至少居住10年；第四，收入低于政府规定的年收入水平。

第二类：企业和个人共同缴费的退休养老金。加拿大有两个缴费养老金计划："加拿大养老金计划"和"魁北克养老金计划"。"加拿大养老金计划"覆盖除魁北克省外的地区，"魁北克养老金计划"则只在魁北克省内实行。[1] 两者虽然覆盖范围和适用地区不同，但都是政府强制要求参加的社会养老保险计划，旨在保障所有的劳动者退休后能够有养老金补足生活，属于以年轻的资本减轻未来负担。所有的劳动者必须参加"加拿大养老金计划"和"魁北克养老金缴纳社会养老保险金"。这一养老金计划是由雇主和职工共同缴纳的，成立一个共同账户，雇主和职工根据每月工资比例各缴纳50%。

第三类：注册养老金。分为注册养老金计划（Registered Pension Plan，RPP）、注册退休养老金储蓄计划（Registered Retirement Saving Plan，RRSP）以及集体注册型退休储蓄计划（Group RRSPs）三种。[2]

注册养老金计划分为须交费退休金计划（Contributory Plan）和无须交费退休金（Non－contributory Plan）计划，其取决于雇主是否为雇员分担养老金交费额。其中，无须交费退休金计划由雇员承担每月的全部缴纳费用。而交费退休金计划是雇主被要求缴纳退休养老金的费用，剩余的费用由雇员来缴纳。至于两者之间的交费比例，

---

〔1〕　孙颖：《加拿大的养老金制度》，载《经济纵横》2000年第7期。

〔2〕　http://www.servicecanada.gc.ca/eng/ei/digest/5_13_0.shtml#a5_13_9_1，最后访问日期：2019年5月26日。

没有统一的规定。

注册退休养老金储蓄计划(RRSP)是为那些没有加入注册养老金计划的职工,或者想要在退休后提高其收入的员工所设立。其中,注册退休储蓄计划的资金可以被用来投资一系列的金融产品和投资工具,包括储蓄账户、加拿大储蓄公债、定期存款、担保投资工具和共同基金等。个人也可以自己设立一个自我管理的注册型退休储蓄计划,进行个人的投资计划。但是,该储蓄计划的资金必须要到退休时才可以领取。

集体注册型退休储蓄计划(Group RRSPs)除了雇主从个人的薪金支票中扣除计划的缴费外,它同注册型退休储蓄计划相似。[1]

2. 养老保险体系

加拿大是一个拥有完备医疗保障体制的国家。加拿大的雇员法定退休年龄是65岁。而截至2013年,加拿大总人口中65岁以上的人口约占15%。因此,加拿大政府面临非常紧张的养老医疗财政状况。但是,加拿大政府又是拥有世界上最好的医疗保障体制的国家之一。其养老保障体系由三大部分组成:基本养老金、强制养老金和私人养老金。其中,基本养老金和强制养老金是每个雇员都必须参加的养老金计划,而私人养老金是雇主自愿为雇员建立养老金计划,也包括雇员自己购买的养老金及养老保险,是社会养老金的补充。[2]

基本养老金包括两个部分:基本养老金(OAS)与补充性收入保证(GIS)。强制养老金作为加拿大养老保险体系的重要支柱之一,也就是1966年开始实施的加拿大养老金计划(Canada Pension Plan, CPP)。此计划覆盖了除魁北克省以外的所有地区,为雇员退休、残疾或者死亡后提供一定的养老金和收入保障。而魁北克省执行的是

---

〔1〕 张珂:《加拿大养老保障制度研究》,武汉科技大学2008年硕士学位论文。

〔2〕 高志强:《加拿大社会养老保险体系评析》,载《天津社会保险》2008年第4期。

魁北克省养老金计划(Quebec Pension Plan,QPP)。根据该CPP,几乎所有18岁以上的雇员都必须参加该计划,缴付基数是最低年收入和最高年收入的部分,CPP的给付水平取决于缴费额、缴费期限、平均工资及退休年龄。就普通加拿大人而言,退休后每人每年平均将获得为28,000加元至29,000加元。[1]

表2-3　加拿大养老金基本情况

养老金的种类	受益人获得平均款(2013年10月)/加元	最高支付款(2014年)/加元
养老金(年满65岁)	594.19	1038.33
退休后获得补助	10.19	25.96
伤残抚恤金	882.80	1236.35
遗属津贴(低于65岁)	402.23	567.91
遗属津贴(高于65岁)	300.99	623.00
伤残儿童的CPP补助	228.66	230.72
死亡抚恤金	2286.03	2500.00
遗嘱津贴和养老金(年满65岁)	771.81	1038.33
遗嘱津贴和伤残抚恤金	998.95	1236.35

资料来源:http://www.servicecanada.gc.ca/eng/services/pensions/cpp/payments/,最后访问日期:2019年5月26日。

3.社区养老服务体系

在加拿大众多的养老制度之中,社区养老是其中一个比较灵活也是比较人性化的一个养老模式,并且在这几年的发展过程中形成了以国家财政为支撑、专业的养老服务人员为支柱和"平等互助"的养老价值观为导向的社区养老体系。

---

[1] 王冠琦:《加拿大社会保障审计的主要特点及对我国的启示》,载《商业文化》2015年第6期。

首先,经济基础是任何一项国家事业的生命线,养老事业也不例外,需要强大的国家财政支撑。加拿大地区社区养老事业的大部分资金来自联邦政府和地方政府(省、市政府)。也正因如此,不仅有利于政府统筹发放资金,也有利于政府对社区进行统一化的管理。除此之外,政府在社区养老地区还大量建设了社区老年中心,以中心为基础开展老年之家、上门服务、私人医疗治愈以及家政服务等人性化的服务,以满足老年人晚年生活的需求。

其次,专业的养老服务人员。在社区中存在大量拥有专业资格、专业知识背景的社会工作人员,以志愿服务老年人为宗旨,为老年人提供卫生健康、心理、就业、法律和来访照料服务等咨询与治疗服务。除了专业的养老服务人员之外,政府也开始鼓励家庭成员在养老方面提供更多的支持,其中的代表便是"社区居家养老"(Home and Community Care)。它指围绕老年人家庭,一定范围的区域内能够为老年人提供的社会性养老服务。社区服务的积极性体现在,让老年人在不改变原有家庭生活,不离开亲人,不离开熟悉的环境,不离开熟悉的邻居朋友的情况下都能享受到养老服务。比较特别的是,这些社会工作者对老年人的照顾从细微处入手,常常提供温暖拥抱、读报服务等人性化的服务项目,以满足老年人晚年生活的精神需求。[1]

最后,"平等互助"的养老价值观。此观念贯穿加拿大养老体系之中,以政府为主导、老年人自主参与为辅。政府不仅为老年人的医疗和社区的硬软件设备提供财政支持,而且充分调动了老年人的积极性,开展多种多样的业余活动,在社区中形成了幸福和谐的气氛,使老年人在获取国家、社区工作人员以及他人的服务时,也能以主人翁的姿态享受理所应当的服务。

---

〔1〕 李瑞艳、翟金秀:《加拿大社区养老服务体系特点及启示》,载《南京工程学院学报(社会科学版)》2013 年第 3 期。

三、美洲地区有关老年人权益法律保护规则的成就

(一)国际社会保障协议

随着经济全球化的发展,全球劳动力市场一体化的进程加速,国际人员间的流动日趋便利,单靠一国的法律难以实施对跨境劳动人员的社会保障,同时也会使劳动人员本国在计算劳动者所享受的社会保障方面处于一种两难的境地。因此,越来越多的国家从本国劳动者的利益出发,希望通过双边或者多边的社会保障条约来规定对移民劳动者提供对等的国际社会保障。国家之间开始尝试与签署社会保障的双边互免协议,避免社会保障双重覆盖和双重缴费问题,确保对社会保障制度能够覆盖跨境劳动者的权益。

其中,中北美地区国家签订了《社会保障多国条约》。[1] 在美洲地区,多为老年人高福利的代表国家,如美国和加拿大,与其贸易和经济相联系的国家签订了双边社会保障协议。其中,截至 2013 年 4 月 13 日,加拿大已经与 57 个国家签署了《双边社会保障协定》,其中 53 个已经生效。这些协定多是有关加拿大外派到双边国家工作时,外派员工能够充分享受到与本国公民相同的社会保障权益。美国和 17 个国家签订了双边社会保障协议。[2] 作为发达国家的代表美国和加拿大,由于其本国的劳动力人员在欧洲和美洲其他国家之间的流动十分地频繁,为了保障本国劳动者的社会保障利益,两国逐步建立了各种社会保障项目:老年保险、针对老年人、残疾人和晚期肾脏病人的住院和医疗保险、失业保险、医疗补助等,以充分地满足移民劳动者的社会保障需求。

在双边或多边的国际社会保障的互免协议中,形成了一些在国

---

〔1〕 王延中、魏岸岸:《国际双边合作与我国社会保障国际化》,载《经济管理》2010 年第 1 期。

〔2〕 人力资源和社会保障部 2011 年第三季度新闻发布会,http://www.nisd.cass.cn/news/697353.htm,最后访问日期:2015 年 5 月 26 日。

际社会保障领域具有指导意义的理念和有关国际社会保障合作的法律原则。

1. 人道主义原则

社会保障国际合作的基本宗旨是促进全世界不论地区和社会成员实现应享有的生存权和发展权，尤其对于老年人权益的法律保障提供了国际支持。这一国际合作的伦理基础是人本思想，其发展和演变的始终都贯彻着人道主义与人权主义的原则。以保障老年人的幸福和安定的晚年生活为宗旨、以国际社会保障为手段，不仅解决了社会保障可以超越国家的政治制度、意识形态之间的差异问题，同时促进国际社会老年人权益的法律保障的一体化进程。[1]

2. 合作与发展原则

社会保障的国际合作为国家的发展提供了有利的外界条件，对其发展需求和发展目的提供了积极的协助，它必须有助于世界经济的发展、有助于社会的全面进步。从《社会保障多国条约》中可以看出国际社会保障协定的初期发展过程中基本是发达国家之间的为保障本国的国际人员之间的利益而签订，但是随着全球经济的一体化进程加速以及发展中国家经济的崛起，在近几年美洲地区的老年人权益法律保障方面，美国和加拿大已与多个发展中国家签订了双边的社会保障协议。与发达国家相比，发展中国家受经济和社会环境的影响，社会保障制度不健全，老年人的权益更未达到合理保护的程度。因此，社会保障的国际合作是很有必要的。相互合作的同时，还能相互促进制度的健全和发展。

3. 确立平等待遇原则

与国际劳工组织于 1962 年制定的《社会保障平等待遇公约》中所体现的平等待遇原则一致，国与国之间以多边或双边国际条约的形式签订了国际社会保障协议，使缔约国承担保证移民和越境工人

[1] 种及灵：《论社会保障的国际合作》，载《法学》2000 年第 9 期。

在社会保障方面享受平等待遇的义务,避免移民或者跨境人员多缴纳社会保险等费用。平等原则的确立,既保护有双边或多边协定国家的一名和外派工人享有与本国工人同等的权利和义务,也保护本国中任何其他国籍的工人享有同等的权利和义务。从另一个侧面理解,这也是非歧视原则的体现。

(二)老年人养老理念的形成

相对于亚洲国家老年人所享受的诸多“特殊机会”以及应该让老年人过上健康、幸福和安逸的生活而言,美洲地区的养老服务理念是使每个公民能够在养老、医疗、失业和保险等方面都能够享受最基本的社会保障。而且能够从老年人晚年生活的方方面面来考虑老年人的各种需求。其更加强调的是老年人作为公民的“平等机会”,而不是因为年龄年老而享有“特殊福利”,即全国的老年人在享有住宅、就业等权利时均有同等的机会。同时,设立多种多样的社会福利项目,老年人可以根据自身的条件来申请所需要的计划。例如,加拿大的老年人可根据条件申请退休金、老人保障金、保证收入补助金、配偶津贴以及各省对老年人的援助计划;美国的老年人可根据条件申请公共养老金、个人退休储蓄养老金等,尤其是美国的强制医疗保险计划(只要缴纳社会保险税,年满65岁的公民都可以享受养老退休金)和奥巴马医改法案(虽未达到全民医保,但是至少可以涵盖95%的美国公民)。

在这几年的发展过程中,美洲地区的国家更加关注老年人这个群体本身的自我决定。所有在制定有关老年人的法律法规时,更加倾向于让老年人主动地参与政策法规的制定与讨论,希望这些决策能够更好地体现老年人的需求和意愿。另外,政府在制定相关的老年人服务方面,通常会制定多种多样的老年人服务项目,供老年人能够根据自身的情况来自由地选择,而不是只提供一种或者相类似的老年服务。在这其中,加拿大的“共同决定”制度作为这方面的代表,值得其他国家借鉴。

当然,这些成就与其政府对待养老事业的治理理念是分不开的。

高福利的养老体系需要的是丰富的社会资源。加拿大和美国政府在这两个方面的做法效果明显。第一,严格的税收制度。正所谓经济基础决定上层建筑,没有充分的政府财政收入,就没有足够的资金来支持高福利的社会福利制度。除了基本的所得税外,两国还征收了遗嘱税收与消费税收等税种。[1] 同时,对偷税漏税的行为进行了严厉的打击。第二,充分地调动社会资源。制定完备的法律制度以充分地使用社会福利资源,从宏观和微观两个层面,实现社会资源最大的资源投资比。

(三)政府和非政府组织共同参与保护

随着全球老年人照料的问题日益严峻,为解决该问题美洲地区出现了政府和非政府组织的进行合作共同保护老年人权益的模式。其中,以美国为代表,美国政府以《老年人法》《社会保障法案》为基础,制定的相关老年人照料问题上法律条款都涉及了对相应的机构、职责、资格等规定,为非政府组织参与老年人照料提供了法律上的支持。同时,也划分了政府与非政府在照料老年人问题上的权责,为政府与非政府的可持续发展提供了法律保证。

鼓励非政府组织共同服务于老年人,不仅在一定程度上减轻了政府的责任,而且还引入了竞争机制。[2] 这在极大程度上使老年人得到更多的实惠,其中最为典型的就是 1997 年的《平衡预算法案》规定的一个为体弱多病的老人提供长期照顾的创新项目——PACE 项目(The Program of All - inclusive Care for the Elderly, PACE),[3] PACE 参加者必须 55 岁以上,居住在 PACE 服务区内,被州政府的相

---

[1] 朱广忠:《加拿大的社会福利制度与政府的治理理念》,载《当代世界与社会主义》2006 年第 4 期。

[2] 郭竞成:《居家养老模式的国际比较与借鉴》,载《社会保障研究》2010 年第 1 期。

[3] http://blog.sina.com.cn/s/blog_538123bf01009gr4.html,最后访问日期:2019 年 5 月 26 日。

关机构鉴定为体弱多病，符合入住护理院的老人。[1] PACE 项目的服务模式是由一个多学科成员组成的专家小组，包括专业的和辅助专业的人士，评定参加项目老人的需要，形成一个全方位的照顾计划，然后为他们提供所有的服务（包括急性照顾服务和当需要时的看护服务）。与此同时，美国政府通过对服务对象的资格审查、服务水平的考察以及制定相应的监督制度来保证这些非政府组织在对老年人照料服务上的质量。

驻境外的政府组织与非政府组织在老年人照料合作上，政府将部分服务职能提交给非政府组织，通过法律的方式确定了非政府组织的合法地位，并调动社会各种资源对非政府组织提供相应的协助，以较低的成本给老年人更高质量的服务。[2] 此种合作模式促进美洲地区在老年人法律保障统一化进程，同时也将开启新的篇章。

（四）美洲国家老年人人权保护公约

1. 美洲老年人人权保护公约缔约背景

20 世纪 80 年代末通过的“维也纳老龄问题国际行动计划”制定了老年人政策的指导方针。1991 年联合国老年人原则问世；而后在马德里宣布《老龄问题行动计划》，以及 2012 年出台了《拉丁美洲和加勒比老年人权利宪章》，这一系列单一的老年人权益保护法案都推动着区域性乃至世界性的老年人权益保护法案的问世。与此同时，面对日益凸显的老龄化问题，美洲意识到必须要从人权角度处理老龄化问题，将老年人权利保护纳入公共政策中予以解决，才能确保老年人充分行使权利，以此解决老龄化问题。2015 年缔结的《美洲国家老年人人权保护公约》是世界上第一个区域性保护老年人权益的公约，对世界其他国家和地区的老年人权益保障立法具有借鉴意义，

---

〔1〕 栾瑞：《民间非营利机构参与居家养老服务的保障机制研究》，载《知识经济》2011 年第 4 期。

〔2〕 程欣、许琳：《境外政府与非政府组织合作参与老年生活照料的经验与启示》，载《郑州轻工业学院报（社会科学版）》2012 年第 2 期。

也是世界保护老年人权益具有里程碑意义的一个大跨越。[1] 这是第一次试图彻底消除对有关人员任何形式的歧视的区域性公约。正如美洲国家组织秘书长路易斯·阿尔玛格洛(Luis Almagro)所说,这一历史性的创举为美洲半球的数百万老年人提供了正确的解决方案。[2]

2. 美洲老年人人权保护公约基本原则

该公约的基本理念是平等和不因年龄受歧视原则(第5条),该原则是本公约的核心原则,公约中所有条款的规定都是根据该原则的指导展开的。

平等原则。老年人作为社会弱势群体之一,具有与其他群体相同的权利,该原则贯穿整个公约的始终,每一项条款都提到了要在平等的基础上确保老年人权益的正常行使,考虑他们的需要。在平等的环境中才能更好地融入社会,参与社会和政治生活(第27条参政权)。平等原则的核心也是让老年人能够幸福且有尊严地享受老年生活,完美地体现了人文主义和人权主义思想。

不因年龄受歧视原则。老年人之所以被当作弱势群体对待,最大的原因在于年龄,该公约明确老年人权益不因年龄受到歧视,从根本上在立法层面解决了老年人受到歧视的问题。消除对年龄的偏见,老年人就可以享有与普通成年人同等的权利,自主决定生活和工作的方式。老年人不因年龄而受到劳动歧视,在同等的情况下,可以有尊严地获得平等机会和待遇。既能促进老年人因获得就业机会而产生的参与幸福感,又能缓解一部分因劳动力短缺而产生的老龄化问题。

3. 美洲老年人人权保护公约基本内容

之所以说《美洲国家老年人人权保护公约》对世界上其他国家和

---

〔1〕 张彩霞、许星莹、毛宗福:《〈美洲国家保护老年人人权公约〉简介与评价》,载《医学与法学》2016年第6期。

〔2〕 Anuario Espanol de Derecho Internacional, *On the Inter – American Convention on the Rights of Older Persons*, Seatzu, Francesco, p. 349 – 368(2015).

地区的老年人立法都具有借鉴意义,在于该公约存在的几大创新之处。

全方位保护老年人权益。公约从人身和财产各方面保障老年人权益,使其享有不受歧视的身心健康权。老年人不因年龄而受到歧视,将其放在一个平等的位置上进行考虑。老年人享有文化教育和参政议政权利(第 27 条)。给予老年人参与政治生活的机会,享有自由投票权。特别是较老的老年人,在不能自由表达选民意愿时,允许由他们选择的人协助完成投票。美洲具有完善的保障老年人权利制度,公约中规定了关于老年人行使参政权的内容,美国在 1984 年就已关注到老年人享有的政治权利,制定《老年人与残疾人投票无障碍法》让老年人充分有效地享有选民投票权。老年人有生存权利,有权获得平等工作的机会,不能歧视老年人的劳动。美国在老年人就业保护上做得很到位,制定的《就业年龄歧视法》规定不得歧视 40 岁以上老年人。〔1〕 第 18 条工作权中有关退休制度的规定,采取过渡退休制度,在老年人选择过渡退休制度时,采分级退休方案,给予老年人一定的缓冲期,而不是直接退休。

适用分级措施的过渡退休制度既可以保障老年人的工作权又可以缓解老龄化带来的社会问题。公约中只规定了过渡退休制度,应给予老年人自由选择退休制度的机会,而另行规定直接退休制度,对于满足退休年龄想要直接退休的人员适用直接退休制度,对于满足退休年龄仍旧愿意继续工作且能继续胜任工作的人适用过渡退休制度。这样的退休制度更加人性化,更利于保障老年人的法律权益。

医疗方面,建立区分性别的综合性护理制度。重视保护老年人的身心健康,明确老年人对自己的健康状态享有知情权和选择权(第 11 条)。在有关就医治疗方面,大多数家庭都是隐瞒真实的状况,公约规定与老年人都是听从赡养人意见的现实情况存在巨大的反差,

---

〔1〕 史嵩宇:《美国弱势群体权利保护的经验与启示》,载《行政管理改革》2016 年第 4 期。

明确了老年人的知情权和选择权。老年人有知道自己健康状况的权利,并且享有自己决定是否就医、如何就医的权利。该硬性规定可以完全地保障老年人的知情权和选择权,促使人们尊重老年人的思想意志,而不是依照自己认为好的方式去做。为了使老年人得到更好的照顾,公约规定缔约国应该建立综合性护理制度的监管措施,以评估和监督老年人的生活状况(第 12 条)。老年人能够接受具有专业性的护理服务,受到科学性的照顾。防止虐待老年人事件的发生,对老年人的身心健康发展也具有帮助。针对出现记忆性症状的老年人发展专门的综合社会和保健服务,开展老年人护理培训。

注重对老年弱势群体的保护。本公约第 5 条特别规定缔约国要制定针对包括妇女在内的老年人的多种歧视受害者问题的具体办法,保护他们的平等权利,消除因年龄受到的歧视。规定在老年人个人卫生和其他活动中对其隐私权的特殊保护。妇女是社会中的弱势群体,老年人权益保护方面也有关于老年妇女的特殊规定,积极消除一切造成老年妇女尊严受损的暴力和其他行为(第 9 条第 4 款)。在制定有关受教育权政策方面,特别关注消除处于弱势群体的老年妇女中的文盲(第 20 条)。保障老年妇女行使财产权,以防出现任何受到侵害的行为(第 23 条)。以上有关女性老年人的几条特殊规定,表明在保障老年人权益的时候更要关注女性老年人的需求,女性老年人作为弱势群体中的弱势部分,具有的双重弱势身份受到了关注。但由于仅有的几条规定无法全面地保障女性老年人的现实需求,在实施时很可能无法考虑到她们的真实需要和实际现状。

第三节　亚洲地区统一老年人权益法律保护的历程

不仅是西方发达国家,随着人类寿命的延长以及国际人口的迁徙,全球的人口老龄化及老年人权益保护问题凸显。老龄化的加速使得全球老龄人口增多,对老年人的养老及权益保护提出了挑战。国际人口的迁徙也对区域性的甚至是全球性的统一老年人权益法律保护提出了要求。

据2011年联合国人口组织的调查,欧洲的老年人比例最高:2009年为22%,2050年为35%。非洲60岁或以上人口比例2009年为5%,到2050年预计只有10%。亚洲以及拉丁美洲和加勒比地区预计将是老年人比例增长最快的地区,2009年老年人比例为10%,2050年将增至24%。(参见图2-1)

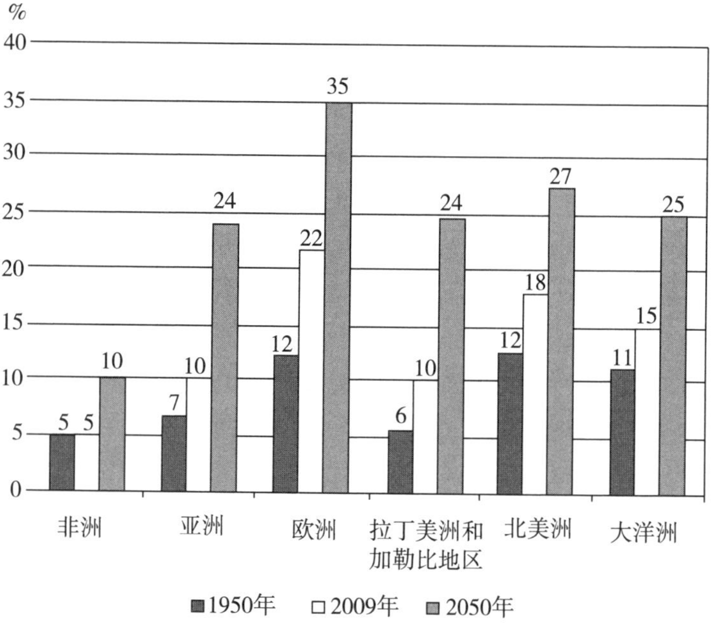

图2-1 1950年、2009年和2050年各主要区域60岁或以上人口的分布情况

资料来源:《世界人口前景:2019年修订版》。

《世界人口前景:2019年修订版》的数据显示,到2050年,全世界每6人中,就有1人年龄在65岁(16%)以上,而这一数字在2019

年为 11 人(9%);到 2050 年,在欧洲和北美,每 4 人中就有 1 人年龄在 65 岁或以上。2018 年,全球 65 岁或以上人口史无前例地超过了 5 岁以下人口数量。此外,预计 80 岁或以上人口将增长 2 倍,从 2019 年的 1.43 亿增至 2050 年的 4.26 亿。[1]

人口老龄化对基于重新分配年轻人的收入用于老年人养老金制度和保健制度的可持续性带来了财政挑战。在发展中国家,估计 3.42亿老年人目前缺乏足够的收入,到 2050 年,如果养老金计划的覆盖面不扩大,这一数字可能上升至 12 亿。[2]

联合国数据显示,到 2100 年 60 岁及以上的老年人口数量将增加 3 倍,从 2013 年的 8.41 亿到 2050 年的 20 亿,到 2100 年将接近 30 亿。此外,目前世界上有 66% 的老年人生活在欠发达地区,到 2050 年 79% 的老年人仍将如此,到 2100 年这个数字将达到 85%。而到 2100 年 80 岁以上的老年人数量预期将增加 7 倍,从 2013 年的 1.2 亿到 2050 年的 3.92 亿,到 2100 年将达到 8.3 亿。[3]

面对未来老龄化的压力,各国为世界老年人权益法律保护做出了相当的努力。2002 年联合国第二届老龄化会议,一致通过了《国际老龄行动计划政治宣言》,并提出了有关老年人的初级卫生保障项目。[4]

据世界卫生组织国际老龄行动计划实施情况报告,中国、蒙古、菲律宾、韩国和越南这五个西太平洋区域办事处的会员国,共同支持

---

〔1〕 https://www.un.org/zh/sections/issues - depth/ageing/index.html,最后访问日期:2019 年 5 月 27 日。

〔2〕 http://www.un.org/zh/development/population/ageing.shtml,参照联合国正式文件 E/CN,最后访问日期:2019 年 5 月 27 日。

〔3〕 http://esa.un.org/unpd/wpp/Documentation/pdf/WPP2012_Volume - I_Comprehensive - Tables.pdf《世界人口前景》2012 年修正版,最后访问日期:2019 年 5 月 27 日。

〔4〕 http://www.un.org/chinese/esa/ageing/medicaltreatment.htm,最后访问日期:2019 年 5 月 27 日。

以社区为基础的老年人规划,并向各国提供了关于如何改进老年人的健康宣传、疾病预防和提供卫生服务问题的指南刊物信息。东南亚区域的重点工作主要为初级卫生保健的老龄保健。区域办事处为初级卫生保健工作人员编制了手册和一个社区与家庭综合卫生保健区域样板,该样板在不丹、缅甸、尼泊尔、斯里兰卡和泰国进行了测试。并广泛散发了一份关于东南亚老年人健康的文件。[1]

亚洲国家针对自己的国情在老年人权益法律保护等方面做出了相当的努力,在老年人制度构建上,以韩国、日本、新加坡等一些主要的国家最为显著。

一、韩国

(一)韩国的养老金制度

1. 韩国的公共养老金制度

韩国的文化和社会结构与我国很相似,其构建社会养老保障制度的过程遭遇了快速老龄化的挑战。韩国在工业化之前属于典型的农业社会,在 1953 年,朝鲜战争停战之际,韩国 95% 以上的 GDP 都来自农业经济,除了日本统治时期留下的少量服装加工业外,那时韩国的工业经济几乎为零。农业社会历史时期的韩国,家庭和家族观念非常强烈,家庭养老是主要的养老形式。

1962 年韩国着手实施“五年计划”,开启了民族经济向工业化转型之路。工业化改变了传统的生活和就业模式。家庭规模逐渐缩小、预期寿命日益延长,传统的家庭养老方式面临挑战。韩国的经济从传统农业型向工业化转变,韩国现行的养老保险制度也在经济转轨的过程中逐渐形成。

1960 年韩国颁布《韩国退休年金制度》,退休年龄从 55 岁到 61

〔1〕 http://www.un.org/chinese/esa/ageing/pdf/B115_29－ch.pdf 世界卫生组织 EB115/29,最后访问日期:2019 年 5 月 27 日。

岁不等,且不准延长服务,退休率相对较高。年金给予分为长期年金和短期年金两种,前者又分为一次性退休金、退休年金、残废年金、遗族恤金等项目;后者包括健康诊疗、因公疗养、非因工疗养、分娩、死亡补助等情况。

同年,还通过了《公务员养老金法》,为政府职员、警察和司法人员等公职人员单独建立了公务员养老金制度,该法规定公务员的养老资金由政府承担的负担金额和公务员缴纳的养老保险金组成,并且个人负担月报酬的5.5%,缴满33年为止。韩国的现代社会养老保险也是起始于该公职人员养老金制度。1963年韩国又通过了《军人养老金法》,1975年通过了《私立学校教师养老金法》,设立了军人养老金制度和私立学校教职员养老金制度。该三种公务员养老金、军人养老金、私立学校教职工养老金,通过社会保险方式运行,根据现收现付及收入关联制度,缴费水平为17%,由政府和雇员平均承担。[1]

1987年7月,韩国实行养老新政策,该项政策鼓励传统的家庭养老模式,坚持“家庭照顾第一,公共照顾第二”的养老政策。对赡养老人的子女通过减免所得税、遗产继承税等税收优惠方式予以鼓励和支持。如规定对抚养父母5年以上的家庭给予免交100~200m^2住宅税的优惠待遇。此后,韩国建设交通部于2006年9月发布了《住房认购制度改革方案》,规定赡养父母、岳父母、祖父母或外祖父母的家庭将获得优先购房权,最高可在申购房屋时加上3分。

以上政策还包括了构建韩国的国民年金制度。该制度源于1973年韩国制定的《国民福利养老金法》,该法在1986年修改为《国民养老金法》,以此为基础,韩国于1988年正式通过了《国民养老保险法》,建立了国民退休养老金制度。

---

〔1〕 肖喜生、张士斌:《韩国社会养老保险制度改革及对中国的启示》,载《开放导报》2011年第4期。

该制度也是以社会保险方式运行,采用基金积累原则。其为全体国民提供基本养老待遇,具有全民性和强制性,18～59 岁的韩国公民必须依法参加国民年金计划,缴纳固定费用。在资金来源上,国民养老保险实行单位、职工个人与国家三者共同负担的方式。实施初期考虑到固定费用的缴纳会对劳动者的当期收入产生影响,韩国采用分段进行缴费的方法,设定前 10 年的保险费率为 6%,后 10 年逐步提升至 9%。养老年金的加入者分为单位加入者、地区加入者和任意加入者,最初仅对拥有 10 名及以上雇员的单位强制实行,1992 年扩大到有 5 名及以上雇员的单位,1995 年该制度覆盖至农村和渔民,农民和渔民也有义务加入。雇佣 5 人以下的单位和城市自营业者可自愿加入。1999 年国民年金扩展至城市居民,最终建立了"国民皆年金"的制度。[1]

上述国民养老金和 3 种特殊职业养老金共同构成了韩国的公共养老金制度。

2. 基础老龄养老金制度

2008 年 1 月,韩政府以社会救助的方式,针对 65 岁以上的低收入老年人,根据生活状况的不同,对其支付每月最高 9.5 万韩元(1 美元约合 1057 韩元)的生活津贴。[2]

总而言之,韩政府努力改变传统的养老模式,通过上述一系列的法律,初步建立了较为完整的社会养老保障制度。韩国的这套制度旨在使所有的受益人群都能享受基本平衡的待遇,即使处在不同的养老保险制度下。同时,对企业雇员和政府公务员采用不同的国民年金缴纳标准。除此之外,还建立了国民最低生活保障制度,对最低生活水平以下的绝对贫困群体提供基本的生活保障。

---

〔1〕 http://www.cncaprc.gov.cn/guoling/9376.jhtml,最后访问日期:2019 年 5 月 28 日。

〔2〕 http://www.cncaprc.gov.cn/guoling/21287.jhtml,最后访问日期:2019 年 5 月 28 日。

另外，国民养老金制度的改革降低了待遇并放宽了部分限制条件。对原来的高收入者进行了必要的限制，如将享受国民年金的年龄由60岁提高到65岁，参保满40年者年金替代率逐步从70%降为现在的60%；加大了对低收入人群和残障、妇孺等弱势人群的保障，废止了享受伤残、遗属年金需要缴费满一年的规定，建立了离婚时无收入一方有权分享老龄年金的制度，将享受老龄年金的缴费年限由15年降为10年。这些措施保证了社会保险的公平性和基本保障功能。[1]

3. 关于退休养老年龄

韩国现行《劳动雇佣法》规定劳动者的退休年龄为60岁。但是该规定为建议事项，对雇主没有强制约束力。实践中，除政府公务员、教师及国有企事业单位员工外，民营经济部门就业的劳动者一般都在60岁以前退休。因此，韩国的实际退休年龄较早。为应对韩国老龄化，2013年4月底，韩国国会通过《禁止雇用年龄歧视及促进高龄者雇佣的相关法律》（退休法修正案），将劳动者的“法定退休年龄”明确规定为60岁，即该退休法修正案对60岁退休的规定是强制性的。雇主要求雇员60岁前退休的，视为不合理解雇，因年龄问题被解雇的60岁以下的雇员可以要求企业恢复原职。韩国公共机构、国有企业及人员超过300人的企业从2016年1月1日起实施该修正案，人员在300人以下的企业从2017年1月1日起实施该修正案。[2]

（二）韩国的护理保险制度

在亚洲国家中，韩国关于老年人护理保险制度的研究与建设是最为瞩目的。

---

〔1〕 朱琳：《韩国养老保险制度的实践经验及其启示》，载《吉林金融研究》2012年第2期。

〔2〕 http://world.people.com.cn/n/2013/0424/c1002-21263777.html，最后访问日期：2022年5月1日。

据估计，韩国65岁以上老年人口中，有1/3以上在独自生活。2013年12月19日韩国统计厅公布的《2013年韩国社会动向》调查结果显示，独居老人比重在2010年达到了34.3%，这一数值比1990年的10.6%增加了3倍多。独居老人数量增加与老龄化趋势成比例。韩国共有248个市郡区，其中45个地方在2005年就已经步入了超老龄化社会（超老龄化社会是指社会中65岁以上人口所占比率超过20%的情况），到2010年这个数字上升到了67个，步入老龄化社会地区的增多也意味着独居老人的数量在未来也将更多。据预测，2017年韩国将进入高龄社会（65岁以上人口占全体人口的比例在14%～20%），2026年可能进入超高龄社会（65岁以上人口占全体人口的比例超过20%）。[1]

2010年韩国65岁以上的老年人就已达到总人口的11%，随着老龄人口的快速增加，患有老年疾病需要看护的老人数量也急剧增加，传统的由女性担当的高龄者抚养模式已经越来越少，家庭养老负担面临困境。[2] 老年人医疗费用的增加也导致国民健康保险财政面临严重压力，此外，韩国老年人自身贫困率较高，且老年人福利设施严重不足。因此，在公共老人医疗方面，既有的看护已无法满足高龄化的需求。

为应对人口高龄化，保障老年人的健康及生活安定，2001年8月，韩总统金大中表示将在韩国建立老年人看护保险制度。2002年10月，国务会议报告中写入“2007年以后构筑老年人公共看护保障体系”的计划。2003年3月，老年人看护保险制度的研讨工作正式启动。为此，韩国保健福利部成立了“老年人公共看护保障推进企划团”，并于2004年2月18日制成最终报告书。同年3月，韩国设立了

---

〔1〕 https://chinese.joins.com/news/articleView.html?idxno=55994，最后访问日期：2022年5月1日。

〔2〕 [日]增田雅畅：《韩国介护保险的成立和今后的课题》，载《社会保障周刊》2007年第2429号。

老年人公共看护保障制度实行委员会，具体设计老年人看护保险制度。2005年2月，该委员会形成了“老年人公共看护保障制度实行模型”并向政府提交了报告，政府基于此报告启动了立法作业。2006年2月，《老年人长期看护保险法案》被提交到国会，该法案于2007年4月通过，2008年7月1日起正式实施。这标志着韩国家庭养老的方式迅速向社会保险方式转变。韩国是第三个创设这一制度的国家，在此之前，专门以社会保险方式建立老年人看护制度的国家只有德国和日本。[1]

老年人长期看护保险制度的给付对象为65岁以上的病患高龄者及未满65岁但患有认知症、脑血管疾患等老年性疾病者。该保险制度的资金来源由保险费、国库负担金额以及利用者自己的负担金额三部分组成。《老人长期看护保险法》明确规定：保险给付包括“在宅看护给付”、“入住看护设施给付”和“特别现金给付”等内容。国家每年在预算范围内向国民健康保险公团支援该年度老人看护保险费预计收入的20%。根据国民健康保险公团的估算，保险事业的总费用到2010年需要1兆6911亿韩元，到2015年需要2兆亿韩元。总费用中，保险费为62%，国家和地方政府负担25%，保险利用者自己负担13%。该法明确了政府、公团和个人三方权利义务，将全国老年人都纳入护理服务体系中，确立了普惠式和契约式的服务模式，改变了以往行政化服务模式下老年护理服务落后的局面。[2]

该制度在一定程度上缓解了高龄者的看护问题，减轻了国民的家庭负担。但对象仍然仅为65岁以上老年人中的重度要看护者。且作为一项福利性的社会保险制度，个人负担看护费的比例相较德国、日本较高。

---

〔1〕　陶建国：《韩国老人长期看护保险法评介》，载《保险研究》2009年第2期。

〔2〕　王莉莉、郭平：《日本老年社会保障制度》，中国社会出版社2010年版，第165页。

（三）其他医疗、福利措施及“数字老化”发展

韩国建立了国民健康保险制度。1963 年 12 月韩国制定了《医疗保险法》，阶段性实施始于 1977 年，直到 1989 年才完全实施医疗保险制度，2000 年韩国将分散在各行业的医疗保险统一起来，将医疗保险分为单位、地区、公务员和私立学校教职员医疗保险三类，实行统一的国民健康保险制度。并且有效利用“医疗保险制度”，将医疗保险制度与护理保险的保险者，即国民健康保险公团，统一起来，负责征收保费，实施保险给付，两个制度相得益彰。

除以上制度外，韩国还制定了一些关于老年人福利保障的法律。1981 年 6 月韩政府颁布施行了《老年人福利法》，该法案中明确规定了 65 岁以上的经济困难的老年人享有的福利，如老龄津贴、老人保健等，并规定了由国家和地方政府对老年人就业、住宅和福利设施进行保障，这些措施成为对老年人养老金体系有力的补充。[1] 自 2008 年开始，政府对从 1988 年 1 月起加入养老保险的人支付老龄养老金，包括了特例老龄养老金、在职老龄养老金、减额养老金等特殊形式。

另外，还有关于老年人就业的《老年人雇佣促进法》；关于老年人生活扶助的《基础老年年金法》；保障老年人福利服务的《残疾人、老人、孕产妇方便增进保障法》和《老年人亲和产业振兴法》等。

此外，针对老龄化的趋势，发达国家已经开始将老龄化政策向“数字老化”（Digital Aging）方面转变，利用信息通信技术（ICT）来应对老龄化趋势。日本总务省 2013 年 7 月在信息通信白皮书中发表了“ICT 白金社会计划”，旨在利用 ICT 将老年人从社会福利的单纯受益者变成生产者，变成对社会有贡献的群体。经济合作与发展组织（OECD）信息通信委员会（ICCP）也将“老人 ICT 再教育及扩大新

---

〔1〕 朱琳：《韩国养老保险制度的实践经验及其启示》，载《吉林金融研究》2012 年第 2 期。

创业"及"通过新技术与服务扩散银色经济"作为2013年至2014年的重点课题。

2013年6月在韩国举行的世界老年学和老年医学会（IAGG）也以"数字老化"为主题。该大会的组织委员长、前任韩国保健福利部部长车兴奉（韩国社会福利协议会会长）表示，"如果将ICT用于老人的健康护理、远程医疗和医用机器人等方面，会推动社会更加健康地老化"。[1] 这表明韩国老龄化政策发展的"数字老化"未来走向。

二、日本

（一）日本的养老保障制度

1. 日本的基础养老金制度及改革

日本的退休年金制度原名为"恩给制度"，于1923年制定。1941年日本颁布了《厚生年金保险法》，开始推行养老保险制度。1959年日本颁布《国民年金法》，建立了国民养老金制度。规定20岁至60岁的在日本拥有居住权的所有公民都必须加入基础养老体系，做到国民都能够享有养老金。参保期满25年享有养老金资格，65岁起支付养老金。国民养老金的资金源于个人缴纳的保险费以及国家的财政补贴。其中，农民和个体工商户等自营业者实行定额制；厚生养老金和共济养老金实行定率制，由相关部门每月从他们的工资中扣除；被抚养配偶的保险费从其配偶的工资中一并扣除。[2]

1984年日本对养老制度进行了一次较大的改革，建立了双层养老保险制度。即形成国民基础年金和雇员年金相结合的双层关联结构模式。一个是国民养老金制度，日本将国民养老金改为基础养老金，主要包括养老年金、残障年金、寡妇年金、母子年金和遗孤年金五

---

〔1〕 https://chinese.joins.com/news/articleView.html? idxno = 56413，最后访问日期：2022年5月1日。

〔2〕 http://www.cncaprc.gov.cn/guoling/33688.jhtml，最后访问日期：2019年5月1日。

种,又被称为基础年金,是日本社会保障制度的基石,也是覆盖范围最广的公共养老保障制度。另一个是建立了与收入相关的雇员年金制度,按雇员职业不同分为“厚生年金”和“互助年金”。前者是指5人以上私营企业职工的年金,且凡是加入厚生年金的全部自动加入国民年金,退休后领取双份养老金。后者是公务员、国企员工、农林水产团体雇员、私立学校教职员工等各自专门年金的统称。其资金则主要由企业和个人对半分担,采取“后代人抚养前代人”的社会保险方式,由国家统一管理。

此外,在该双层养老保险体系基础上,日本还推行了类似于企业或行业的补充养老保险制度的私营企业退休补贴金制度。退休补贴金由从雇员年金费中转出3.5%组成,雇员可一次性领取或者按月领取。[1] 日本的私人养老金主要包括了国民养老基金、厚生养老金基金和合格退休养老金等计划。这些养老金享有一定的政府税收优惠。早在1969年,日本即已筹划建立了以农民和个体工商户等自营业主为对象的国民养老金基金制度。1991年,日本建立了以大企业员工(500人以上的)为对象的厚生年金基金制度。合格退休养老金则面向中小企业雇员。公司根据工作年限和收入情况,对退休离职人员一次性支出退休离职津贴。尽管越来越多的公司从一次性支出津贴计划转向了养老金支出性质的养老金计划,但日本的养老金计划还是得到了一定的发展。截至2012年年末,日本大约有1714万雇员参加了补充养老保险,约占厚生养老金参与人数的一半。[2]

总的来说,日本的养老社会保障以“年金保险”的形式实现,由国家强制实行。最终形成由公共年金制度、企业补充年金制度和私人养老保险金制度三个支柱组成的模式。公共年金以共济年金、厚生

---

〔1〕 http://www.cncaprc.gov.cn/guoling/39914.jhtml,最后访问日期:2019年5月1日。

〔2〕 http://www.cncaprc.gov.cn/guoling/33688.jhtml,最后访问日期:2019年5月1日。

年金、国民年金形式覆盖20岁至60岁的日本居民，以实现“国民皆年金”。[1] 其中，国民年金，即基础年金，以全体国民为对象，采取社会保险方式实现；厚生年金以企业在职人员为对象；共济年金以公务员为对象，按收入比例支付。三种年金均由国家统一管理和发放，统称为公共养老金。这是日本养老保障制度的基础。

日本的公共养老金改革中有一个突出的特点，就是引入了物价联动制和工资重估制。前者将养老金领取额联动于赋税工资与总工资水平。后者是将保险费按月工资收取改为按年收入收取，将雇员奖金纳入缴费基准，使养老金领取同步于实际价值变动与生活水平的提高。但是增加了政府财政负担，直接导致了新的改革。1994年日本政府提高了退休年龄，将养老金与物价的联动变更为与可支配收入的联动。

日本养老的另一个特点是，日本农民与城市居民享受同样的社会福利。根据2001年修订的《农业劳动者年金基金法》，农民在获得基础国民年金保险外还可以像工薪阶层一样获得一份追加的养老金，财务方式也由现收现付走向个人账户积累方式。[2]

第二次大的改革是进入21世纪时，日本老龄化超过了预期。2000年日本政府又进行了一次改革，将养老金领取年龄提高到65岁，将原来联动于可支配收入的养老金领取额变更为联动于物价，养老金领取额中与退休前工资联动的部分下调5%，雇员养老金保险范围扩大到65岁到69岁。[3] 但养老仍然不能跟上老龄化的速度。因此，日本政府再次进行改革，2004年厚生劳动省发表“2004年年金制

---

〔1〕 刘袁平：《日韩老年福利比较及其启示》，载《日本研究》2006年第1期。
〔2〕 http://www.cncaprc.gov.cn/guoling/9024.jhtml，最后访问日期：2019年5月1日。
〔3〕 金石：《日本养老金改革引发的思考》，载《环球中国》2012年第9期。

度改革案”，日本年金改革进入正式化。[1] 这次改革引入了瑞典20世纪90年代的养老改革模式，采用自动平衡机制。当老龄化进程导致政府财政赤字时，保持固定缴款额不变，调整养老金领取额。为保持收入和支出的平衡，《养老金改革法》确定了保险费的上限，及养老金领取额的最低下限标准。同时将支付起始年龄从65岁提高至68岁，并相应提高每月养老金的额度，并确保支付总额在获得的总保险费和公积金范围内筹措。[2] 此举措可以保证保险人的养老金额在可预测的范围，减少其受领风险。

2. 日本的返聘制度

近年来，日本社会老龄化、少子化加剧，2013年日本总务省发布的统计数字表明，日本65岁以上人口为3186万人，占总人口的25%。[3] 且日本面临严重的养老赤字，主要是因为日本退休金、医疗费用、老人护理费用等财源，大多来自日本发行的国债。换言之，日本老人的社会福利靠国家借钱维持。2012年日本财政赤字达到1088万亿日元，入不敷出成为巨大问题。[4] 日本2018年度国家时政预算兑额的三分之一用于国民的养老和医疗等民生领域。[5]

2011年6月日本政府草拟了《社会保证和税制一体化》改革方案，其宗旨是抑制日益增大的社会保障支出，并增加消费税。[6]

---

〔1〕 鲁仁喆、尹丽花：《韩国国民年金制度的渐进改革》，载《社会保障研究（北京）》2006年第1期。

〔2〕 http://cn. nikkei. com/politicsaeconomy/politicsasociety/6615 - 20131006. html，最后访问日期：2019年5月1日。

〔3〕 https://tech. sina. com. cn/roll/2020 - 09 - 21/doc - iivhuipp5598619. shtml，最后访问日期：2022年5月16日。

〔4〕 http://www. ceweekly. cn/2014/0331/79349. shtml，最后访问日期：2022年5月16日。

〔5〕 https://www. sohu. com/na/330148556_100276095，最后访问日期：2022年5月16日。

〔6〕 http://news. sohu. com/20120626/n346562768. shtml，最后访问日期：2022年5月16日。

2014 年 4 月 1 日起日本政府在时隔 17 年后上调了消费税，同时下调了养老基金，以此填补养老金不足。对此，许多依靠养老金维持生活的老年人在日本首相府邸举行了游行表示反对。[1] 总言之，日本养老面临再次变革的需要。

日本参议院全体会议与 2021 年 6 月 4 日通过了《国家公务员法》修订案，计划到 2031 年时将国家公务员的法定退休年龄从 60 岁分阶段上调至 65 岁。[2] 另外，日本在改革中将养老金领取年龄提高到了 65 岁，这样一来，如果公民仍在 60 岁退休，那么很多人在这 5 年中将出现“收入空白期”。

为避免企业员工退休后出现“收入空白期”。2004 年 12 月日本修改了其《老年人雇用稳定法》，要求企业从 2006 年 4 月 1 日开始，选择采取“提高退休年龄”、“建立继续雇用制度”（不退休继续工作或退休后重新工作）或“废除退休制”等三项措施中的一项。要求在 2013 年度前，阶段性延长雇用年龄。2006 年 4 月 1 日—2007 年 3 月 31 日延长到 62 岁，2007 年 4 月 1 日—2010 年 3 月 31 日延长到 63 岁，2010 年 4 月 1 日—2013 年 3 月 31 日延长到 64 岁，从 2013 年 4 月 1 日开始延长到 65 岁。

2021 年 4 月 1 日起，日本开始实施修改后的《老年人雇佣安定法》，该法案于去年 3 月在日本国会表决通过，核心内容就是把企业员工的退休年龄从之前的 65 岁提高到 70 岁。[3]

（二）公务员养老双重待遇

日本的公务员养老保险实行双重待遇，包括一般的国民享受的

---

〔1〕 http://sd. ifeng. com/zbc/detail_2014_04/03/2081698_0. shtml，最后访问日期：2022 年 5 月 16 日。

〔2〕 http://japan. people. com. cn/n1/2021/0604/c35421 - 32122901. html，最后访问日期：2022 年 5 月 6 日。

〔3〕 https://new. qq. com/omn/20210406/20210406A0EPX900. html，最后访问日期：2022 年 5 月 15 日。

国民养老金、互助养老金（这里指共济年金）和国家公务员退休津贴。日本在《国民年金法》中规定了政府公务员、军人、法官及各类学校教师等公职人员的养老保险实行年金制，由国民年金和共济年金组成，具体标准为国民年金由国家负担50%，单位和个人负担50%，参保年限为25年，公职人员退休后可以领取国民年金。共济年金费率为15.2%，由个人和单位各负担一半，参保年限为20年。

（三）日本的医疗保险及护理制度

日本政府在老年人权益保护方面还作出了许多规定，为老年人提供了健康、医疗、养老等各种福利。

1961年日本修改了其《健康保险法》，制定《医疗保险法》，实行“国民皆保”的医疗社会保险制度。1963年日本制定了《老年人福利法》，设置了短期居住型、长期居住型，疗养型、健康恢复型等多种类型的养老设施，供65岁以上的老人使用社会医疗保险入住。1983年日本通过了《老年人健康和医疗服务法案》，包括为70岁以上及65岁至70岁卧床不起的老年人提供预防和治疗方面的健康和医疗服务。医疗服务的资金比例为：医疗保险方案管理机构为70%，政府为20%，所在地和所在市各5%。日本政府于1982年制定了《老年人保健法》，还于1989年制定了“高龄者保健福利推进十年战略”，并辅助以全国范围内的地区性的保健福利计划，共同服务于老年人健康。

另一个较为突出的是日本的护理保险制度。它不同于德国和韩国，日本采用的是“独立型、地区保险型”机构，即建立与医疗保险制度分开的护理保险制度。1997年日本制定《护理保险法》，2000年4月日本颁布了《看护保险法》，建立了护理保险制度。该制度下，40岁以上的被保险人都将纳入长期护理保险的范围，其与医疗制度配合，根据保险者自主选择，对需要看护的老年人提供综合全面的服务。“看护保险制度”的财源一半来自税收，另一半来自入保者缴纳的保险金。被保险人只需承担护理保险费用的10%，剩余部分由护理保险负担。且该护理制度引入市场竞争的原理，对老年人权益保护的发展起到了较大的促进作用。该制度不再过多地依赖政府,而是通过政府、社会保险和个人共同承担费用,将护理制度从社会福利制度转变为社会保险制度。此外,日本的护理预防服务体系以社区为依托,并设有由社会福利部门免费为独居老人提供的24小时无线电呼救的先进服务。

另外,日本支持并且鼓励家庭养老方式,积极完善“养老护理在宅服务”。凡子女有照顾70岁以上低收入老人情况的,享受减税待遇;对子女为改善老人生活而购买设施设备的,政府也提供一定的帮助,如贷款等。

日本政府还提倡民间资本和社会力量共同参与养老服务,开办“老年人日托服务中心”“特别养护老人之家”等机构,为老年人提供疗养、康复、咨询等一系列服务。日本政府、资方、工会和退休者及其他社会团体等,根据各种保险法、福利法等法律也为老年人权益保护事业做出了许多贡献,比如,举办了老年之家(根据老年人状况分为特别护养、护养和收费老人之家三种,有私营与公营之分)、家庭服务员(自1962年开始由国家举办,覆及全国)、老人福利开发中心(1974年厚生省成立)、银色城市计划(自1975年起开展“为老人建设光明城市”的活动)和日本生涯设计本部(全国性民间组织,会员制,为老年人制定晚年生活计划)等有关老年人福利的各种项目。

此外,基于发展的地域性差异,日本的农村养老采取了统分结合的混合体制,农民既受到一般社会保障制度的保护,又受到独立的农民社会保障制度的保护。日本政府还在1971年颁布了《农民养老保险法》。国家对农村社会养老保险资金供给的支持达到养老保障资金总额的一半以上。

随着日本人口老龄化加剧,相较于其他亚洲国家,日本在2006年首先进行了再就业的立法,以满足雇主和雇员对就业标准和条件作出适当调整的需求。

三、新加坡

（一）中央公积金制度

新加坡是强制储蓄型养老保障体制的典型代表国家。新加坡作为幅员狭小、人口密度较高的发达国家，主要依靠强制储蓄来解决养老金的问题。

1955 年新加坡政府建立中央公积金制度（Central Provident Fund）。成立了中央公积金局，该局是中央公积金的托管机构，管理公积金。中央公积金制度是新加坡养老保险制度的核心，是新加坡整个社会保障体系的基础。其最大特点是以强制储蓄的形式实现自我保障，养老基金由雇主和雇员按比例承担，政府不承担。是一种独具特色的“储蓄金制度”，不具有再分配的功能，该模式也被称为一种“准保险模式”。新加坡不同于其他发达国家，它采用的是小规模的开放型经济模式，很难实施带有再分配性质的社会保障计划，也难以承受经济下跌的风险。因此，新加坡主要通过管理个人的储蓄来维持社保制度体系的偿付，故也被称为“新加坡模式”。经过多年发展，新加坡中央公积金社会保障覆盖范围已越来越广。1968 年，新加坡政府动用公积金存款购买政府建造的公共住房，实施“公共住屋计划”。此后，新加坡政府陆续推出了退休、医疗保健、住房、家庭保障、增进资产、教育等大类共 16 项计划，使一项简单的养老储蓄制度发展成为一个具有综合功能的社会保障体系。[1]

《中央公积金法》规定，任何雇员必须每月按工资比例上缴公积金。该比例是变化的，公积金利率会随着市场利率的变化而调整，以保证公积金不贬值。该基金起初作为雇员退休后的经济保障，目前已成为新加坡社会保障的基础。

---

〔1〕 https://www.dswxyjy.org.cn/n1/2019/0617/c427580-31157452.html，最后访问日期：2022 年 5 月 1 日。

新加坡的 CPF 计划是强制性的。据法律规定,新加坡公民和永久居民(拥有长期居留权的外籍人士)必须参加中央公积金计划,自雇人士也必须缴交一部分公积金以便用于医疗保障。公积金局会根据经济形势对缴纳比例进行调整,从 2011 年 9 月 1 日起,年龄在 50 岁以下的雇员缴纳比例为月工资的 20%,雇主需要另外为员工缴纳 16%,加起来共 36%。对于年龄超过 50 岁,或月工资在 1500 新元以下的人士,中央公积金缴纳比例会低一些。但只要收入在 500 新元以上,就必须缴纳。此外,只要雇员收入多于 50 新元,雇主必须缴纳相应部分。雇员年龄在 35 岁以下,雇主必须缴足 16% 的比例。

新加坡的中央公积金账户一般分为三个子账户,分别是普通账户、特别账户和医疗储蓄账户,三者之间的分配比例受年龄限制。普通账户中积金用于购房、投资、退休和支付子女学费。医疗储蓄账户公积金则用于支付账户所有人及其直系亲属的医疗费用。特别账户的资金主要用于退休保障,在退休提取之前只能用于投资与养老保障有关的金融产品。雇员年龄满 55 周岁,才可以提取其公积金账户中的资金,但提取之后剩余的额度不能低于规定的“最低基本数额”,后者用以保证 62 岁以后的养老。通过向国民公积金账户或其特定子账户注入资金,新加坡的一些财政补助政策可以实现对国民的保障功能,如对老年人的一些补助等。除此之外,新加坡人也可在退休之后,通过对购买的政府组屋“以大换小”或抵押等方式取得一部分现金用于养老。

新加坡的养老主要采用的是一种强制的完全基金积累制,自存自用,更大程度上是一种家庭养老模式,缺乏互济性,由此,新加坡自 1987 年设立了“最低存款计划”,提取公积金须保留最低存款。

另外,新加坡中央公积金计划,还包括了通过保险计划向公积金会员及家属提供经济方面的保障——由公积金提供的两项计划,即“家属保障计划”和“家庭保护计划”,统称为“家庭保障计划”,前者是定期人寿保险,后者是强制性保险。家属保障计划自 1980 年始实行,对在达到提取公积金年龄前终身残疾或者死亡者的家属提供保险金以完善公积金制度。

新加坡是一个非常注重传统的国家。其早在1978年就在居民中开展“敬老尊贤”活动,要求年轻人奉养父母老人。1979年起新加坡人民协会、老人福利协会、老人活动联络单位等举办“敬老周”,提倡年轻人投身于照顾老人的义务工作,且非常重视关于敬老、赡养老人的教育。1993年还专门推出了“敬老保健金计划”等。

新加坡政府还在制定赡养法律时,强化了家庭成员的赡养责任。1994年制定的《赡养父母法》明确规定,凡是拒绝赡养和资助贫困年迈父母者,其父母可以向法院起诉。如被告子女确实未尽赡养义务,法院将判决对其进行罚款或判处一年有期徒刑。[1] 另外,新加坡还设有专门的赡养父母法庭。

(二)新加坡的老年人返聘制度

新加坡另一个较为突出的制度是为应对老龄化而采取的返聘制度。

1971年,新加坡参照英国退休金制度,制定了第一部《退休金法》,开始实行“退休金计划”,由中央统一管理,1972年公务员被纳入该计划。法案规定达到法定退休年龄(60岁)的、达到选择退休年龄(55岁)的,由于健康原因不能继续工作的、作为过剩人员被裁减的公务员均适用于该退休金计划。被纳入该计划的公务员不能自由流动,不同于中央公积金制度。1993年颁布了《退休年龄法案》。

几十年来新加坡的人口平均预期寿命稳步增长。1970年为68岁,到1993年为76岁,再到2009年为81岁。[2] 2011年人口寿命达到82岁,其中女性平均寿命为85岁,男性平均寿命为80岁。根据新加坡财政部每两年出版一次的《新加坡公共部门成果评估》,2019年新加坡的人均预期寿命分别达到了男性81.4岁和女性85.7岁,两

〔1〕 李小健:《家庭养老支持政策的国外镜鉴》,载《中国人大》2012年第14期。

〔2〕 https://www.ceicdata.com/zh-hans/singapore/vital-statistics-life-expectancy,最后访问日期:2022年5月16日。

项数据均为世界最高。[1] 新加坡是东南亚人口老龄化最严重的国家之一。预计到2030年,60岁以上的人口将占总人口的29.4%,老年人口赡养率也将上升到43.9%。

针对人口老龄化问题,延迟退休被纳入考虑范围。2010年年底,时任新加坡总理公署部长的林文兴表示,新加坡的人均寿命预期为80岁,法定退休年龄是62岁,与新加坡人均寿命相近的芬兰退休年龄为68岁,因此新加坡应学习芬兰。但该主张遭到民众的普遍反对。为此,新加坡取消了提高退休年龄的计划。

针对该问题,新加坡政府作出了其他努力。早在2007年,新加坡政府就首次宣布了将引入退休人员再就业政策。因为根据规定,一般居民可以提取账户资金的年龄为55岁之后,并要留足一定的基本数额用于62岁以后的养老。作为强制储蓄性质的公积金,每人能动用的仅是自己的账户,一般人的账户内余额仅够支取20年左右。因此,新加坡大部分的国民即使过了法定退休年龄,也大多愿意从事力所能及的工作。此外,据人力部门2009年统计,受调查的公司中将近64%的公司已经允许他们的雇员工作超过62岁,无论是基于现存的雇佣合同,还是通过给予再就业机会。[2]

由此,从2010年11月起,公共服务部门发布了一系列的指导方针,以对在2011年7月1日后达到62岁的有资格的公共服务雇员实行再就业政策。而后,2010年11月22日新加坡政府发布第36号《退休年龄(修正)草案》[Retirement Age(Amendment)Bill],该法案是对《退休年龄法案(修正案)2000》(The Retirement Age Act,RAA for short,2000 Revised Edition)的修改,它规定雇员的退休年龄应不小于62岁或者其他情况下由部长规定的不超过67岁的年龄。明文

〔1〕 https://www.sohu.com/a/435110239_744394,最后访问日期:2022年5月16日。

〔2〕 https://news.sina.com.cn/o/2016-12-07/doc-ifxyicnf1842596.shtml,最后访问日期:2022年5月16日。

将“60 岁或规定的退休年龄”修改为“62 岁或者规定的最低退休年龄”。并且规定,在 2012 年 1 月 1 日及以后已达到规定的退休年龄或更大年龄,但不超过 65 岁或者部长规定的不超过 67 岁年龄的,享有再就业的资格,只要他拥有符合要求的劳动能力且医学上认为其可以继续工作。2021 年 3 月 3 日,新加坡人力部长杨莉明在国会发言时表示,计划 2022 年 7 月 1 日将法定退休年龄提高到 63 岁,将返聘年龄提高到 68 岁。[1] 另外,雇员被推定在医学上可以继续工作,除非雇主证明该雇员在医学上已不再适合工作。雇主对有资格再就业的雇员有义务提供再就业的机会,直到该雇员达到 65 岁或部长规定的不超过 67 岁的年龄。若雇主因为不能为该雇员找到合适的空缺职位而不能再雇用合格的达到退休年龄的雇员,那么雇主将被要求允许该雇员退休直到规定的再就业年龄,或者支付该雇员一笔职业援助金。相关行政长官有权在任何合理的时间和雇佣地点参与部长认为有必要的审计,并有权对雇员的雇佣条件等提出质询。此外,该法案还详尽地规定了包括无正当理由拒绝提供再就业机会和解雇雇员、不合理的再就业协议和就业援助金条件等在内的关于再就业纠纷的各种情形,以及相应的救济办法及司法、听证程序规定,以保障退休人员再就业政策的施行。[2]

2011 年 1 月 11 日,国会通过了 2011 第 4 号《退休年龄法案(修正案)2011》,法案在 2012 年 1 月 1 日起正式施行。该法案仍是对《退休年龄法案(2000 修正)》的修改。2012 年 9 月 30 日,《退休年龄法案(2000 修正)》(RAA)被《退休和再就业法案》(RRA)取代,RRA

[1] https://www.sohu.com/a/453982133_260616 ,最后访问日期:2022 年 5 月 16 日。

[2] http://www.parliament.gov.sg/sites/default/files/Retirement%20Age%20(Amendment)%20Bill%2036-10.pdf,最后访问日期:2019 年 5 月 28 日。该法案主要修改了 The Retirement Age Act(Cap. 274)法案,旨在对雇员再就业设定合适的标准,要求雇主再雇佣有资格的雇员,为雇员再就业纷争提供多样化的解决渠道,对已有规定进行技术修正更新,指导再就业行为。

以1993年《退休年龄法案》为基础，综合了该法案相关修正案的内容，对雇员最低退休年龄和退休雇员的再就业问题作出了规定和解释。该法案要求雇主须对雇员提供至少1年期的再就业合同，可续签至65岁。这为雇员再就业提供了更大的确定性，法案建议雇主对雇员提供一次性3年期的再就业合同直到雇员65岁。雇员的工资及福利的变化应只基于合理的因素，如新的职责、效率、性能和资历等。双方可以根据"关于老年人再就业的三重指导方针"[1]对再就业的工作条件等进行协商。根据该方针，雇主应至少在雇员退休前3个月提供再就业合同。对没有资格再就业的雇员，应尽可能在退休前3个月通知，以使其可以准备退休或寻找其他的就业机会。该法案还规定，如果雇主中止了雇员受雇合同，无论是否通知，或者，如果雇主因年龄问题引退雇员，或因年龄问题引起雇员退休或辞职，这种情况应视为雇员被雇主解雇（新修改补充：根据新加坡的《退休和再就业法案》，最小退休年龄为62岁，在此之前雇主不得让雇员退休。如果是新加坡公民或永久性居民，或在55岁之前受雇于雇主，那么就可以受到此法案的保护。雇员年满62岁之后，如果遇到再就业的机会，就可以再就业。雇员可以在年满62岁的当天退休。通过特殊的雇佣信用，雇佣年龄在65岁及以上雇员的雇主，最高可以获得雇员月工资3%的补偿。特殊雇佣信用的提高，将会激励雇主自愿去再雇佣那些65岁及以上的人。如果雇员发现自己因为年龄问题被错误地解雇了，可以在被解雇的1个月内上诉到人力资源部）。[2]

总而言之，从2012年开始，新加坡将原有法定的62岁退休年龄提高到65岁，以较为灵活、成熟的返聘形式变相地延迟了退休。这种方式保持了养老金制度的稳定。同时，对那些身体健康、条件允许的退休人员来说，他们也可以继续工作，为家庭继续增加收入。总的

---

〔1〕 2011年1月11日发布，为帮助雇主履行新的立法而作的规定。

〔2〕 http://www.mom.gov.sg/employment-practices/employment-rights-conditions/retirement/Pages/retirement.aspx，最后访问日期：2019年5月28日。

来说,新加坡的这种养老模式对新加坡的经济发展起到了极为关键的作用。

四、俄罗斯

(一)三位一体的养老架构

俄罗斯位于欧亚大陆北部,地跨欧亚两大洲。俄罗斯的养老保险制度始源于原苏联的国家统筹模式。苏共十二大于 1956 年 7 月 14 日通过《苏联国家退休金法》,明确规定"苏维埃社会主义共和国联盟的公民在年老、丧失劳动能力和患病时,享有物质保障权利"。该法规定,男子年满 60 岁并有 25 年以上工龄,女子年满 55 岁并有 20 年以上工龄的工人与职工享有领取养老金的权利。其他从事井下、劳动条件有害健康的,或在高温车间生产的工作,以及从事其他繁重工作的,在纺织企业等工作的,男子满 50 岁,女子满 45 岁,即享有领取优惠养老金的权利。养老金最低额为每月 45 卢布,最高额为每月 120 卢布。且老年人退休资金全部由国家和社会承担。[1]

同年还制定了《关于国家养老金的认定和支付程序章程》,这使养老金金额及水平得到了较大幅度的提升,同时首次规定了在低于法定的最低工龄年限时可领取与其工龄相对应的养老金额。[2]

苏联解体后,俄罗斯独立,其政府在退休年龄上一直延续女性 55 岁、男性 60 岁退休的标准。俄罗斯于 1990 年通过了《国家养老金法》,于 1991 年 12 月通过了《退休养老基金法》,退休养老基金的设立与国家财政预算相分离,实现了之前以国家预算拨款的养老保障制度到由国家、单位和个人三方共同负担的与市场经济原则相适应

〔1〕 范明林、陈敏华:《中苏两国人口老化状况和养老保障制度浅论》,载《苏联研究》1990 年第 4 期。

〔2〕 侣宏钢:《俄罗斯养老保障制度》,黑龙江大学 2006 年硕士学位论文,第 20 页。

的养老保障制度的转变。[1]此外,俄罗斯政府还颁布了《关于非国有的养老基金法》,于1992年建立了非国家退休养老基金制度,该基金制度的建立为除国家退休养老基金外存在的第二形式的储蓄式养老基金打下基础,并初步建立了就业保障基金、医疗和养老保障基金等制度。

在1997年以前,俄罗斯的养老保险制度一直都建立在苏联国家统筹养老保障体制基础之上,属于一种现收现付的养老保险制度。20世纪90年代中后期俄罗斯进行了养老保险制度的改革。经历了从完全的现收现付制模式逐步向现收现付和个人账户积累的混合模式转变的过程。2001年12月俄罗斯通过了《俄罗斯联邦国家养老保障法》《俄罗斯联邦强制养老保险法》等系列法案,确定了强制养老保险制度的法律基础,且规定了只有在交纳保费的情况下才能领取强制养老保险金。[2] 2002年始,俄罗斯通过了《劳动退休养老基金法》《强制退休养老基金保险法》等法律,该劳动退休养老基金制度覆盖所有受雇的就业人员,是强制性的。基金由基本部分、保险部分和积累部分构成。分三个类别,包括年老退休养老基金、残疾退休养老基金和丧失赡养者时的抚恤养老基金。基金来源全部由雇主承担,费率为26%,其后10%纳入基本部分,16%纳入保险和积累部分。[3]

此外,俄罗斯着手实行以社会统筹为主、个人账户为辅的社会养老体系,建立了个人养老基金账户,实行保险积累的基金统筹机制,社会养老基金模式为"政府基本金+个人养老保险基金+个人养老储蓄基金"。[4] 政府基本金主要来源于社会税收,个人养老基金从

---

〔1〕 https://www.sohu.com/a/333681580_357495,最后访问日期:2022年5月16日。

〔2〕 侣宏钢:《俄罗斯养老保障制度》,黑龙江大学2006年硕士学位论文,第2页。

〔3〕 https://news.sina.com.cn/o/2013-07-22/032927732365.shtml,最后访问日期:2022年5月16日。

〔4〕 徐林实:《俄罗斯的退休养老体制改革及启示》,载《国外社会科学》2012年第2期。

个人收入中扣缴。由此,俄罗斯养老保障体制逐渐形成了以国家养老金、劳动养老金和补充养老金为内容的“三支柱”型养老保险制度。2004 年俄罗斯再次进行养老保险改革,将非国家退休养老基金纳入强制养老基金保险体系。

受 1998 年金融危机影响,俄罗斯降低了社会税收标准,政府税收明显减少,用于政府基本金的退休金额拨付比例也相应降低,退休基金逐渐呈现赤字,到 2010 年,俄罗斯联邦退休基金赤字额达到 1.7 亿卢布,预算负担沉重。为了解决根本的问题,2010 年俄罗斯又开始了新一轮的改革,旨在取消统一社会税,实行强制养老保险。提高了社会和医疗强制保险费征收标准,且将政府财政退休基本金的补贴直接纳入个人退休储蓄基金中,简化了养老基金模式,形成“个人退休保险基金 + 个人退休储蓄基金”的模式。这说明俄罗斯公民所享受到的养老金权利及金额以其向国家缴纳的保险费用为标准,个人缴纳得越多,则能享受到更多的权利和获得更多的金额。经过改革后,俄罗斯的退休金水平得到了提高。

另外,俄罗斯还在 2008 年成立了“国家福利基金”,其主要功能在于确保养老体系的长期稳定。但在实践中,除了能够补充养老金这一基本职能外,同时还具有危机形势下财政短缺补充的功能,故 2018 年俄罗斯继续延续原“稳定基金”职能的“储备基金”并入“国家福利基金”中的做法,后者成为俄罗斯唯一的主权财富基金。[1]

经过多次改革,俄罗斯最终形成了现行的由国家退休养老基金制度、劳动退休养老基金制度和非国家退休养老基金制度共同组成的“三位一体”的养老基金基本架构。

（二）俄罗斯养老未来发展方向

未来俄罗斯退休人口数量将持续增长,1992 年到 2011 年俄罗斯

---

〔1〕 http://www.cncaprc.gov.cn/contents/13/188438.html,最后访问日期:2019 年 5 月 28 日。

的退休人口数量保持在300万左右，但到2025年将增加500万到700万。[1] 且俄罗斯人口的平均寿命相对其他国家较短，很多人会提前领取养老金。因此，退休人口数量的增长以及养老金的亏空增加了俄罗斯退休金支付的困难，为了提高退休基金账户积累，提高退休收入，俄罗斯政府考虑了提高退休年龄，这引起了俄罗斯人民的广泛关注与讨论。俄罗斯经济发展部长乌柳卡耶夫表示，俄罗斯从业人员的退休年龄将会提高。而当下必须解决的问题在于新的退休规定实施时间的确定。目前，俄罗斯男性退休年龄为60岁，女性退休年龄为55岁。[2]

俄罗斯社保部负责人表示俄罗斯退休年龄不会改变，仍将保持在女性55岁退休，男性则在60岁。[3] 俄罗斯养老基金主席德罗兹多夫也表示，如果俄罗斯人的平均寿命得到显著延长，那么退休年龄应该得到提高，不过在未来五年内，俄罗斯暂时还没有提高退休年龄的计划。[4]

但近年来，俄罗斯政府已开始着手改革。2013年1月2日俄罗斯总统普京签署法令，规定俄罗斯官员退休年龄可在符合相应条件后从60岁起延长，最多至70岁。根据该法令的相关内容，俄罗斯公职人员年满60岁后，须经本人同意并得到供职部门的批准后，方可延长5年工龄；而俄罗斯联邦高级官员退休年龄的延长除了经本人同意之外，还需经总统批准，才可延长至70岁。而据此前俄罗斯联邦法的相关条例规定，俄罗斯联邦公职人员一旦年满60岁就必须退

---

[1] 于晓丽：《俄罗斯社会关于是否延长退休年龄的论争》，载《俄罗斯中亚东欧市场》2012年第6期。

[2] http://ru.people.com.cn/n1/2018/0511/c408039-29983985.html，最后访问日期：2019年5月28日。

[3] http://www.china.com.cn/news/world/2013-11/06/content_30512331.htm，最后访问日期：2019年5月28日。

[4] http://gb.cri.cn/42071/2013/12/07/7291s4349408.htm，最后访问日期：2019年5月28日。

休,不得延长。[1] 2018 年 6 月 14 日俄罗斯政府发布退休年龄改革方案,男性退休年龄从 60 岁推迟至 65 岁,延长 5 年;女性从 55 岁推迟至 63 岁,延长 8 年。[2] 2018 年 8 月 29 日,俄罗斯总统普京发表电视演讲,对此前引发较大争议的养老金改革计划进行相应调整,宣布俄罗斯女性退休年龄将从 55 岁提升至 60 岁,这与原退休年龄改革方案有所不同;而男性退休年龄将从 60 岁提升至 65 岁,与原方案保持一致。[3] 2018 年 10 月 3 日,俄罗斯联邦委员会(议会上院)批准退休年龄改革法案,将俄罗斯公民的退休年龄提高 5 年。[4]

2012 年 5 月 7 日总统发布第 597 号行政命令,指示政府起草关于"养老金制度的长期发展战略",旨在为那些有意愿在达到退休年龄后继续工作且延迟领取退休福利的人提高退休金建立一个机制,且制定措施保证养老金储蓄和其投资回报率。并着手准备提交相关的联邦法律草案。

2012 年 12 月 25 日俄政府 2524 号指令核准了"养老金制度长期发展战略"。该战略定义了养老金发展的主要目标,即保证养老福利达到一个社会可接受的适当的水平;确保养老金制度的平衡和长期金融稳定。为构建一个全面的养老保险体制,该策略还试图确定企业养老金制度的形成和运作基础,并确定由雇主为员工提供养老金保险范围的必要条件,以及由政府在其中监管的原则。该战略规定了在工作资历为 35 年的基础上,向新的计算退休福利公式过渡的方向。为鼓励人们选择在达到退休年龄后继续工作且延迟领取养老福

---

〔1〕 http://tv.people.com.cn/n/2013/0103/c25060-20075362.html,最后访问日期:2022 年 5 月 15 日。

〔2〕 http://mil.news.sina.com.cn/2018-08-31/doc-ihiixzkm2717518.shtml,最后访问日期:2022 年 5 月 15 日。

〔3〕 http://mil.news.sina.com.cn/2018-08-31/doc-ihiixzkm2717518.shtml,最后访问日期:2022 年 5 月 15 日。

〔4〕 http://sputniknews.cn/russia/201810031026496240/,最后访问日期:2022 年 5 月 15 日。

利,该策略提议规定更高标准的养老金。[1]

俄罗斯劳动和社会保障部长马克西姆于2013年6月25日公布了新的养老金计算和发放办法,并表示该办法借鉴了法国和德国计算养老金福利的经验,其将于2015年1月1日起被引入计算确定养老者的退休养老金。[2] 相关内容表示,实施新的养老金计算方法的首要条件是延长工龄,养老者被雇佣的时间越长,其养老金额将越大。此外,新的计算办法还包括了对那些自愿同意延后退休的人增加额外养老金的原则。据此,如果选择退休后继续工作,当男性的工龄超过30年,女性超过35年时,养老退休金储蓄每年都将显著增加。俄罗斯政府表示该计算办法将有利于提高中产阶级的养老金水平,且不会提高退休年龄或者增加雇主保险负担。另外,养老金发放基于新的计算方式设计,养老者可以调整发放的变量,相应地改变养老金数值。另外,就个人的就业记录而言,残疾人群、在极北部等地区工作的人群等,将享有更高固定数额的养老金,这些因素被称为"北部系数"。[3] 由此,养老者可根据目前和新的计算方法计算出个人养老时的退休金收入并进行对比。这将有利于人们更好地规划生活和职业,决定最理想的工作年限。

2013年12月23日,俄罗斯下议院通过了关于俄罗斯养老金制度改革的"一揽子"法案。根据这些法案的相关内容,2015年1月1日起俄将对退休金以新的办法计算和发放。俄罗斯养老金分成了两个部分:一个是保险养老金,另一个是储蓄养老金。以1967年为界限,在1967年以前出生的公民只可享有保险养老金;而1967年及此后出生的公民享有选择权,可选择是享有保险养老金一种,或选择同时享有上述两种养老金,其中储蓄养老服务由非国有养老基金办理。另外,在计算保险养老金时采用的是积分制,以30分为下限,在获得

---

[1] http://government.ru/en/info/2017,最后访问日期:2019年5月28日。

[2] http://government.ru/en/dep_news/2630,最后访问日期:2019年5月28日。

[3] http://www.rosmintrud.ru/eng/news/77,最后访问日期:2019年5月28日。

此养老金时即有 30 分。后续积分的高低主要通过在职期间的工资及工龄来计算，积分与退休金成正比，拥有的积分越高，获得的退休金就越多。为获得相应的保险养老金，俄罗斯公民需缴纳足期的养老保险费年限。据预测，2025 年前，该最低年限将从现在的 5 年提高到 15 年。据预测，通过增加至少 15 年度就业长度，97% 的俄罗斯人民将有资格享有老年人保险养老金。此外，公民在 2015 年前就业的，将全部享受新的养老金权利。到 2015 年之前已经领取的养老退休金，按照新的计算方式改变；若新的养老金低于 2015 年 1 月 1 日前的，那么保留之前的水平。根据修正，工资低于 18000 卢布的养老者，将面临全面审查。另外，新的规则不同于以前，将只针对在 2015 年 1 月 1 日后退休的俄罗斯公民，不包括生活在国外的俄罗斯养老者。[1]

五、哈萨克斯坦共和国

早在 2009 年哈萨克斯坦的全国人口普查数据中可知，全国人口中 65 岁以上的公民占到了 7.1%。[2] 哈萨克斯坦社会已步入老龄化阶段。

哈萨克斯坦的退休养老体系始于 1997 年。哈政府批准“国家退休保障体系改革纲要”，并通过了《哈萨克斯坦共和国退休保障法》，取消了原有的现收现付制度。养老者自 1998 年起就开始向自己的个人养老账户缴纳工资的 10% 作为养老保险费。每个退休者都将拥有个人的储蓄账户。另外，人民可以自由选择私利养老基金或者对个人账户进行管理的国家积累式养老基金。目前哈萨克斯坦的退休年龄，男性为 63 岁，女性为 60.5 岁。并且取消了提前退休的优惠政策。哈萨克斯坦在 2015 年通过了养老金法修正案，该法案规定，从 2018 年开始，女性退休年龄通过分阶段的方式每年相应延长 6 个月，

---

〔1〕 http://www.rosmintrud.ru/eng/news/77，最后访问日期：2019 年 5 月 28 日。

〔2〕 依照联合国标准，此比例超过 7% 的国家即属于老龄化国家。

而男性退休年龄则保持在63周岁。按照该法案的规定，哈女性退休年龄将在2027年达到63岁，与男性退休年龄持平。哈萨克斯坦政府正在采取一系列措施推动落实统一男女退休年龄。[1]

哈萨克斯坦的退休体制为三级退休保障体系。包括基础级、强制级和自愿级。

2005年哈政府改革社会保障体系，建立了基本的居民退休保障制度，所有达到退休年龄的退休者和残疾人都可以领取基础退休金。基础级的退休金标准目前已经达到最低生活标准的50%以上，哈政府的目标是将该标准提高到60%～100%。强制级的退休保障，强制就业者参与形成退休养老积蓄。该退休金适用人群为截至1998年1月1日工龄不少于6个月的群体。哈政府的最低退休金标准在独联体国家中位居第一位。自愿级的退休保障通过自愿职业储蓄方式获取退休金，每个居民均有机会扩大其退休金储蓄，并获得额外的退休金。据哈劳动和社会保障部发布数据，截至2018年10月1日，哈萨克斯坦最低退休金将达到49019坚戈（约合137美元），在欧亚经济联盟国家中位列第一。[2]

在退休金制度中，最为突出的是2007年哈政府对退休缴纳金的保值问题作出了保障。这是目前世界上唯一一个对居民因通货膨胀而受损的储蓄进行国家补偿的国家。[3]

---

〔1〕 http://news.sina.cn/2019-01-05/detail-ihqfskcn4179276.d.html?oid=4063593659997875&pos=3，最后访问日期：2022年6月6日。

〔2〕 https://www.imsilkroad.com/news/p/112286.html，最后访问日期：2022年5月15日。

〔3〕 http://www.mofcom.gov.cn/aarticle/i/dxfw/jlyd/201211/20121108449600.html，最后访问日期：2018年10月20日。

六、泰国[1]

泰国政府认为,赡养老人的责任应该由家庭、社区和社会多方主体共同承担,政府机构不应负担主要责任。随着家庭和社会结构的改变,这种观念越发受到挑战。泰国的第一个养老金制度建立在国王拉玛五世时期,1902 年泰国颁布了《关于公共部门的养老金法案》,这部法案表达了当时国王照顾政府公务员退休后的福利和安全的意愿。拉玛七世时期,国王修改了该法案,规定可享有养老金权利的主体仅限于政府公务员。1939 年两部新法案的颁布取代了该法案,一个主要针对公务员,另一个主要针对军人。1951 年新养老金法案的出台又取代了这两部法案,规定新法案只适用于中央政府公务员,该规定至今仍有效。

泰国的养老保障制度体系,与世界银行所建议的多支柱型养老体系,还存在很大差距。在养老福利事业上,泰国遍布全国各地的佛教寺庙、清真寺、基督教堂等宗教慈善机构等曾一度是泰国社会福利保障体系的顶梁柱。泰政府直至 1992 年才出台《国家养老长期行动计划(1992—2011 年)》,拟定的主要内容涉及老年人福利待遇的保障,具体政策措施有培养老年人"自力更生"的意识和技能、向老年人提供疾病预防与治疗、养生保健方面的知识,同时也鼓励社会福利机构为老年人、尤其是收入较低或无人赡养的老人提供一些服务等。[2]

目前而言,泰国的退休养老金制度主要包括两个部分:私营部门和公共部门。且在两个部门内,不同的群体也实行不同的制度形式,

---

〔1〕 该部分主要参考 *Thailand, by Niwat Kanjanaphoomin Government Pension Fund, Organised by PIE and COE/RES*, Hitotsubashi University, Hitotsubashi Collaboration Center, p. 23 - 24(2004)。

〔2〕 https://news.sina.com.cn/w/2007-04-07/070812718624.shtml,最后访问日期:2022 年 6 月 6 日。

甚至还存在一部分人未被任何一个强制性养老金体系覆盖的情况。

(一)公共部门

公共部门人员分为中央政府公务员和地方政府公务员及其他类型公务员三类。

中央政府公务员的初始养老金制度由泰国政府于1951年颁布的《政府养老金法》调整。该法案下,中央政府公务员可以获得与其服务年龄、离职年龄相应的养老金或者退职金。该法规定公务员需满足以下条件之一才能获得,这种养老金或者退职金:(1)退休人员必须服务满25年;(2)在年老(超过50岁)或终身残疾或丧失劳动能力的情况下,必须服务满10年。有资格享有养老金的退休者可以选择退职金。若选择接受固定费率的基本养老金,收益大小为最后1个月工资的2%,并随着服务年限增长而增加。若选择退职金,那么他们将获得金额大小相当于最后1个月工资乘以服务年限的整笔款项。

为了改革中央政府公务员退休制度,泰国政府引入了固定缴款的养老制度。1996年泰国国会通过了《政府养老基金法》。建立了"政府养老基金"制度(Government Pension Fund,GPF)。GPF是一个强制性的计划,除了那些在1997年3月27日前参加服务的人且选择旧养老金制度的人,每一个中央政府公务员都必须加入。政府养老基金由短期固定收入支配的政府财政预算支出,该基金来源缺少资金的支持。1997年3月27日,泰政府建立了基金主要来自公务员和政府固定缴款的制度。政府公务员可以选择是否加入GPF,如果选择不加入GPF,那么他们将仅享有1951年《政府养老金法》所规定的养老资格。

该基金法规定政府应该积累3倍于财政养老金预算的储蓄基金,以保证养老基金的资金来源。且修改了养老金的计算标准,不再沿用"最后一个月的工资"计算,而是采用"60个月的平均工资"来计算。由此,原始的养老抚恤金利益减少,养老金额减少了12% ~

15%。但是通过 GPF 的退休储蓄,总的替代额却增加了。

地方政府公务员仅享有类似于 1951 年中央政府公务员养老金制度下的养老金或退职金。该制度属于部分资助制度,资金来源为地方政府每年财政预算的 1%。

政府永久雇员因为没有被覆盖在 OAPF(Old Age Pension Fund)制度内,因此,他们的养老适用以下形式:一是退职金,根据泰国财政部 1976 年《职工退职金规章》的规定,永久雇员将在退职时即时获得一份来自政府财政预算的退职金。二是公积金,也即政府永久雇员公积金,GPEF。该基金根据《关于非政府公务员的政府永久雇员的公积金法案》设立。公积金来源于政府永久雇员自费缴纳的工资的 3%,和政府负担同样比例的缴费。近年来,泰国相关机构正积极为退休的政府永久雇员主张退休权益,据泰国政府新闻报道,泰国政府行政人员俱乐部主席,主张政府永久雇员应该获得:(1)更多的医疗费用报销;(2)在其死亡的情况下给予其孩子 15 倍以上的养老金;(3)修改政府雇员养老金的法案 B. C. 2494。这样,当那些服务政务满 20 年的雇员辞职的时候,他们可以选择按月领取养老退休金等权益。泰国财政部批准了《雇员养老金条例(第八版)》。[1]该条例规定,永久雇员拥有与退休的政府官员同样的养老津贴,尤其是那些在退休后还无权享有按月支付养老金的雇员,根据该条例将有权享有按月津贴直至死亡。

政府相关机构的工作人员,作为独立的非国有实体,大部分机构将仅基于自愿原则向其员工提供公积金。

(二)私营部门

泰国私营部门的养老保险制度,最初的尝试始于 1932 年提出的

---

〔1〕 *The Finance Ministry's Regulations on Employees' Pension* (*8th Edition*) *B. C.* 2552. 参考 http://www.thaigov.go.th/en/government-news/item/60970-pm-assures-permanent-employee-representatives'-their-proposals-will-be-reviewed.html,最后访问日期:2019 年 5 月 29 日。

建立一个社会保险的计划,该计划在一项国内经济政策中被提出。然而,随后的政治环境导致了该计划的执行被搁置,直到1954年泰国政府通过第一部《社会保障法》。

1973年泰国政府改革派第103号声明强制将工伤保险纳入社会保险范围,对雇员在工作中的与工作相关的伤病提供保护。1990年,泰政府通过了新的《社会保障法》,同年年底设立了社会保障办公室,后来成为劳动和社会福利部门的一部分。该部社会保障法包括了对退休老年人一次性给付养老金的内容。

1998年年底政府开始对私立部门的雇员实施强制性的固定养老金计划,该计划通过1990年《社会保障法》制定,该法案经由1994年《社会保障法(修正案2)》和1999年《社会保障法(修正案3)》修改,并由社会保障办公室执行。该计划被称为"老年人养老基金"(OAPF),该计划在社会保障基金下运作。社会保障基金被视为泰国私立部门养老计划唯一的支柱,尽管其仅覆盖泰国相当有限的一部分人口。

泰国1990年开始实施私营企业职工强制性的社会医疗保险(Social Security Scheme,简称SSS),主要覆盖私立机构的正式雇员,由雇主、雇员和政府各支付薪水的1.5%作为保费。该项目最初只给保险者在疾病、生育、残疾和死亡情况下提供福利和救济,有此项福利的仅为有20人及以上雇员的公司。1999年才增加了老年人养老金福利。到1993年9月,该计划扩及到有10人及以上雇员的公司,到2002年4月始,该计划覆盖了仅有1人及以上雇员的公司。由此,OAPF的实施对象是那些15岁以上60岁以下的在1人及以上雇员人数的公司工作的劳动者。但是,该社会保障法不适用于以下人群:中央机关、省级行政机关和地方行政机关的政府公务员和正式员工,除了临时雇员;外国政府或国际组织的雇员;办公机构在本国但驻扎在国外的员工。根据私立学校法设立的私立学校的老师和校长;学校、大学或医院的学生、护士生和学徒医生;及皇家法令规定的其他雇员。

根据《社会保险法》,养老金和儿童津贴来自政府、雇员和雇主三方,总比例不超过工资的 9%（雇主负担 4%,雇员负担 4%,政府负担 1%）,但政府的缴纳部分仅用作儿童津贴基金,且雇主和雇员的缴款中仅有一部分用作老年人福利基金。同世界大多数国家的社会保障计划一样,实际上,用于老年人养老金的缴款比率在 1999 年为 2%（雇主与雇员分别缴款的 1%）,但之后逐年上升,2000 年为 4%（雇主雇员分别缴款的 2%）,2003 年以后为 6%（雇主雇员分别缴款的 3%）。另外,所有的缴款比率受制于一个最低为每月 1650 泰铢,最高为每月 15,000 泰铢或每年 180,000 泰铢的区间限制。另外,社会保障基金及养老金福利均受到政府税收优惠。

在领取养老金资格上,法案规定雇员要获得全额养老金,必须满足两个条件:一是年满 55 岁且离职;二是缴纳基金不低于 180 个月,但不考虑是否连续。不符合上述条件的,将仅能从老年人养老基金获得一笔一次性的养老金。具体的养老金计算如下:养老者缴纳了 180 个月的基金费用,将获得他最后 60 个月平均工资的 15% 的养老金福利。缴纳费用超过 180 个月的养老者,将获得上述 15% 的养老金和额外的 180 个月之外的每 12 个月 1% 的养老保险费用。若养老者在享有老年养老金资格的 60 个月内死亡,他将获得一笔 10 倍于死亡前最后一笔养老金福利的一次性的养老抚恤金。

私立教师公基金根据私立学校法的规定是强制性的、固定的缴费。学校和教师各负担工资的 3%,政府负担 6%。政府部分的投资回报款额不用于个人账户的分配,而是保留一个独立的账户,用作发放教师及其家庭的福利。

（三）泰国的私人养老制度

泰国另一个关于养老的制度是私人养老制度,目前存在两种形式:公积金和退休基金（Retirement Mutual Fund,RMF）。

公积金制度实施于 1987 年,泰国通过《公积金法》,鼓励私营部门雇员为退休储蓄。该公积金是一种自愿性的固定福利。基于雇员和雇主之间的协议达成,双方共同设立基金委员会来监督公积金。基金委员会由雇主方代表和雇员选出的代表组成,而后委员会选出管理者。该计划执行机构由证券交易委员会(Securities and Exchange Commission,SEC)监管。资金上,雇员自费率至少是工资的3%,但不超过15%,雇主的缴费不得少于雇员的缴费。该类自愿性的公积金常常在泰国较大的公司被设立,雇员在辞职或退休时将获得整笔款项。国有企业大多根据1987年《公积金法》为其员工提供退休金,一些国有企业还为其员工提供养老金和退职金。然而,政府强烈鼓励这些国企将其固定的福利制度向公积金转变。

退休基金制度在泰国建立于2001年,该基金旨在为那些不适用公积金的雇员提供一种自愿退休储蓄。基金管理者将提供一些不同风险的退休基金,投资者可将其投资从一种基金转换到另一种基金,甚至转到其他基金管理者处。但投资者不享有撤回基金的权利,直到他达到退休年龄(55岁),且不欠缴税款。

总而言之,泰国在为老年人养老金福利等社会保障制度之初,规定的退休年龄是55岁,退休者退休即可领取养老金。但随着人口预期寿命的延长,泰国在进入21世纪时人口平均寿命已经达到71.24岁。由此,劳动者在退休后还可以再活平均17年,这对政府预算是一个挑战。且相比较于20世纪中期,泰国进入21世纪时的老年抚养比[1]增加了将近1倍(1960年为8.8%,2000年为14.4%),且该比率将持续增加。泰国财政部2011年的研究结果显示工作年龄的老年人扶养比率从15.16%增加两倍达到31.88%,由此,政府将需

〔1〕超过60岁的老年人口数量与15~59岁的人口数量比即为老年扶养比。参考Source:Population and housing census 1960,1970,1980,1990,2000,National Statistical office。

要分配大量的预算来支持老年人。[1] 且泰国亦开始步入老龄化社会,据泰国人口学家给出的数据,泰国6480万人口中有980万人年龄超过60岁,比率已达15%,预计这个比率将继续上升,2020年预估将达19.1%,2030年达26.6%,2040年变成32.1%。泰国马奚杜大学人口社会研究所指出,泰国超过60岁的人口已占总人口的15%,在东南亚国家中是仅次于新加坡的第二个逐渐老龄化的社会。[2] 2013年7月16日泰国《世界日报》的消息也指出,泰国老人发展研究院基金会老人新知识发展部医师叻达表示,随着老龄化的加剧,预计17年后泰国将出现2名劳动力赡养1名老人的现象。[3] 泰国的退休制度面临着传统的人口结构向老龄化社会转变的挑战,这意味着需要更多的纳税工人来支付更庞大的退休受益人群体的费用,更高成本的退休计划不可避免。

此外,在退休年龄上,目前泰国公务员退休法律规定"公务员60岁可以退休"。[4] 2002年2月泰国内阁会议作出决定,将对国家公务员退休制度进行改革,主要内容是对公务员的退休年龄采取"一刀切"的做法进行相应改变。在过去,所有的公务员自年满60岁之日起则有权领取退休金。但是,改革之后根据工作的需要可进行灵活调整,工龄25年以上、年龄50岁以上的公务员可以依照自身目前的实际情况申请办理退休手续;而处在技术部门、科研机构的专家学者、专业人才,可以延长至65岁或70岁退休,特别是那些较为重视

---

〔1〕 http://www.thaigov.go.th/en/government - news/item/60176 - government - pension - fund - indicated - the - rising - dependency - ratio - of - senior - citizen-and - urged - to - focus - on - quality - of - life - after - retirement.html,最后访问日期:2019年5月28日。

〔2〕 http://www.cncaprc.gov.cn/guoling/48738.jhtml,最后访问日期:2019年5月28日。

〔3〕 http://world.people.com.cn/n/2013/0716/c157278 - 22216317.html,最后访问日期:2022年5月16日。

〔4〕 http://www.cncaprc.gov.cn/guoling/33031.jhtml,最后访问日期:2019年5月29日。

经验累积的职业，如法官、检察官、医生、教授。但政府部门的常务官员、管理人员以及行政部门的公务员的退休年龄均不可延长。[1] 由于公共事业的发展和人民健康水平的提高，泰国政府正在考虑是否提高或降低退休年龄。[2] 2018 年 4 月 10 日，泰国政府公布实施延长退休年龄计划，主要针对政府公务员和工作人员的退休年龄进行延长，在接下来的 6 年内从当前的 60 岁逐步延长至 63 岁。根据改革计划，从该年起的 6 年内，泰国公职人员的退休年龄逐步从 2019 年退休年龄延长至 61 岁，2021 年延长至 62 岁，而到 2024 年将全面进入 63 岁退休年龄。该项改革计划还要求政府各部门对人事架构进行全面调整，立法部门必须加快对修订出台有关公职人员的退休待遇法律的进度。考虑到此次改革所涉及的人员较多，包括政府公务员、政府部门雇员、国营企业公职人员等，故设置了 6 年的过渡期。[3]

另外，在老年人医疗上，目前泰国 60 岁以上的老年人均可以获得一张免费医疗服务卡，凭此卡老人可在最近的政府医院享受免费的医疗服务。[4]

七、印度

印度的退休年龄为 55 岁，其养老保险立法始于 1925 年的《长期基金法》。该法规定印度城市服务工人以及政府铁路工人退休后或伤残后，均可以获得一笔养老金。之后，印度还通过了《雇员国家保

---

〔1〕 http://news.sina.com.cn/w/2002-02-20/0838/478286.html，最后访问日期：2019 年 5 月 29 日。

〔2〕 http://www.thaigov.go.th/en/government-news/item/60970-pm-assures-permanent-employee-representatives'-their-proposals-will-be-reviewed.html，最后访问日期：2019 年 5 月 29 日。

〔3〕 http://mil.news.sina.com.cn/2018-04-10/doc-ifyteqtq7554691.shtml，最后访问日期：2019 年 5 月 29 日。

〔4〕 http://www.cncaprc.gov.cn/guoling/28871.jhtml，最后访问日期：2019 年 5 月 29 日。

险法》《煤矿家属抚恤金计划》等。1972 年印度颁布了《奖金法》,建立了退职基金制度,将雇主随意发给退休工人的长期效劳奖金转变为法定的养老金部分。目前,印度大多数政府工作人员的退休年龄为 60 岁。[1]

1995 年,印度对养老保障制度进行了改革,建立了"雇员养老金计划"(Employee Pension System,EPS)。EPS 计划包括了以下五个部分:一是 65 岁以上的贫困老人享有等额的月津贴,其遗属也将得到一次性津贴,总称老年人救助金,由政府财政税收支出。二是强制性的固定缴费的雇员养老金计划,由政府、雇员和雇主三方负担,分别为雇员工资的 1.16%、8.33%、8.33%,当雇佣工人为 50 人以下时,雇主和雇员的负担比率为 6.25%。政府的部分在之后的养老改革中被取消,雇员基金改由专业部门管理。三是强制性的雇员公积金,针对特定行业中拥有 20 名以上雇员的企业,雇主为雇员设立个人账户,缴纳的工资的 3.67% 作为基金,对退休者提供一次性补偿。四是雇员储蓄保险计划,由雇主缴纳 0.5% 的工资,采用完全积累的个人账户基金积累原则,仅对该雇员所指定的受益人给付津贴。五是退休基金,该项基金的设立主要针对 10 人以上的工厂、煤矿、油田、种植园、港口、铁路、商店的雇员建立的专门老年保障计划,缴纳主体为雇主,采取一次性给付的方式单方面缴纳 4% 的工资。[2] 另外,还存在雇员储蓄保险计划(Employees' Deposit - linked Insurance Scheme,EDLI),由雇主和政府提供,其中雇主缴纳工资总额的 0.5%,另加 0.01% 的管理费,而雇员无须缴纳。

除了上述养老金计划外,还存在对政府部门雇员所设立的政府公积金计划,其中个人需缴费的比例为 6%。而在一些其他的行业,

---

[1] https://k.sina.com.cn/article_2090512390_7c9ab00602000y9fl.html?from=news&subch=onews,最后访问日期:2022 年 5 月 15 日。

[2] http://www.cncaprc.gov.cn/guoling/19021.jhtml,最后访问日期:2018 年 7 月 23 日。

如银行、保险公司、邮政部门的职工设立有专门的养老金计划以保障老年人的权益。

总之,印度的养老金制度按行业、雇员人数大小等进行分类,体系上较为分散,处于一种分割状态。

近年来,印度也为老年人权益保障作出了一定的努力。印度于1999年出台了《国家老年人政策》,于2006年出台了《计划委员会工作组的建议》。2007年印度还颁布了《维护父母和老人福利法》,并公布了2008—2009年度《财政预算案中公布的老年医疗保健国家方案》。最近的是2010年出台的《财政部批准的国家老年人保健计划》,该计划旨在为老年人提供单独的和专项的综合性健康护理,为老人建立起不同层次的卫生保健设施。问题是这些政策和计划,大多未落到实处。[1] 2019年7月4日印度政府在《印度2040年的人口结构:规划21世纪的公共品供给》中警告称,印度人口将开始老龄化,因此应准备好合并学校并提高退休年龄。[2]

总的来说,亚洲国家大都面临着人口老龄化的挑战,年轻劳动力不足、养老金亏空现象较为突出。退休养老方面较为直观的趋势就是各国都修改了相关法律提高或变相提高了退休年龄,或将提高退休年龄纳入养老改革考虑中。除上述一些国家外,比如马来西亚的退休年龄一直采取惯例为55岁,劳动者可从55岁开始领取雇员公积金(EPF,相当于退休后的养老金)。但2013年7月马来西亚政府出台了《最低退休年龄法》,首次以法律的形式规定"60岁退休",强制性地提高了退休年龄。再如越南自2021年起,男性退休年龄为60岁零3个月,女性退休年龄为55岁零4个月,并以此类推,每一年男性推迟3个月,女性推迟4个月退休,因此目前越南法律规定男性年

---

〔1〕 http://www.cncaprc.gov.cn/guoling/33264.jhtml,最后访问日期:2018年7月23日。

〔2〕 http://www.cncaprc.gov.cn/contents/13/189239.html,最后访问日期:2019年8月6日。

满60.5岁、女性年满55岁零八个月可以退休。[1] 劳动者缴纳社会保险年满15~20年的可以享受退休金待遇。但同样地,越南也面临着养老上的巨大压力,2014年度越南国会同意在现行退休年龄的基础上,允许科技工作者、专业劳动工作者等的退休年龄可以适当延长,但不超过5年。[2]

第四节　澳洲地区统一老年人权益法律保护的历程

澳洲地区的两个主要国家,澳大利亚与新西兰都是发达国家,其拥有与所有发达欧美国家相似的福利制度体系,被喻为"从摇篮到坟墓的高福利国家"。居住在那的老年人得到了各方面的保障,过着"老有所依"的日子。

一、澳洲地区有关老年人权益法律保护的历史

(一)澳大利亚

澳大利亚是一个仅有200多年历史的年轻国家,却是继德国之后世界上第二个建立社会福利保障制度的国家,有一整套比较完善的养老体系及法律规范。

1. 澳大利亚养老金保障制度的建立过程

殖民时期的澳大利亚,只有少数几个州建立了一些零散的养老金制度。这一制度的产生得益于那时期的慈善救济制度。

19世纪中期,随着经济条件的变化和相关主管部门的建立,新南

---

〔1〕 http://www.mofcom.gov.cn/article/i/jyjl/j/201911/20191102915980.shtml,最后访问日期:2022年6月6日。

〔2〕 http://www.cncaprc.gov.cn/guoling/22216.jhtml,最后访问日期:2015年3月10日。

威尔士州政府于1862年决定限制原来慈善机构的室内救济活动，并将救济对象转向年老体弱者。根据新的规定，原在悉尼避难所的年老体弱者被转移到各地避难所，由各地政府统一管理，各救济机构的室外救济仍然不变。[1] 那时，穷困的老年人是新南威尔士州慈善团体的主要救济对象之一。

自1901年成立联邦以来，很长一段时间，澳大利亚实行的是国家供给型的养老保障模式，养老金从国家税收中支付。[2] 澳大利亚联邦成立后，将建立养老金和伤残津贴制度明确写入颁布的宪法。据此，澳大利亚于1908年颁布了《残疾抚恤金与养老金条例》，并于1909年在全国范围内推行养老金制度。这是当时在全国范围内实施的第一项社会福利保障措施。[3]

根据该条例，凡男性年满65周岁、女性年满60周岁，本地出生的和归化的英国臣民，只要个人年收入低于104澳元或家庭财产累计不到620澳元的，并且在澳大利亚连续居住满25年，就可以申请领取养老金。[4] 当时这些金额都是由政府支出，该条例同时对领取养老金者的人品有所要求，如抛弃配偶或子女的申请人5年内不能领取养老金等。从1939年到1978年，联邦政府对领取养老金申请人的居住年限和养老金支付额进行了多次重大调整。养老金随物价浮动，每2年调整一次。

当时澳大利亚的养老金有三个明显的特征：一是资金源于税收，由公共财政支出，雇主与个人无须另行缴费；二是待遇标准与本人过去的工资收入没有关系；三是必须经过经济状况调查。这些福利金，当时都是由政府承担的。

---

〔1〕 占茂华：《澳大利亚社会保障法律制度》，载《商场现代化》2005年第21期。

〔2〕 曹建、王云斌：《老年人权益保障法律制度比较研究》，中国政法大学出版社2012年版，第45页。

〔3〕 何勤华：《澳大利亚法律发达史》，法律出版社2004年版，第253页。

〔4〕 占茂华：《澳大利亚社会保障法律制度》，载《商场现代化》2005年第21期。

澳大利亚的养老制度,至第二次世界大战之后获得了进一步的发展,于 1945 年和 1947 年分别推出了《人寿保险法》和《社会保障法》,这是联邦政府制定的第一部社会保障法。1991 年,澳大利亚颁布了新的社会保障法以代替原来的旧法,逐步建立起了比较完善的养老保障体制。[1]

2. 澳大利亚全民医疗保险的建立过程

自联邦建立后,澳大利亚的社会保障制度开始得到发展,“二战”期间发展尤为迅速,那时联邦实行统一管理,初步制定了政府对医院医疗和药物补贴等办法。1940 年左右,澳大利亚发现需要建立某种形式的医疗体制。于是 1944 年,澳大利亚颁布了《药物福利法》,其中规定一些特定的药物由政府补助,但遭到了医生们的坚决反对,医学界强调新的医疗体制必须有助于医患关系的相互信任,而且能维持其自身的利益,他们担心这是医疗国有化的开始。为此他们诉诸法院,最高法院接受了他们的申诉,判定联邦政府在药物和医疗服务方面无立法权。

但 1946 年澳大利亚对这一问题进行全民表决,结果是多数澳大利亚公民同意授权联邦政府在医疗相关领域拥有立法权。接着,《药物福利法》和《国家卫生部法案》于 1947 年、1948 年相继通过,旨在提供免费的医疗服务。澳大利亚政府从 1948 年 1 月针对全体国民实施药物津贴制度(Pharmaceutical Benefits Scheme,PBS),纳入 PBS 制度框架内的药品由联邦政府支付主要费用,个人仅需支付较少费用。1953 年澳大利亚出台了《国家卫生法》,这项新保险的变化之处在于对贫困人口的照顾由慈善机构管理转变为国家主导。1957 年,为了帮助老年病人,同时节省医院床位,联邦颁布了《老人家庭护理法》,对家庭护理机构发放医疗津贴。尽管澳大利亚颁布了上述这些法案,也对医疗服务进行了大量补助,但是仍局限于有限的领域与特

---

〔1〕 何勤华:《澳大利亚法律发达史》,法律出版社 2004 年版,第 13 页。

定的群体,还并未实现全民平等享有。

直到1968年澳大利亚经济学家理查德·斯科顿(Richard Scotton)和约翰·迪布尔(John Deeble)提出了在澳大利亚建立全民医疗保险(最初称为Medibank)的研究设想。该设想得到了工党领袖惠特拉姆的政治支持。惠特拉姆上台执政后,加速推进全民医疗保险的立法过程,《健康保险法》最终通过,于1975年7月1日生效。按此法案,澳大利亚公民凡有能力承担医疗保险费的都需按其收入分摊,并且每位公民都有资格享受公立医院和社区诊所免费治疗的福利政策。1976年自由党执政后,主张只能由一些最需要的人享受福利,如只有养老金者、失业者和低收入者可以享受免费医疗,其他人必须私人投保医疗保险,否则自行负担全部医疗费用,这使Medibank遭到破坏。1983年工党霍克政府执政,恢复全民医疗保险,并进一步细化了其具体操作。1984年《全民医疗保险法》颁布实施,澳大利亚的全民医疗保险更名为Medicare,并成为澳大利亚医疗保险制度的基石。

3. 澳大利亚老年人服务保障建立过程

在20世纪50年代,澳政府制定了"居家护理和基本生活照料"政策,从此,社区开始了居家护理的基本生活照料服务,老年人对家庭的依赖有所减低。但是随着人口老龄化的不断加剧,1985年澳洲政府进一步制定"社区照顾"(Community Care)计划,该计划重点强调了在社区层面为老年人提供短期或长期的护理服务,使老年人可以独立生活,减轻养老机构的压力。[1] 随后1997年澳政府颁布了《老年人护理法》,以法律的形式确立了老年人护理保障制度。

1997年《老年人护理法》总体运行较为理想,但是随着老龄化进程的加剧和经济、社会状况的变化,此法在执行和实施的过程中也出

---

〔1〕 张晴晴:《澳大利亚老年护理保障制度研究》,武汉科技大学2011年硕士学位论文,第25页。

现了一系列的问题。为了保证老年护理保障制度的可持续运行,澳洲政府曾多次对该法案进行了修改和调整,其中 2008 年《有关部分修改 1997 老年护理法》对澳大利亚老年护理的发展产生了较为深远的影响。[1]

(二)新西兰

澳洲另一个主要的发达国家新西兰早在 19 世纪末就开始建立养老保障制度。1898 年,新西兰颁布了《老年人退休金法》,新西兰在当时是世界上第三个提供老年人退休金的国家,也是世界上第一个无须个人纳税就可享受养老金制度的国家;该法案规定,通过严格的审核,凡 65 岁以上的新西兰居民能证明其一年的收入低于 34 镑且总资产不超过 50 镑,另外必须证明其在新西兰连续居住满 25 年以上,便可向政府申请每年领取 18 镑的养老金。1898 年的新西兰《老年人退休金法》补贴的数目比较少且具有严格的限制条件,同时,里面的规定也遗留一些种族歧视痕迹,比如亚洲人没有资格领取养老金。虽说如此,但在当时世界各国老年人普遍缺乏保障的大环境下,这已经是巨大的进步。此后的几十年,《老年人退休金法》几经修订,养老金的数额也是逐年增加。

但受到 20 世纪 30 年代经济大萧条的影响,政府削减大量预算,社会福利的质量也随之下降,造成当时新西兰的老年人生活境地异常窘迫。1935 年新西兰劳工党凭借着"每位公民都有权利获得合理生活标准,政府有责任保证每位公民免受生存的威胁"的政党口号赢得了执政党地位。于是在 1938 年新西兰正式通过了新的《社会保障法》,颁布此法案的决心是终结新西兰的贫困。新法规提供了两种养老金方案,每位 65 岁以上的老年人并在申请养老金前拥有新西兰公民身份 20 年的退休老年人有权选择其中之一:一种是养老金(Super-

---

〔1〕 张晴晴:《澳大利亚老年护理保障制度研究》,武汉科技大学 2011 年硕士学位论文,第 22 页。

annuation Benefit),此养老金的好处是无需接受专门机构的经济状况调查,但领取的养老金需要被征收一定税;另一种是老年人福利金(Age Benefit),60 岁以上的老年人或未结婚且不能进行正常就业的55 岁以上妇女可以申请。领取此养老金需要接受经济状况调查,但无须征税。

另外,因为当时的人们认为旧《老年人退休金法》中的抚恤金(Pension)具有施舍的意味,因此《社会保障法》把“抚恤金”(Pension)更名为“福利金”(Benifits),并放宽了公民获得福利金的条件。

同时也规定为60 岁以上的新西兰居民提供普遍的医疗保障,包括医疗福利、药物福利、住院福利。这部法案在世界社会福利历史上具有重要的地位,因为它是西方国家第一个真正建立的社会保障体系。此后经历了反复的改革历程,于 1964 年修正颁布了《社会保障法》,对养老金与医疗保障作了一些调整,并几经修改,一直适用至今。

二、澳洲地区有关老年人权益法律保护的现状

(一)澳大利亚

1. 澳大利亚养老金保障制度现状

现今,澳洲养老金体系主要由三部分组成:一是政府统一发放的基本养老补助(Age Pension),二是雇主必须交纳的超级年金(Superannuation),三是个人自愿养老保险。澳大利亚养老保险制度已转变为三支柱式养老制度,不再是政府包办、独脚拐棍式年金制度。成为其他许多资本主义国家以及广大发展中国家借鉴的典范之一,也为世界银行所提倡。

根据其现行法律,澳大利亚三支柱式的养老保险制度结构及基本内容如下:

(1)第一支柱:政府统一发放的基本养老金。主要源于国家的税收,由政府统一发放;个人退休后的收入达到全国最低收入水平即可通过中联机构(Centrelink)申请,并获家庭与社区服务部批准;可领

取年龄依据出生年月有所不同，在1952年7月1日至1953年12月31日之间出生的，男女均为65岁零6个月，出生日期区间以6个月增加，可领取年龄相应增加6个月，1957年1月1日后出生的，可领取年龄均为67周岁；[1]发放的标准男女都一样。如果是单身，每两星期最高可领取约900澳元；如果是退休夫妇，他们每两周可领到的最高额度是1396.2澳元[2]；2008年澳大利亚通过的一项法案规定所有类型的夫妇包括同性恋夫妇都可以得到同等的对待。基本养老金具体的金额是浮动的，每年调整两次，这依据CPI与男性平均周薪而定。

但是，能领取养老金的数额多少是依据申请者的收入与资产而定的，澳大利亚对此会进行专门的调查。如果申请者的收入与资产超过了澳政府规定的标准，其所能领取的养老金数额将逐级减少，直至为零。从这个层面来说，澳养老金第一支柱是对收入的再分配，给最需要保护的人以保障。此基本养老金为澳大利亚的居民提供了一张生活安全网，为大多数老年人提供了基本的生活保障。

（2）第二支柱：强制储蓄养老保险。也称为超级年金。这是澳政府于20世纪90年代通过立法强制引入的一项制度，资金来源于强制雇主缴费，2002年7月1日费率为9%，自2013年7月1日以后费率提升至9.25%，2019年7月1日后提高到9.5%，而到2028年时将逐步提升至12%，[3]澳政府利用税收上的优惠鼓励雇主按时定量缴费；缴费会存入个人的账户，存入的费用与其收益一并形成超级年金。超级年金领取标准依个人账户积累额计算，可以选择按月领取

---

〔1〕 https://www.humanservices.gov.au/individuals/services/centrelink/age-pension/who-can-get-it，最后访问日期：2018年4月16日。

〔2〕 https://www.humanservices.gov.au/individuals/services/centrelink/age-pension/how-much-you-can-get，最后访问日期：2018年4月16日。

〔3〕 https://www.ato.gov.au/rates/key-superannuation-rates-and-thresholds/?anchor=Superguaranteepercentage，最后访问日期：2021年4月24日。

或直接一次性领取，但澳政府采用优惠税收政策鼓励按月领取。超级年金的设立大大减轻了政府养老的财政负担，有效地应对了澳大利亚老龄化。至 2007 年为止，约 91% 的澳洲雇员受职业养老金覆盖。

（3）第三支柱：个人储蓄养老保险。为了减轻养老财政负担，澳政府还鼓励个人自愿参加养老保险。该保险资金由雇员每月自愿缴费，也包括雇主为自己缴费；在 8% 的费率以内缴费可享受到一定的优惠；个人可以依据自己的意愿将缴费形成的个人账户基金进行投资，投资收益归自己所有，退休时可一次性领取；这为澳老年人退休后的生活提供了更好的支持。

2. 澳大利亚医疗保险制度

自“二战”后，经过 60 多年的发展，澳大利亚逐渐形成了以 Medicare制度与药物津贴制度为主，私人医疗保险制度作为补充的全民医疗保险制度体系。

（1）Medicare 制度

澳大利亚现行的 Medicare 制度是依据 1984 年颁布实施的《全民医疗保险法》制定的，澳大利亚各个州依此法案制定具体的法律实施方案。Medicare 制度是澳大利亚全民医疗保险制度最主体的制度。在此制度下，澳大利亚的永久居民只要生病了去公立医院看病，都可以享受到免费的医疗服务，如果是住院治疗，其伙食费也是免费的。公民会被要求缴纳一定的医疗保险税，根据收入不同，所缴纳的医疗保险税也不同，但基本上是收入多者多出。

Medicare 制度主要包括两个方面：一是 Medicare 享有者可以以公费病人身份免费在公立医院得到治理；二是可获得私立医疗机构如全科医生、专科医生、参加 Medicare 的验光师和牙医（仅限指定服务)的免费或补贴治疗。[1] Medicare 的保障范围包括提供基本医疗服务所需要的费用。

另外,澳大利亚政府为 Medicare 制度设立了“安全网”,一旦病人达到符合“安全网”的条件,则只需支付看病所需的小部分金额。Medicare“安全网”主要保障的是医疗费用比较高的 Medicare 卡持有者,尤其是患有某种慢性病或重大疾病,需要定期去医院检查与治疗的人群。病人在公立医院以外的医疗机构就诊,也即在私立医院看病,很多项目是需要自己支付一定费用的。所以只要一个病人在该年度的医疗费用累计达到 2133 澳元,Medicare 可以负担病人费用自付部分的 80%,如果病人拥有优惠卡或加入了家庭税收福利计划,费用门槛降低至 680.7 澳元。[2] 众所周知,老年人患慢性病或重大疾病的概率比较大,这一“安全网”解决了老年人额外看病费用问题。

(2)药物津贴制度

澳大利亚于 1948 年确定实施药物津贴计划。当时该计划免费向澳洲公民提供了数量有限的拯救生命的药物,后来演变为广泛的补助计划,目的是让所有澳洲居民以可以承受的价格获得必需的药物。[3] 纳入药物津贴计划框架内药品的费用主要由澳政府支出,个人只需要支付很小的一部分。

与 Medicare 相似,药物津贴也有安全网制度,澳大利亚公民一年内所花费的药物费用达到了 1550.7 澳元,就可以申请药物津贴安全网,如果该公民从政府领取某些福利金,包括养老金和残疾补助金,

---

[1] 蒋露:《澳大利亚医疗保障制度解析》,武汉科技大学 2009 年硕士学位论文,第 14 页。

[2] https://www.humanservices.gov.au/individuals/services/medicare/medicare-safety-nets/what-are-thresholds,最后访问日期:2018 年 3 月 14 日。

[3] 蒋露:《澳大利亚医疗保障制度解析》,武汉科技大学 2009 年硕士学位论文,第 18 页。

可以申请普通优惠卡,[1]安全网申请门槛将降低至390澳元。[2] 老年人可以申请联邦老人健康卡,此卡相比于普通优惠卡可享受到更大的优惠。

3. 老年人服务保障法律制度

澳大利亚现行老年护理主要有院所养老服务和社区照顾服务两种方式。

(1)院所养老服务

院所养老服务是正式护理中最大的项目,院所养老服务包含养老院与老年人宿舍两种,永久的院所养老服务为无法在家中生活的老年人提供住宿和照顾服务。但对进入院所养老服务的老年人,老年护理评估小组会对申请的老人进行评定,然后再决定是否批准。

(2)社区照顾服务

社区护理计划旨在支持在家中养老的老年人,社区护理服务是家庭和社区护理中最大的一个项目,其为老年人提供了一个全面的服务;家庭和社区服务包括国内帮助、个人照顾、交通、上门照顾、护理及专职医疗。[3]

澳大利亚还设有小型的社区和一些灵活照顾项目,其包括社区养老计划、长期居家养老、过渡性照顾项目和创新服务等。社区养老计划是服务者依据客户的不同需求,进行各类的服务。这项计划始于1992年,是一种比较低水平的养老服务。

长期居家养老是受护理的老人在自己家中也可以享受到高水平的照料。养老评估小组需要审批接受服务,除了社区养老计划提供

---

〔1〕 https://www. humanservices. gov. au/individuals/subjects/concession - and - health - care - cards,最后访问日期:2018年3月14日。

〔2〕 https://www. humanservices. gov. au/individuals/topics/pbs - safety - net - thresholds/51178,最后访问日期:2018年3月14日。

〔3〕 张晴晴:《澳大利亚老年护理保障制度研究》,武汉科技大学2011年硕士学位论文,第25页。

的服务以外，长期居家养老的老年人也可以享受护理、专职医疗和康复服务；社区照顾的受助人也有资格接受一段时期的暂息照顾，这样其既可以居家接受专业护理员的照顾，也可以享受暂息养老服务。[1]

过渡性照顾方案提供的是“一揽子”服务，于2006年实施，包括老年人住院后低强度的治疗、护理和个人照顾。过渡性照顾方案的目标在于提高老年人出院后独立生活能力，而不是继续依赖养老院。

此外，澳大利亚有一种暂息照顾服务制度，这是一个为家庭照顾者提供帮助的制度，即由护理员到家中接替家庭照顾者暂为照看老人，而使照顾者能够稍作休息。

（二）新西兰

1. 新西兰养老金保障制度现状

新西兰现在实行一视同仁的养老金制度。其养老金模式简单而成功。新西兰养老金采取“两条腿走路”的模式，也就是“双层”退休收入保障体系（Two - tier System）。该养老金模式包括两部分：一部分被称为新西兰养老金（New Zealand Superannuation，NZS），是非缴费的、统一标准税收融资的国家养老金，所有符合年龄和居住要求的老年人都可以领取。领取国家养老金要求年龄须达到65岁，自20岁起在新西兰有10年居住史，其中5年是发生在居住者50岁之后。

新西兰收入资助的资金来源是税收收入，与其他国家的社会保障制度不同。在新西兰没有一个特别的基金会需要工薪族缴纳任何款项。接受现金救济对那些符合资助标准的人来说，是他们应有的权利。也就是说，无论退休前是什么职业、纳税情况如何、债务情况如何、子女收入高低，只要符合标准，都可以向政府领取定额的退休金，政府都按统一定额发放，无须事先进行个人经济状况调查。退休

〔1〕 张晴晴：《澳大利亚老年护理保障制度研究》，武汉科技大学2011年硕士学位论文，第26页。

金委员会每周准时把退休金打入银行账号;另一部分是自愿性储蓄,用以提高退休后的生活标准。

在新西兰,凡有资格领取养老金的65岁以上老人同时会收到一张超级金卡(Super - Gold card),拥有这张超级金卡的老年人能享受到许多折扣优惠与一系列商业与政府的关照,如在公共交通非高峰期时可免费乘坐。

新西兰对那些没达到10年居住年限而不能领取养老金的65岁以上老人,也通过立法提供了一定的帮助,这一群体受到的主要帮助是紧急救助金(Emergency Benefit)。紧急救助金主要为那些不能挣到足够钱以维持自己或家庭基本生活或者没资格享受其他任何福利的65岁以上老人。

另外,对于申请普通养老金者,如果申领者居住在海外,新西兰只能向与新西兰签订了双边社会保障协议的国家支付养老金。[1]

2. 新西兰医疗体系

新西兰公民可以享受范围广泛的卫生保健服务。公立医疗机构、私立医疗机构及志愿人员机构组成国家的医疗体系,共同提供社会医疗保障服务,而医保的费用绝大部分是由政府财政支出,老年人作为患病的主要群体,在这里受到了很好的对待。

所有公立医院对老年人的医疗费用一律全免,而且住院期间的餐费也是免费的,老年人在私立医院就诊费也可按标准报销一部分。新西兰的老年人还可以享受一些另外的保障措施,如高用量保健卡,这针对在一年中因同一种病看医生12次以上的人士,但意外所支出的治疗费及物理治疗费则不计算在内;还有一种是配药补助卡:是为某些一年配药20次以上的家庭所备。老年人拥有这些卡,可以节省许多的医药费。

---

〔1〕 翁仁木:《解决跨国劳动力养老保险权益可携性问题的国际经验借鉴》,载《西北人口》2010年第5期。

那些有长期病史和伤残的新西兰公民，符合资格的话，还可以向收入与工作局申请帮助，包括医疗津贴或者一笔紧急医疗费或预付福利款项。

3. 新西兰养老服务制度

依据1964年新西兰《社会保障法》以及随后的修正版规定，65岁以上的新西兰公民，当在家里需要医疗帮助或者需要前往养老院、医院时，都可以享受到国家财政的补贴和实际上的帮助。这些实际帮助包括家庭供养、照护者服务和每天24小时家庭护理。依据每个需要帮助的老年人不同，政府对其个人的补贴金也会有所差异。

三、澳洲地区统一老年人权益法律保护规则的成就

澳大利亚与新西兰有着相似的历史与文化背景，在地理上也很靠近，两国间的居民自19世纪至20世纪开始便流动频繁，新西兰与澳大利亚两国的人民依据法律规定允许对方公民到本国旅行、工作和居住。这种人员的自由流动是澳新双边紧密经济和社会关系的关键因素，强调了双方更广泛关系的“自然人对自然人”的特点。正是两国这种密切的联系从客观上使两国人员去对方国家时的养老福利仍然能得到保障。在养老保障体系上的相似性，如领取的年龄都规定是65岁以上，都有国家统一无偿发放的基本养老金等，这些因素也为两国间签订双边社会保障协议提供了基础。

因此，在养老金双边保障方面，澳大利亚与新西兰1944年就签订了关于社会保障的双边协议，而后在1949年、1987年、1989年、1995年几经更新，现在两国受2001年3月28日签订，2002年开始实施的《澳新双边社会保障协议》约束。该双边协议为协调两国各自的社会保障系统的运行，并使此协议下的两国居民平等享有各国提供本国居民的特定社会保障救济金创造了良好条件。对澳大利亚来说，此协议覆盖了养老金、伤残救济金与对伤残人士家属的照顾金；对新西兰的话，养老金、退伍军人津贴与伤残金受此协议覆盖。

就养老金方面，此协议覆盖了澳大利亚的养老金（Age Pension）与新西兰的养老年金（Superannuation）。在社会保障资格规定上，两国都作出些让步，公民能够依情形从对方国得到相应的补助金。国与国之间实现了社会保障责任的共担。只要公民在其中的国家工作过，他就可能有资格依情形获取补助金。依澳大利亚与新西兰协定，获取养老金条件是，本人 65 岁以上且为新西兰或澳大利亚的公民，并且在新西兰与澳大利亚居住的时间超过 10 年。在这要求的年限中，本人只有在 20～64 岁居住在新西兰的时间才会被计算在 10 年的法定要求内；而澳大利亚则对此没有要求，一生中任何居住在澳大利亚的时间都可以被计算在内。根据此协议，居住在两国的年限可以合并计算以达到 10 年的最低标准。

这样，如果一个新西兰人在澳大利亚和新西兰都居住过，澳大利亚就把他在新西兰工龄时间（20～64 岁）视为在澳大利亚工龄时间一样，合并计算，以符合在澳大利亚领取养老金的最低时间标准，反之亦然。例如，一个 65 岁以上的老人如果在澳大利亚居住了超过 10 年，或其 20 岁至 64 岁的那段期间在新西兰的时间与在澳大利亚居住的时间合起来超过 10 年，那个人就可以申请领取澳大利亚的养老金（Age Pension）；要领取新西兰养老金，则需要一个 65 岁以上的老人 20 岁以后在新西兰居住了超过 10 年且其中 5 年是在 50 岁以后，或者其 20 岁到 64 岁居住在澳大利亚的期间加上居住在新西兰的时间超过 10 年，并且 50 岁以后居住在新西兰 5 年以上，满足以上条件，才可以申请领取新西兰养老金（New Zealand Superannuation）。

协议允许两国居民向澳、新两国中任一国家申请养老金，而且，领取养老金的公民前往澳新以外的第三国时，只要其没离开澳大利亚、新西兰超过 26 周，就可以在海外继续领取养老金。

此外，新西兰与斐济、图瓦卢、瓦努阿图等 22 个太平洋岛国签订了协议，对有资格领取新西兰养老金的人，当他们已经在太平洋岛国居住超过 52 周或有在那居住 52 周的意图，这些人在太平洋岛国居住同样也能领取到新西兰的养老金。

澳大利亚与新西兰还于1999年签订了《澳大利亚与新西兰关于医疗保障体系的互惠协议》，这是《澳新社会保障协议》关于健康互惠的增补协议。此协定保护的对象是相对国的短期旅游居民，当两国的短期旅游居民在相对国旅游时，需要立即得到治疗时可以免费享受到相对国的医疗保健帮助，包括给予基本的医疗救助、提供药物、接受公立医院的住院治疗等，其救助水平为国民待遇，但这只限于紧急情形。此外，对于澳大利亚公民来说，还有一个对其有利的“二年规则”，即一个澳大利亚人只要在新西兰连续居住两年或两年以上，或能证明其有意在新西兰停留两年或两年以上（包含其已在新西兰居住的时间），就可以享有比前述互惠协议更多的公费支持的医疗服务。

第五节　非洲地区统一老年人权益法律保护的历程

一、非洲地区有关老年人权益法律保护的历史

根据联合国经济社会事务部的统计，2012年非洲的总人口约为8.1亿，其中60岁以上的老年人约为5978万，老年人比例为6%。尽管非洲是在人口结构上是一个年轻的大陆，其60岁以上老年人占总人口的比例是五大洲中最低的，但是其人口的老龄化速度仍然较快。预计到2050年时，非洲的老年人将达到2.15亿，而届时非洲的老年人比例将达到10%。

也许是因为人口老龄化的形势并不严峻，许多非洲国家都忽视了对老年人的保护。大多数国家都没有把老年人问题纳入国家政策中来，或者仅有一些框架性且得不到实施的老年问题行动计划。仅有极少数国家制定了专门保障老年人权益的法律，如南非、毛里求

斯。其他国家大多只规定了养老基金方面的法律或政策，并且覆盖率很低，仅针对退休的政府和事业单位雇员。

非洲老年人保护状况不容乐观，由于大多数非洲国家经济较为落后，社会保障体系很不完善，因此非洲老年人基本上依靠传统大家庭的照顾来养老。但由于全球化、城市化的影响以及艾滋病的持续肆虐，非洲传统大家庭的稳定性遭到破坏，很多家庭已无力为老年人提供必要的物质生活条件及良好的养老环境。因此，很多非洲老人不得不继续进行繁重的体力劳动，以维持自己以及因艾滋病而失去父母的孤儿们的生活。

由于传统文化的影响，大多数非洲老人尤其是老年妇女的权利并没有得到承认和尊重。老年妇女的财产继承权经常被剥夺，而老人参与社会政治活动、获得教育以及合适工作的机会也十分稀少。在这种情况下，更应当加强政府的干预，根据普遍性的人权准则来制定保障老年人权益的法律，建立有针对性的社会保障制度，确保老年人过上体面且有尊严地生活。

只有在少数几个经济状况较好的非洲国家里，养老金等社会保障制度较为完善并运行良好，老年人的基本权益得以实现。现选取其中几个有代表性的国家，介绍其老年人保护法律产生与发展历程。

（一）南非

南非是非洲最大的经济体，其经济发展水平在非洲一直居于前列。2013 年南非 GDP 初值 33，853.69 亿兰特，约合 3511 亿美元，同比实际增长 1.9%，人均 6627 美元，达到了中等偏上收入水平。[1] 得益于其较好的经济条件，南非的社会保障制度也较为完善，且其更侧重于非缴费型的社会救助，如国家养老金（State Old Age Pension）就是向符合一定条件的老年人无偿发放的。

---

〔1〕 http://beta2. statssa. gov. za//page_id = 1854&PPN = P0441&SCH = 5759，最后访问日期：2014 年 5 月 6 日。

根据南非2011年第三次人口普查的数据，截至2011年南非共有5177万人，其中60岁以上老年人有390万，约占总人口的7.7%。[1] 由于老年人的数量在不断增加，南非政府也日益重视老年人权益的保障，制定了一系列涉及老年人的社会保障政策和法律法规，老年人保护法律制度更趋完善。

南非在历史上长期受英国的殖民统治，虽然后来获得了独立，但在1994年之前仍实行种族隔离制度。在该制度下，白人享有完善的社会保障，而占人口大多数的黑人由于就业率低、收入水平低，参与社会保险的比例很低，同时社会救助制度具有种族歧视性质，黑人只享有最低限度的保障。虽然实行种族歧视政策，但该时期的南非政府仍颁布了一些保障老年人的法律，主要是维护白人的利益，并为维持一小部分未参加退休保险的黑人老年人的生活提供了保障。

早在1928年，南非就通过了第一部《老年人退休金法》，开始采取雇主支付全部费用的退休金政策，但该养老金只有白人才能享有。直到1944年，这种雇主承担的养老金才推广到黑人、有色人和亚裔人。即便如此，不同种族的人领取养老金的数额是不同的，最初黑人领取的养老金只有白人的1/10。到1958年时，黑人占据了养老金领取者的60%，但领取的养老金只有总额的19%。[2]

为了应对国内的反种族歧视浪潮，南非自20世纪70年代起，逐步开始养老金待遇方面的平等化改革，并且用于养老金的财政支出比例也有了显著增长。到1993年时，政府养老金支出比例达到了当年GDP的1.8%，各种族的养老待遇基本平等。

1992年南非制定了《社会援助法》，该法令于1996年3月1日生效，该法令规定了较为完善的综合性社会保障体系，包括社会养老金、儿童抚养补助、残疾补助等。其中，最主要的就是养老补助金制

---

〔1〕 http://www.gov.za/aboutsa/people.htm，最后访问日期：2014年5月6日。

〔2〕 *The Evolution and Impact of Social Security in South Africa*, European Report of Development, 2010.

度,其覆盖了所有老年人并且实际领取率也达到了80%左右。[1]

1994年南非实现种族平等的民主变革,社会保障制度也相应进行改革。新制度下社会保障制度的特点是:以宪法和相关立法为依据;不分种族和区域的全民覆盖;社会救助在国民收入和财政预算中的比例较高。政府的社会救助政策成为缓解贫困、特别是缓解广大黑人贫困状况的主要措施。[2]

南非新政府成立以来,一直致力于调查研究如何将老人、残疾人等弱势群体纳入社会福利制度中来。与其他非洲国家相比,南非较早地建立了普惠性养老金制度,且领取的条件比较宽松的。根据1996年生效的《社会援助法案》,当时享受养老金的标准是:男性老年人的年龄在65岁以上,女性老年人的年龄在60岁以上。他们之中的符合条件者,每月可以领取520兰特(约85美元)的养老金。尽管这笔津贴按实际价值而言是较低的,但它是世界银行当时绝对贫困人均收入标准的3倍,这笔津贴占中等收入黑人家庭总收入的很大一部分。

在1996年通过的南非新宪法中,其第9条对老年人的权利作出了明确规定。例如,老年人有权参与公共生活,有权参加专为老年人设立的机构和组织,并且还享有促进其社会福利、生理和心理健康的权利。[3]

2006年南非颁布了专门的《老年人法》(The Older Persons Act),将男女领取社会养老金的年龄统一为60岁,并且对老年人服务的标准、社区养老、居家养老、禁止虐待老年人等事项进行了详细规定。

---

〔1〕 *The Evolution and Impact of Social Security in South Africa*, European Report of Development, 2010.

〔2〕 杨立华:《南非社会保障体系中的社会救助制度》,载《西亚非洲》2010年第9期。

〔3〕 http://ossafrica.com/esst/index.php?title=Summary_of_the_Older_Persons_Act%2C_no._13_of_2006,最后访问日期:2014年5月14日。

该法案的出台，将南非的老年人权利保障体系提升到了一个更为全面的水平。

2017 年南非颁布了《老年人法（修正案）》（The Older Persons Amendment Bill），增添、修改以及进一步明确了相关条款和术语的含义。

（二）毛里求斯

毛里求斯共和国为非洲东部岛国，位于印度洋西南方，距马达加斯加约 800 公里，与非洲大陆相距 2200 公里。同其他非洲国家一样，毛里求斯也曾沦为西方国家的殖民地，直到 1968 年 3 月 12 日，毛里求斯才宣布独立。如今的毛里求斯已成为一个较为繁荣的中等收入国家，2013 年其人均 GDP 达到了 8654 美元，并且是非洲少数几个人类发展指数达到了"高级别"的国家之一。[1] 毛里求斯有着较为完善的政治、经济、社会制度，实行免费医疗、免费教育、失业救济、米面价格补贴等福利政策，有关老年人权益保障的法律也较为全面。

作为英国的海外殖民地，毛里求斯早在 1950 年就推出了一项带家计审查的非缴费型养老金制度，并且于 1958 年开始实行普惠型的养老金制度。根据 1958 年的养老金制度，年满 60 周岁的女性居民以及年满 65 岁的男性居民无须经过收入或退休调查，均可领取一笔养老金。至该年年底，有超过 215 万人领取了养老金，养老金成本占当年国内生产总值的 1%。

毛里求斯独立之后，非缴费型养老金制度被保留下来，并且把领取养老金的年龄均降至 60 岁，但重新确立了家庭收入调查制度。1973 年政府通过关联市场消费价格来调整养老金的待遇，以确保老年人的生活水平不受物价上涨的影响。1976 年，毛里求斯议会通过了《国家养老金法》（National Pensions Act），该法案规定了强制性缴

[1] http://www.undp.org/content/undp/en/home/librarypage/hdr/human-development-report-2013/，最后访问日期：2014 年 5 月 16 日。

费型养老金，凡是年满 18 岁的工人须参加强制性养老保险计划，但低收入雇员、公共部门雇员、自雇者和失业者除外。

此外，毛里求斯还于 1978 年通过了《法定机构养老基金法》(Statutory Bodies Pension Funds Act)，为该国的公共机构工作人员提供专门养老金。1982 年通过《雇员超级年金基金法》，该法对私营企业的职业年金计划进行了规范。针对那些自谋职业者，毛里求斯还建立了自愿参加的补充性养老金计划，并可享受一定的缴费减免。至此毛里求斯形成了包括非缴费型养老金、职工缴费型强制养老金以及多种企业年金和补充性养老金在内的多层次的养老金体制，为老年人提供了较为稳定的基础收入。

2005 年毛里求斯通过了《保护老年人法案》(Protection of Elderly Persons Act)并于 2016 年进行修订。该法案规定要建立老年人保护网络(The Protection of the Elderly Network)，以保障、提升并维持对老年人身体、心理、情感、社会和经济的保护，从而确保老年人的福利使其在社会中发挥重要作用。[1] 具体而言，该保护网由以下几部分组成：①相关政府部门代表组成的监督委员会(The Monitoring Committee)；②负责具体执行监督委员会指令的老年人保护局(The Unit)；③遍布各地的老年人保护监测站(Elderly Watch)。该法案在详细规定上述机构的组成和职能的同时，也专门规定了老年人保护令——法院根据当事人申请签发的责令被申请人停止虐待老年人之行为的命令。此外，法案还明确了被视作虐待老人的情形，并规定虐待老人或者违反保护令的，将被处以最高 50,000 卢比的罚金以及不超过 2 年的监禁。至此，毛里求斯老年人的人身安全得到了更为全面且有效的保护，家庭中虐待老人的情形也大为减少，真正实现了老年人的社会福利。

---

[1] The Protection of Elderly Persons Act, section 3.

(三)埃及

埃及不仅是古代近东文化主要发源地之一,也是北非阿拉伯地区的核心国家和文化、制度引领者,其经济社会发展水平在北非地区一直居于前列,而且其老年人权益保障制度在北非地区也具有较强的代表性。

埃及曾遭受诸多外来文明的入侵,导致其在18世纪前一直被由自然经济和宗教因素共同构建的传统社会保障体系所主导,形成了以大家庭为基本单位的社会结构。此种环境下的埃及传统观念认为,子女新形成的小家庭与父母的大家庭应该相互扶持依赖,若子女不赡养、孝顺父母将会被认为有罪,这便是埃及老年人权益社会保障的最初萌芽。而受犹太教、基督教和伊斯兰教等宗教的深刻影响,埃及传统的社会保障逐步配备专业组织与机构。更有学者研究表明,伊斯兰法对埃及的入侵达1400多年。[1] 这导致18世纪前的埃及传统社会保障体系具有明显的伊斯兰特征。直至近代社会工业化进程的大幅发展带来严峻的失业、养老等问题,埃及社会不得不推行全面社会保障体系以适应社会化生产需要,埃及才开始出现储蓄基金与养老保险基金模式。

1950年埃及政府制定了《社会救助法案》,规定由国家财政向完全没有收入来源的老人提供社会救助金;1956年埃及正式建立了养老保险制度。1975年埃及颁布了劳动法,构建了统一的养老、残疾和遗嘱保险制度。1980年埃及进一步将保险制度的覆盖面扩展至50%左右的农民、农业工人和渔民。同阶段,埃及诸多行业的公会也开始建立自身的职业养老保险制度。至此,埃及的社会保障制度已较快发展起来,逐渐形成了包含养老、医疗、失业、残疾、工伤和死亡等项目的全套社会保障制度。

---

〔1〕《埃及民法典》,黄文煌译,厦门大学出版社2008年版,"绪言"(徐国栋)。

二、非洲地区有关老年人权益法律保护的现状

(一)南非

2006年南非颁布了《老年人法案》(Older Persons Act),并于2010年4月1日正式生效实施。该法案共有5章29条,分别规定了老年人的辅助环境建设、社区护理扶助服务、老年人居住设施、老年人保护以及对于违反规定的惩罚措施。该法案的内容十分全面,不仅涉及了对于老年人的资金补助还规定了一系列的社会扶助措施,还对于虐待老人的行为进行了详细界定并规定对此行为处以罚金和1年以内的监禁。

目前南非60岁以上的居民每月可以领取1270兰德(约合117美元)的老年补助金,75岁以上的居民每月还可以领取额外的20兰德,但是补助金领取者必须先通过一项家计调查。而且,已经在领取另一项政府补助金或者居住在公共福利机构里的老人不能获得该养老补助金。[1]

南非并未建立明确的医疗保险制度,但政府规定,所有公立医院都有义务无偿地为穷人、老人、孤儿、残弱人员提供免费诊治,由卫生部统一结算费用。因为收费低廉甚至免费,适合低收入户,全国约有90%的人口在公立医院就诊。[2] 政府鼓励发展商业保险,全国有十多家保险公司开展了养老、医疗保险,由个人投保,政府不介入,参保人员基本上都是一些高收入群体。

此外,根据国际助老会和联合国人口基金会在2013年10月发布的《2013年全球老龄观察指数报告》(Global Age Watch Index 2013),南非在非洲地区的老年人保障水平排名较高。该报告希望为全球提供一个衡量国家如何支持该国老年人口健康生活的指标体

---

〔1〕 http://www. services. gov. za/services/content/Home/ServicesForPeople/Socialbenefits/oldagegrant/en_ZA,最后访问日期:2015年3月20日。

〔2〕 http://www. chinesejy,最后访问日期:2015年3月20日。

系，主要从收入状况、健康状况、教育和就业以及生存环境这四个项目来为世界91个国家打分，这也是全球第一个致力于汇集养老数据的指标体系。南非在综合指数中排名第65位，其在收入保障这一项中排名最高，达到了第46位。南非的养老金覆盖了该国72%的老年人，在非洲国家中是覆盖率第二高的国家。南非在老年人健康状况这一项中排名较低，因为自1994年以来南非政府重点发展孕妇及儿童医疗保健，而只有8名注册老年专科医生为近400万老年人提供服务。[1]

（二）毛里求斯

2005年毛里求斯通过了《保护老年人法案》（Protection of Elderly Persons Act），成为非洲少数几个制定保障老年人权益的专门性法律的国家之一。而且毛里求斯还积极参与非盟提出的《非盟政策框架以及老龄行动计划》（AU Policy Framework and Plan of Action on Aging），于2008年通过了《国家老龄政策》（National Policy on Aging），对今后一段时期的老年人权益保护提出了更高的目标并积极加以实施。

在老年人收入保障方面，毛里求斯自1958年起就建立了普惠性的养老金制，并于1977年首次覆盖了全部60岁以上的人口。1983年毛里求斯根据老人年龄段划分了不同的年龄层次，年龄越大，获得的非缴费型养老金数额越高。这种普惠性的养老金一直持续至今，为绝大部分老年人提供了基本的收入保障。

截至2009年7月，这种普惠性基础养老金的待遇如下：①60岁至90岁的老人，每月可领取2945卢比；②90岁至99岁的老人，每月可领取8760卢比；③百岁以上的“世纪老人”，每月可领取9944卢比。值得注意的是，自2005年之后这种普惠养老金废除了附带的家计审查，60岁以上的居民只需向当地官员出示其身份证和银行账号，

---

[1] http://www.helpage.org/global-agewatch/，最后访问日期：2015年3月29日。

就可以领取了。

此外,还有一类强制性的缴费型养老金,除公共雇员、收入非常低的雇员和自雇者外,18 岁以上的工人必须参加,缴费率大概为月收入的 9%。这种缴费型的养老金作为对普惠养老金的补充,覆盖了大约一半的劳动人口,并在一定程度上缓解了政府财政压力,为普惠养老金提供了资金支持。

对于一些生活困难的老年人,毛里求斯政府还会发放一些特殊的补贴。例如,对于 75 岁以上因病卧床不起的老人,会发放护理补贴;对于独自租房居住的老人,每月会有 1250 卢比的补贴;而对于一些贫穷的老年人,政府还会为其购买必须的食品提供补贴。

在社会公共服务方面,2005 年之后老年人搭乘公共交通工具都是免费的,而在之前则可以减免至少一半的交通费。而且,对于那些住不起房子的老人,社会保障部还在全国建立了一些“老人之家”,供其免费居住。在医疗方面,对于 90 岁以上的老人,政府会提供定期的上门医疗护理服务。此外,政府还运营或资助了 56 家社会福利中心、16 家日间看护中心,为广大老年人提供必要的休闲娱乐服务。

(三)埃及

埃及的养老保险制度主要包括老年、残疾与遗嘱保险。埃及政府先后根据《1975 年第 79 号法》《1976 年第 108 号法》《1978 年第 50 号法》《1980 年第 122 号法》规定了政府养老金计划、公有企业养老金计划、私营企业养老金计划、自谋职业计划、临时工计划等多个养老保障计划,[1] 其中,埃及政府关于前三者的规定更为详尽明确。一方面,公私养老金计划分属不同部门管理,制度差异较大。比如,政府部门正式雇员和军警人员得以享受优待的社会保障福利,而其他职工则得不到较好的养老保障;各养老金领取条件多有不同,自谋职业计划、海外劳工计划等比公私养老金计划的要求更为严苛。另

〔1〕 李超民:《埃及社会保障制度》,上海人民出版社 2011 年版,第 70 页。

一方面,埃及政府政策规定所有养老保险计划都存在10年的归属期;归属期超过退休工龄的职工或者缴费满36年的职工,均可以申请领取最高等级养老金。

埃及现行的老年养老保险基本法律是《1975年第79号法》,内容涉及老年残障、丧葬保险、健康、生育保险和工伤保险等多个方面。根据此法令,埃及社会保险资金源于雇员(投保人)、雇主、政府三方。其中,就老年残障与丧葬保险项目来看,雇员须缴纳基本工资的13%,雇主缴纳基本工资的17%,政府缴纳基本工资的1%;对于雇员的其他工资部分,雇员本人须缴纳10%,雇主配套缴纳15%,而政府无须就此部分金额承担缴纳保险义务,但需要承担弥合埃及社会保险局支付养老金所导致的赤字的义务。

根据埃及现行老年人权益制度,符合下列条件的退休职工可以享受老年养老金福利待遇。(1)正常退休领取的:年满60岁并投保基础工资养老保险或其他工资养老保险满120个月;(2)提前申领的:投保基础工资养老保险或其他工资养老保险满240个月;(3)无论领取何种养老金,其领取者都必须是从受保职业退休。其中,养老金为退休职工每年可核查基本收入[1]缴费总金额的1/45乘以投保年数,最高支付36年;艰难岗位的退休养老金则按1/40的标准发放,危险岗位的退休养老金按1/36的标准发放;一次性养老福利为36年以上工龄每年平均工资的15%;无领取养老保险金资格的人可获取最后两年平均工资15%乘以投保年数的一次性补偿金额,而未参加养老保险计划的人则可领取特别养老金。值得注意的是,埃及老年养老金政策一方面作出了发放养老金的限制性规定,即养老金每次发放总金额(包括基本养老金和其他养老金)等于每月基本工资和其他工资之和的50%再加上过去两年的收入,全部养老金的最高

---

〔1〕 退休职工每年可核查基本收入是指退休职工最后两年的平均月工资,或者两年之前的五年内的月平均工资乘以1.4的系数,以二者中较低者为准。

金额为月平均总收入的70%或者每月840埃镑(以较低者为准);另一方面规定退休职工提前申请养老金的,须扣减相应金额:(1)提前申请领取老年基本养老金:①不满45岁的扣减15%;②年满45岁不满50岁的扣减10%;③年满50岁不满55岁的扣减5%;④年满55岁无须扣减。(2)提前申请领取其他老年养老金:以退休年龄为基准,每年扣减5%。

退休职工的永久性残障福利政策包括基本残障养老金、其他残障养老金和残障结算金,其中,残障养老金的发放政策与老年养老福利政策有相似之处,均区分一般岗位、艰难岗位、危险岗位三个类别按退休职工每年可核查基本收入缴费总金额的1/45、1/40和1/36的标准发放,最低和最高养恤金的规定也与养老金的规定相同。此外,如果职工残疾程度低于30%,则可以获得与残疾程度相对应的4年一次性养恤金。而未取得领取养恤金资格的人可获取最后两年平均工资15%乘以投保年数的一次性补偿金额,未参加残障保险计划的人则可领取特殊养恤金。

埃及退休职工老年保险的遗属福利亦有遗属基本养老金(Base Survivor Pension)、遗属其他养老金(Variable Survivor Pension)、遗属结算金(Survivor Settlement)方面的规定,另有死亡补助金(Death Grant)和丧礼津贴(Funeral Grant)规定。[1] 埃及退休职工的遗属福利发放政策同样与老年养老福利政策一样,分一般岗位、艰难岗位、危险岗位三个类别按退休职工每年可核查基本收入[2]缴费总金额的1/45、1/40和1/36的标准发放,但上下限规定有所不同,其他遗属福利下限为以往两年中24个月养老金的65%或者月100埃镑(以较高者为准),而遗属养老金的最高限额(含基本遗属养老金和其他遗属养老金)为月总收入的80%或者月920埃镑(以较低者为准)。此

[1] 李超民:《埃及社会保障制度》,上海人民出版社2011年版,第84页。
[2] 此处退休职工每年可核查基本收入是指上年度退休职工月平均基本工资。

外,死亡补助金为职工死亡当月工资(含基本工资和其他工资)的3倍或者养恤金的3倍,丧礼津贴为职工2个月的总养老金或者养恤金,但不得低于200埃镑。

三、非洲地区统一老年人权益法律保护规则的成就

除了上述三个代表性国家,也有不少其他非洲国家在老年人权益法律保护方面展开了努力,例如津巴布韦就在2012年7月通过了专门的《老年人法》。[1] 此外,作为非洲区域一体化的组成部分,非洲各国在非洲法律统一化方面也一直在开展积极合作,其中就包括制定有关老年人权益保护的区域性法律文件。这些区域性法律文件主要是在非洲统一组织、非洲联盟等区域性组织的框架内缔结的,尽管大多数都是倡议性的"软法",但在唤醒民众关注老人权益、协调各国的老年人保护立法和行动方面发挥了重要作用。

(一)《非洲人权和民族权宪章》

1981年6月1日,非洲统一组织(非洲联盟的前身)在肯尼亚首府内罗毕通过了《非洲人权和民族权宪章》(又称《班珠尔宪章》,以下简称《宪章》)。《宪章》经非洲统一组织成员国以简单多数批准后,于1986年10月21日生效,这也是发展中国家通过的第一个具有法律约束力的区域性国际人权文件。目前,非洲联盟共有55个成员国,签署该宪章的有45个国家,除摩洛哥外的其余54个国家均批准或加入了该宪章。[2]

《宪章》包括序言和68条正文。正文由"权利与义务"、"保护措施"及"一般条款"三部分组成。基于非洲的传统道德和价值观,《宪

---

〔1〕 http://news.xinhuanet.com/world/2012-07/21/c_112493126.htm,最后访问日期:2014年4月27日。

〔2〕 http://au.int/en/treaties/african-charter-human-and-peoples-rights,参见36390-sl-african_charter_on_human_and_peoples_rights_2.pdf文件,最后访问日期:2022年6月6日。

章》不仅规定了平等权、生命权等个人权利,而且还专门规定了民族平等权、民族生存权和自决权等民族权利。这也是在国际人权文件中,第一次全面系统地规定具有鲜明的反帝、反殖、反霸、反对种族主义意义的集体人权。此外,《宪章》强调了经济、社会和文化权利的重要性,注重国家在保障个人经济、社会和文化权利,以及在维护社会道德和非洲传统价值方面的责任与义务。

对于《宪章》中所规定的各种具体人权,各缔约国都应当确保其包括老年人在内的全体国民切实享有,其中对老年人较为重要的有财产权(第 14 条)、获得良好工作条件且同工同酬权(第 15 条)、身心健康权(第 16 条)、受教育权(第 17 条)、保护家庭权利（ 第 18 条)。但是《宪章》中专门涉及老年人保护的条款只有两条,分别是第 18 条第 4 款和第 29 条第 1 款。第 18 条第 4 款规定,老人和残疾人有权享有符合其身体和精神需要的特殊保护措施。而第 29 条第 1 款则是从义务的角度,规定每个人都应当时刻尊敬父母,必要时赡养父母。

尽管《宪章》中没有就老年人权益保护进行详细具体的规定,但是其中规定的各项人权已经包含了老年人的利益在内,并且也为各国进一步细化其老年人权益保护的政策提供了一个基础性法律平台。此外,为了确保《宪章》中的规定得到落实,非洲联盟还分别于 1987 年 11 月和 2006 年 7 月成立了非洲人权委员会和非洲人权法院。这两个区域性人权保护机构,尤其是允许个人申诉的人权法院,使得《宪章》中的规定更具有可操作性,进而提高了非洲地区人权保护的水平。

(二)《非盟政策框架以及老龄问题行动计划》

早在 1999 年,非洲统一组织的劳工及社会事务委员会就开始着手解决非洲的老龄化问题,并且在国际助老会等国际组织的协助下准备起草一份指导整个非洲老年人政策的文件,这就是后来的《非盟政策框架以及老龄问题行动计划》(AU Policy Framework and Plan of

Action on Ageing)。[1] 2002年7月,在南非德班举行的第38届非盟首脑会议上,《老龄问题行动计划》最终获得批准通过,正式成为非盟专门解决老龄问题的指导性文件。

根据非盟《老龄问题行动计划》的规定,其主要目标是指导非盟成员国设计、实施、监督并评估综合性的国内老龄政策和项目,从而满足老年人的个体和集体需求。为了实现这一目标,该行动计划从13个方面指出了老年人所遇到的问题,并提出了相应的解决措施供成员国采纳。这些具体的建议涵盖了老年人权利、信息收集、贫困、健康、食物及营养、住房及生活环境、家庭、社会福利、就业及收入保障、教育及培训、性别、老年移民等各方面的问题,对于非洲的经济社会现实具有较高的针对性。同时,该行动计划还指出,在制定实施国内的老龄行动计划时要尤为注意立法技巧、政府能力建设和财政资金预算等问题,并就如何动员国内各部门和行业参与行动提出了建议。最后,该文件还要求非盟迅速建立一个老龄问题顾问委员会,负责监督、实施、完善老龄行动计划并评估各国国内老龄事业的发展完成情况。

总体而言,《非盟政策框架以及老龄问题行动计划》虽然只是一份倡议性的文件,但是由于其规定切合非洲实际,因此很多非洲国家都采纳了其建议。例如,毛里求斯就于2008年通过了《国家老龄政策》。但是应该看到,由于各国经济发展状况不一,该行动计划中的内容在很多地方并没有真正实现。

(三)《非洲社会政策框架》

为了实现团结、繁荣、和平的目标,2003年非盟在毛里求斯召开了第一届劳工及社会事务委员会会议。与会的各成员国社会发展部长提出,为了补充正在实施的各国国内以及区域性社会政策,非盟委

---

〔1〕 http://sa. au. int/en/sites/default/files/AU% 20Policy% 20Framework% 20on% 20ageing. pdf,最后访问日期:2014年4月13日。

员会应当制定一份《非洲社会政策框架》（Social Policy Framework for Africa）。[1] 2008年10月，在纳米比亚举行的第一届非盟社会发展部长会议上，《非洲社会政策框架》获得最终通过。

根据《非洲社会政策框架》的规定，其目标是为非盟成员国提供一个顶层政策结构，从而帮助其强化国内的社会政策并促进人权发展。因此，该政策框架主要关注18个关键性的社会问题，包括人口与发展、劳动就业、社会保障、传染病、教育、农业与食物、儿童与青少年、老龄化、残疾、性别平等、文化、移民等。尽管老龄化问题只是这个文件所关注的问题之一，但是老龄问题与其他社会问题都受到了同等重视。除了分析这些问题的现状，该文件还给出了解决问题的建议，但大多数都比较原则化。例如，在老龄问题中，其建议的措施是有效实施。

《非盟政策框架以及老龄问题行动计划》以及相关的国际性文件，如1991年《联合国老年人原则》、2002年《马德里国际老龄问题行动计划》等。此外，该政策框架还明确指出其对于非盟成员国并不具有法律约束力，只是建议成员国根据自身情况采纳其中合理的措施。尽管如此，《非洲社会政策框架》的出台还是表明了非洲各国已就老龄化等问题达成了共识，有助于各国在此基础上展开区域性的协作。

应该说在非洲联盟这个较为统一的政治、经济、军事合作框架内，非洲各国已经在老年人权益保护方面达成了广泛共识，并且也签订了一系列的文件来具体协调各国的老年人保护政策。但是，这些文件中除了《非洲人权和民族权宪章》之外，大部分都不具有法律约束力。再加上各国经济条件方面的限制，这些文件中规定的保障措施大多停留在纸面上，致使非洲的大部分老年人缺乏必要的物质生

---

[1] http://sa.au.int/en/content/social-policy-framework-africa，最后访问日期：2013年7月14日。

活条件。

非盟显然也意识到了，其制定的老年人权益保护统一规则在实施方面遇到了很大的障碍。因此，2007 年 11 月非洲人权委员会在刚果共和国召开了第 42 次例会，并决定建立一个关于老年人和残疾人的工作小组。[1] 该小组的任务就是研究收集老年人和残疾人保护方面的信息，并起草《老年人和残疾人议定书》(Protocol on Ageing and People with Disabilities)。作为《非洲人权和民族权宪章》的附属协议，相信在《老年人和残疾人议定书》获得通过之后，非洲老年人的权益将在法律上获得更为明确的保障，并且非洲地区的老年人法律保障的统一化水平也将提升到一个新的阶段。

(四)《老年人议定书》

2016 年《老年人议定书》在埃塞俄比亚的大会上正式出台并通过，明确了老年人有不受歧视的权利；获得司法公正和法律面前平等保护的权利；不受干预根据自身意愿作出决定的权利；获得足够养老金和其他社会保障的权利；在现有资源范围内获得医疗服务和医疗保险的权利；有权接受教育和获得信息和通信技术技能的机会；有权享受生活的方方面面，包括积极参与社会经济发展、文化方案、休闲和体育活动等；在有危险的情况下，包括自然灾害、冲突局势、内乱或战争期间，有权优先获得救援、解决、遣返和其他干预措施期间的援助；有权使用基础设施，包括建筑物、公共交通等，并享有就座优先权。

---

[1] http://www.achpr.org/mechanisms/older-disabled/，最后访问日期：2013 年 8 月 14 日。

第三章　海牙国际私法会议在老年人权益国际法律保护统一化进程中的贡献

第一节　海牙国际私法会议《成年人国际保护公约》的基本特征

一、海牙国际私法会议《成年人国际保护公约》的现状

海牙国际私法会议特委会经过将近4年的奋斗，终于在1997年4月14日至16日完成了“成年人国际保护公约”的草案，然后交由专家工作组会议反复讨论。《成年人国际保护公约》草案的最后文本于1999年9月22日至10月2日提交海牙国际私法会议外交大会审议。

海牙国际私法会议外交大会于1999年10月2日通过了《成年人国际保护公约》，当天即向成员国开放签署。荷兰于2000年1月13日最先签署海牙《成年人国际保护公约》，随后，法国在2001年7月13日签署了海牙《成年人国际保护公约》，2008年9月18日批准了该公约；德国在2003年12月22日签署了海牙《成年人国际保护公约》，2007年4月3日批准了该公约；英国在2003年4月1日签署了海牙《成年人国际保护公约》，2003年11月5日批准了该公约。按照海牙《成年人国际保护公约》第57条的规定，当公约的批准书达到3份且交存满3个月后，公约即生效。因此，海牙国际私法会议《成年人国际保护公约》于2009年1月1日正式生效。全球最先实施海

牙《成年人国际保护公约》的国家为英国、法国和德国。[1]

截至2022年6月7日，已有塞浦路斯、捷克、爱沙尼亚、芬兰、法国、德国、希腊、爱尔兰、卢森堡、荷兰、波兰、瑞士、英国、奥地利、比利时、意大利、拉脱维亚、摩纳哥、葡萄牙等19个国家签署或加入了海牙国际私法会议《成年人国际保护公约》，[2]其中比利时、捷克、爱沙尼亚、芬兰、法国、德国、瑞士、奥地利、塞浦路斯、拉脱维亚、摩纳哥、葡萄牙和英国13个国家批准实施了该公约。[3]

二、海牙国际私法会议《成年人国际保护公约》的定性

海牙国际私法会议《成年人国际保护公约》尽管是针对成年人的，特别是处于弱势地位的成年人，并非专门为保护老年人权利而制定，但是，该公约的主要目的还是填补联合国在老年人权益保护方面

---

〔1〕 http://www.hcch.net/index_en.php，最后访问日期：2018年10月15日。

〔2〕 塞浦路斯2009年4月1日签署，捷克2009年4月1日签署，爱沙尼亚2010年12月13日加入，芬兰2008年9月18日签署，法国2001年7月13日签署，德国2003年12月22日签署，希腊2008年9月18日签署，爱尔兰2008年9月18日签署，卢森堡2008年9月18日签署，荷兰2000年1月13日签署，波兰2008年9月18日签署，瑞士2007年4月3日签署，英国2003年4月1日签署，奥地利2013年7月10日签署，比利时2017年2月6日签署，意大利2008年10月31日签署，拉脱维亚2016年12月15日签署，摩纳哥2016年3月4日签署，葡萄牙2018年3月4日签署。参见http://www.hcch.net/en/instruments/conventions/status-table/?cid=71，最后访问日期：2022年6月7日。

〔3〕 捷克2012年4月18日批准、2012年8月1日生效，爱沙尼亚2010年12月13日批准、2011年11月1日生效，芬兰2010年11月19日批准、2011年3月1日生效，法国2008年9月18日批准、2009年1月1日生效，德国2007年4月3日批准、2009年1月1日生效，瑞士2009年3月27日批准、2009年7月1日生效，英国2003年11月5日批准、2009年1月1日生效，奥地利2013年10月9日批准、2014年2月1日生效，塞浦路斯2018年7月4日批准、2018年11月1日生效，拉脱维亚2017年11月24日批准、2018年3月1日生效，摩纳哥2016年3月4日批准、2016年7月1日生效，葡萄牙2018年3月14日批准、2018年7月1日生效，比利时2020年9月30日批准，2021年1月1日生效。参见http://www.hcch.net/en/instruments/conventions/status-table/?cid=71，最后访问日期：2022年6月7日。

的空白,力求为全球老年人权益法律保护提供统一规则。因此,2000年的海牙《成年人国际保护公约》由序言和7章所组成,除序言外,正文共59条。该公约的订立理念和目的均十分清楚,在适用范围、主要规则和结构等方面也独具特色。

首先,海牙国际私法会议《成年人国际保护公约》诞生在世纪交替的关键时刻,承担了承前启后的历史重任。联合国主持召开的老龄问题世界大会只做了有关老年人权益国际法律保护的启动和倡议工作,既未专门制定关于老年人权益国际法律保护的全球性规则,也未打算制定相关的世界性公约。联合国不仅将这一任务留给了海牙国际私法会议,而且特别期望海牙国际私法会议能在老年人权益国际法律保护统一化方面有所建树。然而,海牙国际私法会议1999年10月2日通过的《成年人国际保护公约》并非专门针对老年人的,而只是将老年人权益的保护纳入了公约的范围,作为公约的一项重要内容加以规定。[1] 海牙国际私法会议最后通过的公约并未达到联合国的预期目标,也给老年人权益国际法律保护统一化运动留下了遗憾。

其次,海牙国际私法会议《成年人国际保护公约》的结构模仿或照搬以往海牙公约的痕迹明显。2000年海牙《成年人国际保护公约》与1996年海牙《关于父母责任和保护儿童措施的管辖权、法律适用、承认、执行和合作公约》的结构具有极大的相似性。如《关于父母责任和保护儿童措施的管辖权、法律适用、承认、执行和合作公约》一样,海牙《成年人国际保护公约》也由公约的适用范围、管辖权、法律适用、承认和执行、合作、一般条款和最后条款7章构成。这两个公约不仅在结构上共性突出,而且在许多问题上的解决方法也基本一致。不过,面对这种现象,并不必要大惊小怪。因为,海牙《成年人国

〔1〕 The Permanent Bureau of the Conference, *Proceedings of the Special Commission of a Diplomatic Character of September – October* 1999 *Protection of Adults*, Hague Conference on Private International Law, p. 27(2003).

际保护公约》与《关于父母责任和保护儿童措施的管辖权、法律适用、承认、执行和合作公约》都致力于人的权利保护问题，加之起草这两个公约的专家组构成及各国派出参与谈判的代表也基本上相同。而且，从提出制定《成年人国际保护公约》的动议开始，就在考虑《关于父母责任和保护儿童措施的管辖权、法律适用、承认、执行和合作公约》所采用的解决方法是否能扩大到保护成年人。[1] 因此，最后出台的《成年人国际保护公约》与《关于父母责任和保护儿童措施的管辖权、法律适用、承认、执行和合作公约》具有相似性，也就难以避免。不过，也有专家提出了一些不同的意见。成年人国际保护问题的特殊性为部分专家所强调，他们并不希望受《关于父母责任和保护儿童措施的管辖权、法律适用、承认、执行和合作公约》模式的限制；但另一些专家确信这两个公约存在互补关系，认为保护成年人的特殊情况必须在《关于父母责任和保护儿童措施的管辖权、法律适用、承认、执行和合作公约》的共同性之后再考虑。两种观点相持不下——特别是在管辖权领域。最后，海牙国际私法会议特别委员会在确定《成年人国际保护公约》草案最终文本时还是有所折中。[2]

最后，海牙国际私法会议《成年人国际保护公约》特别注重国际合作。公约强调，无论海牙国际私法会议的成员国还是非成员国，无论《成年人国际保护公约》的缔约方还是非缔约方，在成年人特别是老年人权益保护方面，都应加强国际合作。海牙《成年人国际保护公约》自第 28 条至第 37 条对国际合作的方式、途径、目标、程序和措施等方面作了详细的规定。

---

[1] 秦丽丽：《英美法系成年监护制度研究》，山东大学 2008 年硕士学位论文。

[2] Paul Lagarde, *Explanatory Report on the* 2000 *Hague Protection of Adults Convention*, Hague Conference on Private International Law, p. 41(2003).

第二节　海牙国际私法会议《成年人国际保护公约》的主要内容

2009年1月1日生效的海牙《成年人国际保护公约》不仅独具特色,而且涉及内容广泛。该公约既规定了成年人特别是老年人保护应坚持的基本原则,也规定了公约的适用范围和管辖权确定的标准,还规定了成年人特别是老年人权利法律冲突纠纷解决的办法包括准据法选择、判决的承认和执行等。此外,海牙《成年人国际保护公约》还要求建立有效的国际合作机制,全面保护成年人特别是老年人的合法权益。

一、海牙《成年人国际保护公约》的适用范围

2000年海牙国际私法会议《成年人国际保护公约》的主要目的在于:"决定哪个国家享有管辖权,以采取措施,保护成年人的人身和财产。"[1]该公约适用于保护那些心智丧失或精神衰弱的、能力不足以充分保护自身利益的成年人。公约的起草者们希望他们的工作对老年人而言具有重要的意义,即使不是第一位的,也应是主要的。

(一)公约关于"成年人"的界定

海牙《成年人国际保护公约》将成年人看成是"年满18岁的人"。这一最低限度很自然地与《关于父母责任和保护儿童措施的管辖权、法律适用、承认、执行和合作公约》适用的最高限度相衔接。这避免了两个公约在适用范围上的重叠问题。例如,当一缔约国对成年人采取保护措施的年龄始于16岁(如苏格兰法),那么应适用《关于父母责任和保护儿童措施的管辖权、法律适用、承认、执行和合作

---

〔1〕 海牙《成年人国际保护公约》第1条第2款(1)项。

公约》决定保护措施的效力。而当主管机关适用《关于父母责任和保护儿童措施的管辖权、法律适用、承认、执行和合作公约》已采取措施保护儿童,该措施在儿童成年后〔1〕是否继续有效,海牙《成年人国际保护公约》第2条第2款〔2〕给出了答案,即只要未成年人已满18岁,对其采取的保护措施就可以适用公约。这一款是重要的,它尽可能地避免破坏这两个公约的连续性。因为缔约国不可能依《关于父母责任和保护儿童措施的管辖权、法律适用、承认、执行和合作公约》承认对儿童采取的措施在18岁后的效力,也不可能依海牙《成年人国际保护公约》承认儿童满18岁前采取的措施的效力,所以在儿童满18岁后,缔约国将适用海牙《成年人国际保护公约》来决定是否对18岁前采取的行为的效力予以承认,或对这些行为予以变更或终止。从原则上,受保护的成年人死后不能继续适用该公约,因此在确认成年人死后其代理人权利的问题上,该公约也是无法适用的。但在这与成年人生前已采取的行为有关的情况下,公约的某些条款在成年人死后可能仍能适用,如安排葬礼或撤销持续合同(如房屋租赁合同)的行为。

公约在一开始就表明它旨在保护某些成年人,特别是老年人,"保护"的理念是确定公约适用范围的指导和标准,也就是说,是否以保护成年人为目的决定了一国的主管机关采取的保护措施是否属于公约的范围。为了避免语义上的含混性,特别委员会没有在公约中使用常见的法律术语,如"无行为能力的人"——因为依适用的法律,该术语会产生歧义〔3〕——代之以对成年人状况的事实上的描述。

---

〔1〕《法国民法典》第494条第2款规定:对未解除亲权的未成年人,在尚未成年的最后一年内,即得提出设立监护的请求并作出判决,但是,监护仅自其成年之日起产生效力。参见《法国民法典》(上册),罗结珍译,法律出版社2004年版。

〔2〕海牙《成年人国际保护公约》第2条第2款规定:"该公约适用于在采取措施时年龄尚未达到18岁的人的保护措施。"

〔3〕有些国家规定的范围相当宽泛,除精神病患者外,对于赌博、酗酒、吸毒、挥霍无度、浪费成性等具有不良嗜好或生活习惯的人也看成是无行为能力人。

因此，公约使用的是“心智丧失或精神衰弱”这个词，该词包括两个事实因素：(1)该成年人的“个人身体机能受损或不充分”；(2)成年人个人身体机能的不充分或损害必须造成他或她无法保护“他或她的利益”。[1]

所谓“个人身体机能的受损或不充分”，包括精神上受损或衰弱与身体组织的受损与不充分两方面的含义。从这样的理解出发，以下两种情形中的成年人应在受保护的范围内：(1)某人在精神上有作决定的能力，但由于身体机能的受损或不充分，使他无法与他人交流，需要代理人的保护与帮助的；(2)一个成年人他能够作出决定，但是因为某些非认知性的精神紊乱，使他的能力无法达到能够合理地保护自己的人身与财产权利的程度。对于“损害”，这里需要指出的是，该损害或不充分既可以是长久的也可以是暂时的，两种情况下的成年人都需要保护。另外，对于滥用酒精或药物或任意挥霍的成年人是否在公约的适用范围内的问题，特别委员会认为挥霍本身并不在公约的适用范围内，但它可以作为事实上的一项证据，与其他因素相结合证明成年人的个人身体机能受损，在这种情况下可以请求采取公约规定的保护措施。

必须对于第二个因素作广义解释，在具体实践中应宽泛地理解成年人个人身体机能的不充分或受损必须造成他或她不能保护“他或她的利益”。原因在于：成年人尤其是老年人的身体或心理状况可能妨碍其适当地管理所拥有的财产。因此，对第二个要素的理解，要将成年人的财产利益以及他或她的人身和健康利益综合加以考虑。

(二)公约允许的保护措施

海牙《成年人国际保护公约》第3条具体列举了可采取的保护成

---

[1] The Permanent Bureau of the Conference, *Proceedings of the Special Commission of a Diplomatic Character of September – October 1999 Protection of Adults*, Hague Conference on Private International Law, p. 33(2003).

年人特别是老年人的措施。详言之,公约允许采取的保护措施主要有:第一,对无行为能力者的认定并为其设立保护制度。个别的法律体系规定了成年人特别是老年人法律上无行为能力的程度由其个人身体机能的不充分或受损的程度决定,基于以上原因,由成年人特别是老年人所处的那个国家为其设立保护制度(禁止管理财产、监护和保护等)。这里所指的"保护制度"可能是普遍的也可能仅与成年人的某一行为有关,也可能只与成年人特别是老年人的行为的某一方面有关,因为对成年人特别是老年人的无行为能力的认定可能仅在某些状况下是有效的。第二,司法或行政保护制度。被宣告为无行为能力人并不影响成年人特别是老年人受到保护。[1] 在没有第三方的帮助下,成年人特别是老年人可能仍能管理他或她的事务,但是却必须由"司法或行政主管机关加以保护"。以法国的司法特殊保护制度为例,特定行为上或持续的司法特殊保护被提供给因精神功能、身体机能失常导致无法正常地表达意志或者发生个人身体机能衰退以致无法独自保障其利益,以及不能合理地规划其生活(如浪费、挥霍、游手好闲以致陷入贫困或影响履行家庭义务)的成年人。任何成年人特别是老年人,以欠缺实际行为能力为由,主张法律行为无效是获得支持的。例如,对已订立的合同,可以在5年之内以行为时精神不正常为由主张无效而解除。[2] 尊重处于司法保护下的成年人特别是老年人保留行使其权利的机会是司法保护的实质。第三,监护、

---

[1] Paul Lagarde, *Explanatory Report on the* 2000 *Hague Protection of Adults Convention*, Hague Conference on Private International Law, p. 29 – 31 (2003).

[2] 《法国民法典》第491条规定:因第490条所指的原因之一(精神官能受到疾病损坏或因残疾或年龄而衰弱,身体官能受到损坏且妨碍当事人表达其意思),在民事生活的行为中需要受到保护的成年人,得置于司法保护之下,受司法保护的成年人保留行使其权利。参见《法国民法典》(上册),罗结珍译,法律出版社2004年版。

保护以及类似制度。[1] 为成年人特别是老年人设立符合其实际情况的监护、保护或其他保护措施。[2] 第四,指定某人或某机构管理成年人特别是老年人的财产、照顾该成年人特别是老年人、代理或帮助该成年人特别是老年人。"管理成年人的财产、照顾该成年人、代理或帮助该成年人"的可能是监护人、保佐人或照顾人,但是也可能仅仅是在不需要完全监护情况下监护的管理人,[3]或在诉讼中指定的代表成年人特别是老年人进行诉讼的监护人或在没有代表的情况下采取医学决定的疗养院或养老院,等等。第五,成立一个专门机构或其他能提供保护的地方,并将成年人尤其是老年人安置于此。"将成年人安置于一个建立的机构或其他能提供保护的地方"的表达是十分广泛的,可能包括不经有关人同意而命令的措施,甚至是违背成年人特别是老年人的意愿的措施,也可能包括没有限制有关人的自由的自愿安排。在制定公约的过程中,一些代表想将该措施从公约中排除出去。因为,这类安排常常是由社会、医学甚至公共政策决定的,这不属于公约的范围。但是,负责公约起草的大部分专家[4]决定保留该措施,因为在保护领域,区别公法和私法是很困难的,且这能与《关于父母责任和保护儿童措施的管辖权、法律适用、承认、执行

---

[1] 在大陆法系国家,日本、意大利为禁治产和准禁治产制度,德国为监护和照管制度;在英美法系国家则表现为另一种情形,亲权与监护不分,没有禁治产宣告制度,有关成年人监护的制度在英国为持续代理制度,美国体现在信托制度之中,以信托合同为基础而进行的监护制度。

[2] 秦丽丽:《英美法系成年监护制度研究》,山东大学2008年硕士学位论文。

[3] 《法国民法典》第499条规定:如果按照应予管理的财产的构成情况,监护法官认定无必要设立完全监护时,得仅限于指定属于治疗机构的管理人员范围的职员作为监护的管理人,或者仅限于指定一名专门管理人作为"监护的管理人",无须设立监护监督人,也无须亲属会议。专门管理人按照最高行政法院提出资政意见后颁布的法令规定的条件挑选。参见《法国民法典》(上册),罗结珍译,法律出版社2004年版。

[4] The Permanent Bureau of the Conference, *Proceedings of the Special Commission of a Diplomatic Character of September – October* 1999 *Protection of Adults*, Hague Conference on Private International Law, p. 13(2003).

和合作公约》相协调，只要现有的保护措施能确保安排并没有违反安排国主管机关的愿望。第六，经营、保护、处分该成年人特别是老年人的财产。[1] 保护措施可能与“成年人财产的经营、保护或处分”有关。这包含了有关财产的所有方面，尤其是不动产的买卖、债券、投资和转移给成年人特别是老年人的遗产的处理。这对成年人特别是老年人而言具有十分重要的意义。例如，法国的财产管理制度，它旨在对由疾病、残疾、衰老造成精神衰弱的，以及身体机能受损以致当事人无法正常表达其意思的成年人特别是老年人，但在民事生活行为中需要得到建议或监督时，可以对该成年人特别是老年人设置财产管理人。财产管理是一种财产上的监督，其行使方式同于成年人的监护。[2] 在财产制度保护下的成年人特别是老年人，他们的行为只有经过财产管理人的参与才有效。例如，财产受管理的成年人特别是老年人，无管理人协助，不得进行在成年人特别是老年人监护制度下应当得到亲属会议批准的任何行为；无此种协助，财产受管理的成年人特别是老年人亦不得受领资金与将资金投入再使用。[3] 第七，为保护成年人特别是老年人的人身或财产而授权特别干预。这里将保护情况限于“特别干预的授权”，这主要是针对重要事务。所谓重要事务，包括但不限于对保护人的电话或邮件的处理，健康检查、医疗手术、结扎手术的同意及收容，应具体情况具体分析。这体

---

[1] 随着经济的发展，许多精神衰弱的人的财产状况发生了明显的变化，加强对其财产权的保护，无疑具有重要的意义。

[2] 《法国民法典》第 508 条规定：成年人因第 490 条所指原因之一（精神官能受到疾病损坏或因残疾或年龄而衰弱，身体官能受到损坏且妨碍当事人表达意思），处于尚不属于自己完全不能实施行为的状态，但在民事生活中需要得到指导与监督时，可以对该人实行财产管理。参见《法国民法典》（上册），罗结珍译，法律出版社 2004 年版。

[3] Stanley S. Herr, Germain Weber, Gunnar Dvbwod, *Aging, Rights and Quality of Life: Prospects for Older People with Developmental Disabilities*, Brookes Publishing Company, 1999, p. 105.

现了对被保护人对自己事务的自我决定权的尊重。[1]

同时,海牙《成年人国际保护公约》中列举的某一措施在一个或其他的法律体系中也可能是不可知的。这并不表明依公约享有管辖权的每一主管机关都可采用该措施,而仅仅在依公约适用的法律规定了它们时才可采用,在这一情况下,它们属于公约的适用范围。由于保护措施可能随法律体系的不同而不同,海牙《成年人国际保护公约》中的列举仅起说明作用。所以,缔约国可以采取第 3 条列举以外的保护措施,但是必须遵从尊重被保护人的"自我决定权"的原则。从精神科学的角度来说,丧失自我决定能力的人几乎不存在,所以将所有的判断能力不充分的成年人特别是老年人一律简单地分为完全行为能力人和无行为能力人是不明智的,判断的依据应该以个人现有的判断能力程度为参考,某些事项是当事人在具有判断能力的状态下决定的,这也是应该纳入考量的。

(三)海牙《成年人国际保护公约》的排除事项

海牙《成年人国际保护公约》第 4 条列举了应从公约范围中排除的事项或问题。这一列举与公约第 3 条列举的保护措施不同,此处的列举是穷尽的。第 3 条中包括副词"特别",表明第 3 条没有规定的任何直接保护成年人特别是老年人的人身或财产的措施,都属于公约的范围。对排除这些事项背后的理由应该分别说明,比如某些事项是已经在其他公约或公约的其他条款中规定了的,某些事项事实上无法强加给缔约国,因为该事项涉及公法,一些是因为该事项涉及基本利益(如刑法、移民),公约不作出限制是不合理的。[2]

第一,抚养义务。对抚养义务的排除主要是因为 1973 年 10 月 2 日的海牙《关于抚养义务法律适用公约》[3]规定了抚养义务的法律

---

[1] 秦丽丽:《英美法系成年监护制度研究》,山东大学 2008 年硕士学位论文。

[2] Paul Lagarde, *Explanatory Report on the* 2000 *Hague Protection of Adults Convention*, Hague Conference on Private International Law, p. 30(2003).

[3] 该公约包括家庭法方面的所有抚养(扶养、抚养、赡养)之债的法律适用。

适用和有关决定的承认和执行。此外,《关于民商事案件管辖权及判决承认与执行的公约》和《关于民商事案件管辖权及判决执行的卢迎诺公约》都规定了欧盟和欧洲自由贸易组织的国家间有关抚养义务的管辖权及承认与执行。从实际效果来讲,对这一问题加以规定确有必要,并且能够避免公约之间可能产生的冲突。[1]

第二,婚姻。1978 年 5 月 14 日海牙颁布了《关于婚姻缔结和婚姻有效性的承认的公约》。这一公约的第 11 条第 4 款允许缔约国在依它的法律配偶一方在智力上缺乏同意的心理能力时,拒绝承认婚姻的效力。如海牙《成年人国际保护公约》不排除婚姻事项,那么缔约国就必须承认依该公约的保护措施而缔结的婚姻,为了避免与海牙《夫妻财产制法律适用公约》相冲突应该对婚姻事项加以排除。

婚姻事项被海牙《成年人国际保护公约》排除在范围之外。从推理可以得知,该婚姻必须是官方承认的结合形式,同性婚姻或异性婚姻都包含在内,事实上荷兰和北欧国家现已承认同性婚姻。婚姻的成立、无效或解除,也包括司法别居和离婚同时不在公约的范围之内。因此,对智力上无行为能力的人是否能缔结婚姻的问题和发现配偶一方为无行为能力时是否可撤销或解除婚姻的问题,公约是不适用的。但是,为了保护患病的一方,所有支配夫妻间关系的规则和适用于夫妻财产制的单独的夫或妻的代表的规则都包括在公约中。这样一来,授权夫妻一方可要求法院让其代表不能表达他或她的愿望的一方,[2]这是公约含义下的保护措施,因为它直接指向患病的夫妻一方。但健康的一方为自己或家庭的利益而要求法院授权他单

---

〔1〕 Paul Lagarde, *Explanatory Report on the* 2000 *Hague Protection of Adults Convention*, Hague Conference on Private International Law, p. 32(2003).

〔2〕 《法国民法典》第 219 条规定:如夫妻一方处于不能表达其意思的状况,另一方得请求法院授权,就一般或某些特别的行为,代理该方行使由夫妻财产制产生的权利。此种代理的条件与范围由法官确定。参见《法国民法典》(上册),罗结珍译,法律出版社 2004 年版。

独进行交易以帮助他或她的配偶[1]则不属于公约含义下的保护措施,因为它保护的不是患病一方的利益。同时,有关家庭住房的分配规则的目的并非指向对无行为能力的一方的保护,公约原则上将其排除在范围之外。但是,在一特殊情况下,法院为保护无行为能力一方而使用这些规则时应被认为是公约含义下的保护措施。[2]

第三,夫妻财产制。排除夫妻财产制的理由比较明显,因为存在1978 年海牙《关于夫妻财产制法律适用公约》。[3] 为了保证公约的其他规定与这一规定的协调性,公约同时将"由其他相似关系而产生的财产制"也排除在外。

第四,信托或继承。因为海牙《成年人国际保护公约》的适用范围没有超出所有权制度和一般财产权的种类范围,所以对信托的排除是可以理解的。另外,目前已存在一个规定信托的国际私法问题的专门公约——1985 年的海牙《关于信托的法律适用及其承认公约》。需要指出的是,只有与信托职能有关的规则才是公约排除的事项。例如,当受托人死亡且信托文件没有规定替代人时,司法机关委派另一受托人不属于公约范围内的保护措施。[4] 相反,成年人特别是老年人的代理人从受托人处获得信托收益或以成年人特别是老年人的名义获得信托财产属于保护该成年人特别是老年人的措施,所

---

〔1〕《法国民法典》第 217 条规定:夫妻一方处于不能表达意志之状况或家庭利益证明其拒绝同意属于不正确行为时,另一方得经法院批准,单独进行本应经对方协助或同意的法律行为。参见《法国民法典》(上册),罗结珍译,法律出版社 2004 年版。

〔2〕Paul Lagarde, *Explanatory Report on the* 2000 *Hague Protection of Adults Convention*, Hague Conference on Private International Law, p. 33(2003).

〔3〕《关于夫妻财产制法律适用公约》不适用于配偶的行为能力。参见该公约第 1 条第 2 款第 3 项。

〔4〕《关于信托的法律适用及其承认公约》第 8 条第 2 款第 1 项规定:"信托的准据法适用于受托人的委派、辞职或撤换,作为受托人的行为能力,受托人职责的转移。"

以是在公约的范围内的。另需要指出的是，海牙《关于信托的法律适用及其承认公约》规定，法院地冲突规则指引的与未成年人和无行为能力的成年人特别是老年人的保护事项有关的法律条款的适用不会受到本公约的阻碍。[1] 公约对继承完全排除，否则将与1989年的海牙《死者遗产继承的准据法公约》相冲突。[2]

第五，社会保障。海牙《成年人国际保护公约》排除社会保障主要有两个原因：其一，成年人特别是老年人工作地或通常所在地不一定有与公约规则相符的社会保障；其二，公约的适用范围中受委派的成年人特别是老年人的代理人，有接受社会保障金的资格。另外，还可能避免与社会保障规则中的一些特殊规定相冲突。

需注意，丹麦、芬兰、挪威和瑞典代表有关“将社会服务也排除出去”的建议没有被海牙国际私法会议特别委员会所接受。[3] 但是，该公约明确表示应从广义上理解社会保障的概念，即使在每一缔约国的法律条文中，对社会保障的定义都是狭义的。公约可能接受将某些社会福利金从公约范围中排除出去的观点。这意味着任何国家在本国领域内依本国规则，将某些社会福利金授予领域内的任何无行为能力的成年人特别是老年人，不受公约的管辖权规则和其他缔

---

〔1〕《关于信托的法律适用及其承认公约》第15条第1款规定：“本公约不阻碍法院地冲突规则指引的法律条款的适用，如果这些条款，特别是对未成年人或无行为能力的成年人的保护，不能以任意行为排除其适用。”

〔2〕 Paul Lagarde, *Explanatory Report on the* 2000 *Hague Protection of Adults Convention*, Hague Conference on Private International Law, p. 34 (2003).

〔3〕狭义的社会服务指直接为改善和发展社会成员生活福利而提供的服务，如衣、食、住、行、用等方面的生活福利服务。广义的社会服务包括生活福利性服务、生产性服务和社会性服务。生产性服务指直接为物质生产提供的服务，如原材料运输、能源供应、信息传递、科技咨询、劳动力培训等。社会性服务指为整个社会正常运行与协调发展提供的服务，如公用事业、文教卫生事业、社会保障和社会管理等。社会服务按服务性质可分物质性服务和精神性服务；按服务的程度又分为基本性服务、发展性服务和享受性服务。

约国是否承认这些决定的限制。[1]

第六,公共健康措施。海牙《成年人国际保护公约》并非将所有的公共健康措施都排除出去,而仅仅排除一些一般性质的公共健康措施,如接种疫苗的义务。但是,在特殊照顾机构中安排特殊成年人特别是老年人或对他或她进行外科手术的决定是公约范围内的决定。对是否将医学和健康问题从公约的范围中排除出去的问题,特别委员会进行了长时间的讨论,一部分人认为应排除医学问题。因为如果包含这些问题,那么成员国将必须承认甚至执行一些与他们的信仰相违背但符合医疗本质的个人决定,如命令无行为能力人堕胎或消毒的措施。同时,为了免受处罚,即使在紧急情况下,医疗从业者在进行治疗或动手术前也必须获得其他缔约国主管机关的授权,这可能会妨碍医疗体系的发展;另一部分人认为如将医学事项从公约中排除出去,那么公约保护患病的、年老的成年人的目的就无法实现,且将可能使公约成为仅保护成年人有关财产的公约。为解决这一争议,特别委员会成立了由澳大利亚代表尼格(Nygh)任主席的特别工作组,经过长期的讨论后,特别委员会最终找到了所有代表都接受的方法。[2] 工作组放弃了所有的建议(完全或部分排除医学和健康问题)。认为医学行为是医学科学的范畴,按公约的意思,它是医学从业者学术领域内的事务,而医学从业者并不是公约含义下的主管机关,不应属于公约的范围,公约没有规定它们的任何必要,另一方面与这些医疗行为有关的成年人的代理人的法律问题(授权或委派法律上或特别的代理人)包含在公约中,且构成它的一般规则,而不是例外的规则。这就是为什么公约只在此处提及医学或健康

---

〔1〕 Paul Lagarde, *Explanatory Report on the* 2000 *Hague Protection of Adults Convention*, Hague Conference on Private International Law, p. 34 – 35(2003).

〔2〕 Working Document No. 114, Presented by Twenty Delegations.

问题。[1]

第七，针对该成年人对他人实施犯罪而采取的措施。海牙《成年人国际保护公约》的目的是保护成年人特别是老年人，但是不包括刑事处罚。因此，特别委员会没有区分具有惩罚性质的措施和教育性质的措施。此外，对达到刑事处罚程度的行为（如谋杀、强奸、用致命的武器攻击），行为发生地有权力惩罚，依一般规则，虽然更适合采取将他们安置于一专门机构的措施，但是他们不能这样做，因为依公约它们没有采取措施保护成年人的管辖权。公约排除对刑事罪犯采取的措施，因为特别委员会并不希望缔约国主管机关对刑事罪犯采取任何他们认为不适当的措施，无论是惩罚性的还是教育性的。"针对该成年人对他人实施犯罪而采取的措施"表明措施是针对保护的成年人所犯的罪而采取的，与该成年人有关，而不是针对第三人所实施的犯罪而采取的。[2]

第八，避难或移民。将"有关避难或移民的决定"从海牙《成年人国际保护公约》适用范围中排除出去，是因为这些决定源于国家的主权。排除有关这些事项的决定，换句话说就是排除提供避难或发放居留证。但是，对申请避难或居留证的成年人特别是老年人提供保护却属于公约的范围。[3]

第九，公共安全。制定海牙《成年人国际保护公约》的特别委员会最初考虑的是拘留那些因精神失常而对第三方造成危险的成年人。一些代表建议为避免承认和执行阶段的问题，应将所有对精神

---

〔1〕 Paul Lagarde, *Explanatory Report on the* 2000 *Hague Protection of Adults Convention*, Hague Conference on Private International Law, p. 35(2003).

〔2〕 Paul Lagarde, *Explanatory Report on the* 2000 *Hague Protection of Adults Convention*, Hague Conference on Private International Law, p. 36(2003).

〔3〕 Paul Lagarde, *Explanatory Report on the* 2000 *Hague Protection of Adults Convention*, Hague Conference on Private International Law, p. 36 – 37(2003).

病人采取的强制安排从公约中排除出去。[1] 但是结合公约第3条第5款中列举的措施,[2] 完全排除是十分困难的。正因为如此,这些代表修改了他们的建议以支持排除有关对第三人造成危险的成年人的强制安置措施。[3] 这主要是因为此时采取的强制安置措施为的是公共安全利益,不是为了公约,公约的目的是保护成年人的利益。但是,一精神失常的成年人特别是老年人可能对他或她自身也造成危险,且也需要保护性的拘留,显然这不仅仅是为了公共安全。[4] 最终,这一文本采纳了有限排除的观点,即仅排除"与公共安全有关的措施"。[5] 因此,为成年人特别是老年人自身的利益,而强制采取的安排措施属于公约的范围。

可见,海牙《成年人国际保护公约》在对成年人进行定义时,使用的是"心智丧失或精神衰弱"这一事实描述,从而避免了各国因对"无行为能力"这一法律概念的定义的不同而产生冲突。

同时,海牙《成年人国际保护公约》所适用的措施并不仅限于司法机关采取的措施,还包括行政机关所采取的措施,公约还要求缔约国所采取的保护措施须以尊重成年人特别是老年人的"自我决定权"为原则,以充分尊重被保护人现存的判断能力,给他们一定的决定权。从这一原则出发,一方面,自然人的判断能力随着年龄的增长逐渐减弱,应根据个人现有的判断力承认其自我决定能力的程度;另一方面,还要充分考虑其所具有的判断能力,其判断结果是仍需要尊重的——即使受保护人的判断能力是不完全的情况下。该原则表明,

---

〔1〕 Working Document No. 54, 11 and 13, and the very Close Vote on Working Document No. 13 (Minutes No. 2, No. 103).

〔2〕 海牙《成年人国际保护公约》第3条第5款规定:"将成年人安置于一个已建立的或其他能提供保护的地方。"

〔3〕 Paul Lagarde, *Explanatory Report on the* 2000 *Hague Protection of Adults Convention*, Hague Conference on Private International Law, p. 37 (2003).

〔4〕 Working Document No. 52 and Its Adoption, Minutes No. 8, No. 58.

〔5〕 Working Document No. 86 and Its Adoption, Minutes No. 15, No. 50.

要从被保护人自身能力出发，充分保障他们在社会中正常生活、劳动等方面的权利；它以被保护人的实际状况为依据，以维护人权为宗旨，这是对被保护人的充分尊重和保障最起码权利的体现，对于心智丧失或精神耗弱的成年人回归社会、享受社会生活的快乐将产生重大影响。

二、海牙《成年人国际保护公约》的管辖权行使原则与方法

海牙《成年人国际保护公约》所构建的管辖权制度是折中的产物。在公约的制定过程中，对如何确定成年人特别是老年人问题的管辖权，各方代表的意见不一，争执激烈。这里主要有两种观点：第一种观点认为，保护成年人特别是老年人的权益，准备保护成年人特别是老年人权益的国家应被赋予共同的管辖权，这意味着成年人特别是老年人惯常居所地国主管机关与国籍国主管机关处于同等地位。此外，成年人特别是老年人财产所在地国主管机关应被赋予以采取措施保护相关财产的管辖权。第二种观点认为，应赋予成年人特别是老年人惯常居所地国主管机关以基本管辖权，任何其他主管机关（前惯常居所地国主管机关、成年人特别是老年人国籍国主管机关、财产所在地国主管机关、亲属的惯常居所地国主管机关想获得管辖权都以经常居所地国主管机关的同意为要件，这与海牙《关于父母责任和保护儿童措施的管辖权、法律适用、承认、执行和合作公约》是一样的）。持这种主张的代表还建议给予成年人特别是老年人已明确指定的管辖权以优先权，在没有指定的情况下，优先考虑惯常居所地国主管机关的管辖权或惯常居所地国主管机关授权的管辖权。《成年人国际保护公约》的管辖权制度是海牙国际私法会议特别委员会将这两种观点折中的结果：第一，赋予成年人特别是老年人惯常居所地国主管机关以基本管辖权（公约第5条）；第二，承认管辖权的共同性，赋予成年人特别是老年人国籍国主管机关以共同但补充的管辖权（公约第7条）；第三，规定了需要获得惯常居所地国主管机关同

意的补充管辖权（公约第8条）；第四，赋予成年人特别是老年人财产所在地国采取措施保护相关财产的管辖权（公约第9条）；第五，规定在紧急情况下，成年人特别是老年人所在地国或成年人拥有的财产的所在国主管机关有权享有采取紧急措施的管辖权（公约第10条）。[1]

海牙《成年人国际保护公约》规定，在所有紧急情况下，成年人特别是老年人现所在地或财产所在地的任何缔约国的主管机关都有权采取任何必要的措施保护其领域内的成年人特别是老年人或该成年人特别是老年人的财产，这是管辖权规则的一个例外。但是，紧急情况下的管辖权与成年人特别是老年人惯常居所地国主管机关的管辖权是共同的。因为如果没有此管辖权，那么向成年人特别是老年人惯常居所住地国提出请求的义务可导致延误以致危及所保护的成年人特别是老年人的权益。[2]

可基于紧急情况行使管辖权的国家是成年人特别是老年人现所在国或他（她）的财产所在国。而在成年人特别是老年人为难民或流离失所者，或没有惯常居所时，则不能行使紧急情况下的管辖权。因为对于这些成年人特别是老年人而言，他们没有确定的或可获得的惯常居所，所以，由成年人特别是老年人现所在地的主管机关行使基本管辖权。在紧急情况下，成年人特别是老年人财产所在国主管机关行使管辖权时，并不限于保护成年人特别是老年人的财产。事实上，存在要求成年人特别是老年人财产所在地国或成年人特别是老年人所在地国销售财产以提供给成年人立即需要的资金的紧急情况。[3]

---

〔1〕 Paul Lagarde, *Explanatory Report on the* 2000 *Hague Protection of Adults Convention*, Hague Conference on Private International Law, p. 39(2003).

〔2〕 Working Document No. 18, and the Discussion, Minutes No. 4, p. 66 – 100.

〔3〕 Paul Lagarde, *Explanatory Report on the* 2000 *Hague Protection of Adults Convention*, Hague Conference on Private International Law, p. 40(2003).

紧急情况下的管辖权,虽然与公约下的基本管辖权是共同的,但是他们必须从属于基本管辖权。因此,只要成年人特别是老年人在缔约国内有惯常居所,那么自惯常居所地国主管机关采取措施时起,紧急情况下具有管辖权的国家所采取的措施立即失效。此时,由具有基本管辖权的主管机关控制这一情况,且没有任何理由保留紧急情况下的管辖权,同时,在紧急情况下所采取的措施须获得所有缔约国的承认。

当成年人特别是老年人在缔约国没有惯常居所地时,紧急情况下享有管辖权的主管机关所采取的措施继续有效。如成年人特别是老年人惯常居所地的非缔约国的主管机关已采取了此情况下要求的措施,且另一国承认了此情况,那么没有任何理由保留紧急情况下享有管辖权的主管机关所采取的措施。因拥有基本管辖权的主管机关并非缔约国的主管机关,公约不可能授予其管辖权,它所采取的措施在缔约国并不必然被承认。缔约国仅依有关国内法决定是否承认非缔约国采取的措施,因此停止紧急情况下享有管辖权的主管机关采取的措施所发生的结果在不同的缔约国是不同的。“只要缔约国都承认它们”,也就是说,只要非缔约国采取的措施在每一缔约国都得到承认,那么紧急情况下享有管辖权的主管机关所采取的措施在每一个缔约国失效。[1]

此外,由于公约确定的管辖权原则比较复杂,为了避免管辖权之间发生冲突,公约规定,如果根据公约具有管辖权的一国的主管机关在其程序开始时,另一根据公约具有管辖权的主管机关已经被请求采取措施并正在考虑采取措施,则前一主管机关不应再行使管辖权。[2]

---

〔1〕 Paul Lagarde, *Explanatory Report on the* 2000 *Hague Protection of Adults Convention*, Hague Conference on Private International Law, p. 46 – 49 (2003).

〔2〕 海牙《成年人国际保护公约》第7条第2款和第10条第2款。

三、海牙《成年人国际保护公约》的准据法选择方法

海牙《成年人国际保护公约》规定的准据法选择方法独具特色，采用由行使管辖权缔约国主管机关适用本国法为主的原则，还可适用执行地国法或成年人指定的法律。此外，也可结合最密切联系原则确定准据法。

《成年人国际保护公约》第 13 条规定："为行使公约规定的管辖权，缔约国主管机关应适用本国法。"这是因为，行使管辖权的主管机关对其国内法的规定最为熟悉，同时，该国主管机关决定采取的保护措施大部分将在该国国内实施，以其国内法为准据法显然便于这些措施的具体实施和有效地落实。此外，公约中的主管机关包括行政机关，[1]所指的措施包括行政机关所采取的措施，而行政机关行使其管辖权时，通常不会考虑适用外国法。

为避免法律适用的呆板和僵化，公约引入了最密切联系原则，此项原则强调一切争议由法院依据具体情况或在立法者提供某些标准的指导下作出判断，因而避免了法律选择规则的机械性。[2]

海牙《成年人国际保护公约》第 14 条规定："在一缔约国采取的措施需要在另一缔约国执行时，其执行条件适用执行地国法。"基于对以下两种情况的考虑，公约作出了这一规定：第一种情况是法律的改变，最恰当的例子是在采取保护措施之后到执行该措施之前，成年人特别是老年人的惯常居所地发生改变。此时，执行措施的条件在新惯常居所地国由新惯常居所地国法支配。第二种情况是代理权在另一国而措施由非授予该代理权的国家执行，在这种情况下，行使该代理权的国家的法律是行使代理权的条件。这一点与代理权的行使方式应依代理行为发生地国法进行是不同的。与通过某一保护措施

---

〔1〕 海牙《成年人国际保护公约》第 5 条第 1 款。

〔2〕 Paul Lagarde, *Explanatory Report on the* 2000 *Hague Protection of Adults Convention*, Hague Conference on Private International Law, p. 52(2003).

获得委托相比,成年人委托时行使权利的地方的法律适用的范围被附加了更多的限制。因为可能会出现外国受托人委托为成年人输血或移植器官而触犯当地法的情况,这引起了部分代表的担忧。这一问题需要援引行使权利地的公共秩序条款加以解决。[1]

海牙《成年人国际保护公约》第15条第1款规定:“成年人特别是老年人不能保护其权益而协议委托或通过单方行为而授予的代理权,其存在、范围、变更或终止,适用成年人特别是老年人指定的法律,无此指定时适用成年人特别是老年人惯常居所地国的法律。”成年人特别是老年人指定的法律的适用范围包括“代理权的存在、范围、变更或终止”。海牙《成年人国际保护公约》对成年人特别是老年人授予的代理权的存在、范围、变更、终止并不分别处理,而是由协议时或行为时成年人特别是老年人的惯常居所地国法统一支配。只有在成年人特别是老年人没有选择适用的法律时,才适用惯常居所地国法,这体现了对成年人特别是老年人意思自治的尊重。

不过,海牙《成年人国际保护公约》对该意思自治进行了限制:第一,通过在公约第15条中列举成年人特别是老年人可选择法律来限制这一自由,且该列举是封闭式的,没有留给法院任何评估的空间。以下法律是可选择的:成年人特别是老年人国籍国法、成年人特别是老年人前通常居所地国法和成年人特别是老年人财产所在地国法(仅与财产有关)。[2] 第二,公约规定成年人特别是老年人必须用书面形式选择应适用的法律。这种做法,与1980年6月19日的《国际合同义务法律适用公约》、1955年6月15日的《国际有体动产买卖法律适用公约》、1986年11月22日的《国际货物销售合同法律适用公

---

〔1〕 海牙《成年人国际保护公约》第38条第1款规定:“已采取保护措施或已确认代理权的缔约当局,应请求,可将指明该人被授权行动和被授予代理权的证书移交给一委托保护成年人的人身和财产的人。”

〔2〕 Working Document No. 28, Adopted on this Point by 20 Votes to 1 with 2 Abstentions, Minutes No. 6, p. 36.

约》和1978年3月14日的海牙《代理法律适用公约》不同，这些公约虽然使用不同的词，但是原则上都允许一定程度上的默示。而海牙《成年人国际保护公约》显然禁止默示的选择，主要是为了避免适用于权利的法律的任何不确定性。此外，公约允许成年人特别是老年人选择不同的法律来适用于代理权的不同问题和方面，特别委员会明确接受分割方法，显然这在成年人特别是老年人在不同的国家拥有财产时是合理的。公约赋予成年人特别是老年人选择适用于无行为能力时的委托的法律的权利，在落实上存在一些困难，因为许多法律并不承认这类委托，或禁止这类委托。[1] 为解决这一问题，北欧国家代表建议，只有在成年人特别是老年人惯常居所地国承认无行为能力的情况下的委托时，才适用成年人特别是老年人选择的法律，特别委员会否决了该建议。[2] 因为该建议已过多地限制了成年人特别是老年人的意思自治，且成年人特别是老年人惯常居所地国阻止其他国家（如财产所在地国）成年人特别是老年人行使因无法妥善保护其利益而协议委托或通过单方行为授予的代理权。在特别委员会上，代表们也讨论了成年人特别是老年人选择的法律（该法律不是成年人特别是老年人惯常居所地国法）不承认（或禁止）无行为能力时的委托的情况，但是没有得出任何结论。[3]

海牙国际私法会议《成年人国际保护公约》第16条规定，依公约享有管辖权的主管机关在以下条件下应撤销或变更此项代理权：行使成年人特别是老年人在不能保护其利益而协议委托或通过单方行为而授予的代理权，而不足以保护成年人特别是老年人的人身或财

---

〔1〕 这类委托在南美十分普遍，但在多数欧洲国家几乎没有。参见 Elvira Pulitano, *Indigenous Rights in the Age of the UN Declaration*, Cambridge University Press, 2012, p. 67。

〔2〕 Working Document No. 25, Rejected by 13 Votes to 5 with 4 Abstentions, Minutes No. 6, p. 54.

〔3〕 Paul Lagarde, *Explanatory Report on the* 2000 *Hague Protection of Adults Convention*, Hague Conference on Private International Law, p. 55 – 57(2003).

产时。在代理权的撤销或变更时,成年人特别是老年人指定的法律要尽可能优先适用。[1]

还需要说明的是,反致制度没有被承认,在这方面《成年人国际保护公约》承袭了海牙国际私法会议的一贯传统。该公约第19条规定:"本章所指法律仅指现行有效的实体法而非法律选择规范。"不仅如此,为了在实践中维护各主权国家的法律原则和重大的利益,[2]该公约还与其他海牙冲突法公约一样规定了公共政策例外条款,[3]即允许各缔约国在认为遵守条约中的规定适用某一外国的法律的结果会与自己的公共政策发生抵触时,可以援用这一保留条款来排除条约的适用。

四、海牙《成年人国际保护公约》的国际合作机制

海牙国际私法会议的实践表明,国家间的合作是实施公约的关键。1961年海牙《保护未成年人的管辖权和法律适用公约》中已有一些关于缔约国之间合作的零散规定,这些规定在理论上是很有探索意义的,但在实效方面却没有达到预期,究其原因,公约主管机关的权责方面存在问题。它由各缔约国自行设立,主要负责履行向其他缔约国通知或接受信息资料的义务,也存在与缔约国主管机关的履行协商职责的情况。自1961年公约订立以来,海牙国际私法会议致力于使各缔约国之间的合作不断朝着便捷与高效的方向发展。1965年海牙国际私法会议通过的《关于向国外送达民事或商事司法文书和司法外文书的公约》首创以特定的中央机关作为沟通各国主管机关之间合作的途径。该公约第2条规定:"每个缔约国应指定一

---

〔1〕与《关于父母责任和保护措施的管辖权、法律适用、承认、执行和合作公约》第18条类似,该条规定父母责任可因根据公约所采取的措施而终止或改变其履行的条件。

〔2〕李双元:《走向21世纪的国际私法》,法律出版社1999年版,第108页。

〔3〕杜涛、陈力:《国际私法》,复旦大学出版社2004年版,第247页。

个中央机关负责依照第3条至第6条规定,接受来自另一缔约国送达或通知的请求,并负责送交。”这条新的合作途径,为各国主管机关之间的合作提供了极大的便利,此后的一些公约参考并发展了这条新途径。在1980年海牙《国际诱拐儿童民事方面的公约》规定每一缔约国都必须设立一个“中央机关”,这意味着各缔约国中央机关之间积极合作的责任已有进一步的扩展。显然,司法与行政合作制度是新近海牙国际私法公约最重要的特征之一。[1]

正是由于海牙国际私法会议在实施公约方面所倡导的国际合作取得了良好效果,加之以往的海牙公约所提供的成功经验和范本,2000年海牙国际私法会议的《成年人国际保护公约》在第28条至第37条中确定了有效的国际合作机制。《成年人国际保护公约》在序言中特别强调:“国际合作对保护成年人的重要性是显而易见的”,因此,公约的第5章中设专章规定了缔约国之间的合作,以使公约关于合作的规定更为系统和更具可操作性。海牙《成年人国际保护公约》采用了与1980年《国际诱拐儿童民事方面的公约》的规定十分相似的中央机关合作模式。该模式保证了缔约国之间合作的法律基础的稳定性,旨在令成年人特别是老年人权益得到最大化的保护。缔约国之间的合作、中央机关之间的合作、主管机关之间的合作以及中央机关与主管机关的合作都在公约的框架之内。主管机关的合作包括:在相互转移管辖权方面交换意见;相互对实施对成年人特别是老年人的保护措施方面提供协助作出保证;当作出将成年人特别是老年人安置于已建立的或其他能提供保护的地方的决定应在另一缔约国实施时,应与该另一缔约国主管机关协商;请求另一缔约国持有与保护成年人特别是老年人有关的信息的机关提供这些信息等。海牙《成年人国际保护公约》还规定,指定中

---

〔1〕 Paul Lagarde, *Explanatory Report on the* 2000 *Hague Protection of Adults Convention*, Hague Conference on Private International Law, p. 38(2003).

央机关履行公约规定由它履行的责任是缔约国应积极履行的,为此,从中央机关以及主管机关两个层面,各国都应加强合作,各缔约国还应就与保护成年人特别是老年人有关的信息与资料的共享与传递达成更深层的合作。具体而言,上述主管机关之间的合作也可通过中央机关进行。另外,中央机关为了便利达成对公约适用情况下的成年人特别是老年人的保护措施,可以灵活采用协调、调解等方式。

不同于以往国际合作采取的行政的或司法的单一进路,海牙《成年人国际保护公约》中所设立的司法与行政合作机制,成为当代国际合作的一个新潮流。作为司法与行政合作机制的组织者和管理者,在国际合作中的重要性是显而易见的。海牙国际私法会议一直为追求司法与行政合作效果最大化而不断努力,从中央机关工作人员的培训、地区性司法会议的召集到公约的研究与宣传等问题上,海牙常设事务局始终给予极大支持和投入。从性质来看,该机制是司法程序与行政程序的统一。在整个机制的运作过程中,行政程序与司法程序得以在各司其职的前提下,以推进公约为宗旨,协力展开工作。公约指定的中央机关的职能主要属于行政性的,与此同时,从信息交流、行政措施的安排到法律援助的指导这些无一不是交错在法院司法程序进程之中的行动。为了实现对成年人特别是老年人权益最大程度保护的目标,[1]中央机关的行政程序与法院的司法程序两者致力于达到工作的协调性。

总之,海牙国际私法会议制定的《成年人国际保护公约》内容非常充实,涉及面相当广泛,规定较为具体细致。[2] 海牙《成年人国际保护公约》的各章内容安排既紧凑又明了:第 1 章共 4 条(第 1 条至第 4 条)规定了公约的适用范围,第 2 章共 8 条(第 5 条至第 12 条)

---

〔1〕 Paul Lagarde, *Explanatory Report on the* 2000 *Hague Protection of Adults Convention*, Hague Conference on Private International Law, p. 66 – 69(2003).

〔2〕 Fred C. Pampel, *Rights of the Elderly*, Facts on File, 2008, p. 35 – 41.

规定了管辖权问题，第3章共9条（第13条至第21条）规定了法律适用规则和方法，第4章共6条（第22条至第27条）规定了承认与执行问题，第5章共10条（第28条至第37条）规定了国际合作问题，第6章共15条（第38条至第52条）规定了缔约方主管机关和中央机关的职责、资料收集与交换、区域适用等问题，第7章共7条（第53条至第59条）规定了公约生效实施等问题。尽管海牙国际私法会议1999年推出的《成年人国际保护公约》一直到第二年才有成员国签署，而正式生效则差不多等了10年，直到2009年才正式生效，目前也只在13个成员国生效实施，但是，该公约的国际影响和作用却是不可忽视的。虽然海牙《成年人国际保护公约》并不是专门针对老年人制定的，但它却将老年人作为主要适用对象。可以说，《成年人国际保护公约》为老年人权益保护提供了统一的全球性规则，也为老年人权益国际法律保护统一化运动的发展树立了标杆。

第四章 联合国统一老年人权益国际法律保护规则的展望

第一节 联合国《老年人权利国际公约》起草的背景

一、联合国制定《老年人权利国际公约》的动议与原因

（一）老年人面临特殊和紧迫的人权挑战

人口老龄化过程中老年人在整个人口中的比例不断增加，是20世纪后期最为突出的人口变化之一，也是21世纪最重大的人口转型，而且这一比例是逐步上升的。在20世纪50年代，60岁或以上的人口只占世界人口比例的8%。到2009年，这一比例已上升至11%，预计2050年将达到22%。在全球范围内，60岁或以上的人口预计将增加两倍左右，从2009年的7.43亿增加至2050年的20亿。到那时，老年人人数将超过15岁以下儿童人数，较发达地区的老年人比例有可能达到33%，欠发达国家地区人口老龄化进程稍慢，但仍可达到20%。[1] 可见，老年人作为一个群体，无论是在发达国家还是发展中国家或地区，在社会中都是迅速增长的一个阶层。然而，遗憾的是，老年人的人权状况长久以来并没有得到足够的重视。越来越多的研究表明，如同种族歧视和性别歧视，老年人遭受社会排斥、歧视和边缘化已经成了一个跨国界、跨文化和跨越现代化和工业化的全

---

〔1〕 联合国经济及社会理事会人口与发展委员会第四十二届会议秘书长报告：《世界人口趋势》，E/CN. 9/2009/6，15 January 2009，p. 17。

球性问题。海法大学(University of Haifa)老年学系主任伊斯雷尔·多罗(Israel Doro)先生在联合国大会老龄问题不限成员名额工作组第四届工作会议中也明确指出:因为人们年纪大而对其抱有成见并进行系统歧视的行为与种族主义和性别主义同样普遍。老年人面临特殊和紧迫的人权挑战主要表现在以下几个方面:

1. 老年歧视

目前,国际社会已经充分地意识到,对年长者的歧视和侮辱在世界各地持续并普遍存在。[1] 老年歧视体现为对老年人的成见和看法,这种仅仅由于人们达到一定的年龄点、被认为"年老"而受到的系统性成见和歧视,被称作"年龄歧视"(ageism)。

年龄歧视表现形式多种多样,有时表现为对老年人进行经常性的丑化以及在社会生活中对老年人的负面态度,如澳大利亚一项调查表明,对老年人的偏见包括:认为他们是铁板一块,无法学习或改变、不健康、孤独,是社会的经济负担。甚至媒体在重复这些成见方面发挥了重要作用;[2] 有时表现在一个国家或地区的法律和政策中,如在招聘及用工政策方面,或法律在对公民行为能力的规定方面。这种歧视在招聘或用工政策中普遍存在,老年人向一些国家人权机构提出的一个普遍性的投诉是,他们由于年龄的原因,被婉拒就业、面试或找工作的机会。[3] 这种歧视产生的原因是多方面的。普遍认为,由于年龄的增加,老年人智力水平、认知能力、身体机能下降,有的失去了独立生活能力,不能够应付日常生活。因此,在社会生活中,老年人被认为是和非老年人格格不入的群体,与这个社会隔

---

[1] 联合国经济及社会理事会 2012 年实质性会议:《联合国人权事务高级专员的报告》,E/2012/51,20 April 2012,p. 7;联合国大会第六十六届会议:《第二次老龄问题世界大会的后续行动秘书长报告》,A/66/173,22 July 2011,p. 5。

[2] 联合国大会人权理事会第二十四届会议:《增进和保护老年人人权问题磋商会纪要报告》,A/HRC/24/25,1 July 2013,p. 8。

[3] 联合国大会第六十六届会议:《第二次老龄问题世界大会的后续行动秘书长报告》,A/66/173,22 July 2011,p. 5。

绝并且与年轻人存在代沟,同时也是需要照顾的、依赖性强的群体;从经济上,老年人被认为是社会的负担,是消耗资源的群体,不具有生产力并且对社会不会有所贡献,因此无关紧要。这些基于年龄判断个体的能力和对社会的贡献的看法是老年歧视产生的最根本的原因,也加剧了老年人的脆弱性,使老年人难以实现其应得的权利。[1]

年龄歧视通常是老年人被孤立和排斥的根源,严重妨碍了老年人充分发挥潜力,也造成其他一系列的权利受到侵犯。如在养恤金方面,老年妇女可能由于多年无薪照顾家庭而没有权利得到养老金,老年男子则可能在丧偶后无权使用配偶的养恤金;在保健领域方面,老年人或是被拒绝医疗服务,或是由于年龄而受到低水平或是不充分的医疗服务;在工作场所,老年人可能被拒绝升级机会,难以保住工作,或仅仅由于年龄而不能在雇用流程中得到平等机会;等等。[2]

2. 贫穷与生活条件的不足

相对于其他群体而言,老年人群是一个比较贫困且容易发生贫困的群体。根据经济合作与发展组织(Organization for Economic Cooperation and Development,OECD)的评估,税后净收入加福利所得如果低于全国平均收入的一半,即可归入贫困人群。2008 年,在 OECD 调查的 20 个国家中,65 岁以上的老年人中,贫困率为 13.3%,而其他群体的贫困率为 10.6%。其中,老年人贫困率超过 20% 的国家有日本、希腊、美国、澳大利亚、墨西哥、爱尔兰和韩国。在澳大利亚、希腊和爱尔兰,老年人贫困率比平均人口超出 10% 之多,韩国更是超出 30%。[3] 比较而言,在大多数国家中,老年妇女面临更高的

---

〔1〕 Marthe Fredvang & Simon Biggs, *The Rights of Older Persons – protection and Gaps Under Human Rights Law*, 16 Brotherhood of St Laurence 6 (2012).

〔2〕 联合国大会第六十四届会议:《第二次老龄问题世界大会的后续行动秘书长的报告》,A/64/127,6 July,2009,p. 8。

〔3〕 Organization for Economic Cooperation and Development, *Income Distribution: Poverty*, OECD social Expenditure Statistics(database), OECD, Pensions at a Glance 2011: Retirement – income Systems in OECD and G20 Countries.

贫困风险。OECD 成员国中,平均有 15% 的老年妇女生活在贫困线下,而老年男子为 11% 。由于妇女的平均寿命普遍高于男子,在 75 岁以上的老年人当中,贫困问题上的性别差异比 75 岁以下的老年人更为明显,主要是因为随着年纪的增长,孀居的老年妇女更为普遍,许多孀居的老年妇女只能依靠其丈夫留下的有限的养老金度日,加剧了老年妇女的贫困。[1]

在发展中国家,根据各个国家提交的数据和区域间的比较,2000 年左右撒哈拉以南的 15 个低收入非洲国家中,有 11 个国家有老人的家庭贫困率高于平均水平。[2] 在拉美和加勒比地区,2001 年至 2005 年,在 18 个国家中,有 14 个国家 65 岁以上的老年人的贫困率高于 65 岁以下人口的贫困率。[3] 亚洲地区,中国和泰国老年人的贫困程度高于平均水平,特别是中国,老年妇女的贫困程度明显高于老年男子,随着年龄的增长,这种贫困差距越来越大,并且农村老人的贫困率比城市老人更高。[4]

导致老年人易于贫困的原因有很多。有自身衰老的原因,严重影响工作和生产资源的获得,从而减少了老年人找新工作或继续从事生产活动的机会,使他们难以实现工作权,往往陷入贫困,包括赤贫状况;也有社会制度方面的因素导致老年人收入减少或没有收入,

---

〔1〕 *Growing Unequal? Income Distribution and Poverty in OECD Countries*, International Poverty Centre Working Paper No. 8, International Poverty Centre, http://www. ipc – undp. org/pub/IPCWorkingPaper8. pdf,最后访问日期:2015 年 6 月 2 日。

〔2〕 Kakwani & Subbarao, *Ageing and Poverty in Africa and the Role of Social Pensions*, International Poverty Centre Working Paper No. 8, http://www. ipc – undp. org/pub/IPCWorkingPaper8. pdf, p. 10,最后访问日期:2015 年 6 月 2 日。

〔3〕 Holzmann, Robalino, Takayama, *Closing the Coverage Gap: The Role of Social Pensions and Other Retirement Income Transfers*, World Bank Publicaions, 2009, p. 44.

〔4〕 乔晓春、张恺悌、孙陆军:《中国老年贫困人口特征分析》,载《人口学刊》2006 年第 4 期。

如许多国家规定强制退休年龄，而没有考虑到老年人的实际能力，使那些尚具备较强工作能力的老年人因为年龄的原因不得不停止工作而靠领取退休金过日子。社会保障体系的覆盖程度也影响了老年人的经济状况；另外，社会观念对老年人的歧视，特别是对老年妇女的歧视对待也加速了老年人的贫困化。由于贫困，老年生活失去保障，其面临最迫切的一项挑战是生活条件的不足，包括无家可归、营养不良、长期患病却无人照料、不能享用安全的饮用水和卫生条件、医药费无法承受和收入不稳定，这是大批老年人每天面临的一些最为严重的人权问题，导致老年人的生活水平低于其他人群。[1]

3. 暴力和虐待

自 20 世纪 80 年代初以来，对老年人的暴力和虐待问题已引起公众注意，如同其他形式的家庭或人际暴力一样，对老年人的暴力和虐待行为被公认为是一种跨文化和社会经济制度的普遍行为。但一直以来，对于什么才算构成对老年人的暴力行为或虐待行为，没有一个精准的标准和定义，这也反映出了对老年人的暴力和虐待行为的特征及其所造成的伤害程度的认定方面，国际社会缺乏一致的立场。目前，世界卫生组织的定义为许多国家认可，即"在本应充满信任的任何关系中发生的一次或多次致使老年人受到伤害或处境困难的行为，或以不采取适当行动的方式致使老年人受到伤害或处境困难的行为"。[2]

根据 2011 年联合国大会第六十六届会议秘书长的相关报告，暴力和虐待老年人的行为有多种形式，包括被迫监护以及在护理中心、医院或家庭发生的身体和性暴力行为。此外还存在与传统观念有关的具体威胁，包括由于巫术指控而实施的暴力行为，对特别脆弱的老

---

〔1〕 United Nations, *Current Status of the Social Situation, Well - Being, Participation in Development and Rights of Older Persons Worldwide*, Department of Economic and Social Affairs, p. 62(2011).

〔2〕 WHO World Report on Violence and Health, 2002, 126.

年人，如移民、残疾老年人、身处冲突局势下的老年人和生活在贫困状态的老年人，尤其是无家可归者实施的暴力行为。[1]

对老年人的暴力和虐待行为同时存在于发达国家和发展中国家。在美国，曾经对老年护理机构的护理人员做过调查，有10%的护士和护理助理承认，自己对老年人至少有过一次身体上的虐待，并且81%的人承认至少有过一次精神上的虐待。在德国一次同样的调查显示，79%的护理人员承认两个月对所属机构的老人至少有过一次虐待或疏忽行为，66%的员工声称曾目睹其他护理人员有类似行为，并且对老年人的忽视和心理虐待是常态。在新西兰比例更高，达到92%，但63%的情况来自家庭成员的行为。[2] 国际助老会于2014年6月15日联合国"认识虐待老年人问题世界日"公布的一项历时7年、覆盖15个国家的18项调查研究表明，11%～83%的老年人遭遇过各种类型的虐待而得不到救助。[3]

对老年人实施暴力和虐待可能造成严重后果，影响老年人的精神健康，可能导致抑郁、恐惧、焦虑反应和创伤后应激障碍，肢体暴力还会导致老年人提前死亡。联合国经社理事会健康权问题特别报告员在报告中强调机构照料可能对老年人尊严和自主性造成的负面影响，对未公开的照料机构中对老年人的暴力事件发生率表示关切。虐待老人是一个全球性的社会问题，影响着世界各地数以百万计的老年人的健康与人权，越来越引起了国际社会的关注。2011年12月19日，联合国大会通过第66/127号决议，指定6月15日为"认识虐待老年人问题世界日"。这一天，全世界发出呐喊，反对针对我们老

---

[1] 联合国大会第六十六届会议：《第二次老龄问题世界大会的后续行动秘书长报告》，A/66/173，22 July 2011，p. 6。

[2] United Nations, *Current Status of the Social Situation, Well – Being, Participation in Development and Rights of Older Persons Worldwide*, Department of Economic and Social Affairs, p. 49 (2011).

[3] http://www.helpage.org/get – involved/sign – the – ada – petition/，最后访问日期：2022年6月9日。

一辈人的虐待和对其造成的伤害。

4. 缺乏针对老年人的特定措施和服务

衰老可能意味着更加依赖他人，可能需要特定的针对老年人的服务方式。而普遍存在的老年歧视使他们被社会当作无用之人，之前几十年的独立工作、经济价值都被忽略了，仅仅因为行动不便、不能表达完整或反应慢就把他们当成社会的负担，致使对老年人的照料显示出了大量的人权问题。联合国相关报告指出，在养老机构照料和家庭照料中，老年人在实现其自由和人身安全权、隐私权、行动自由权、言论自由权、免遭酷刑或其他残忍、不人道或有辱人格的待遇的权利、人格完整权、适足生活水准权和可达到的最高水准的身心健康权方面面临的挑战很常见，但是没有得到适当的应对。数据显示，照料机构不足，缺乏适当的监督程序和训练有素的工作人员，包括社工、护士、老年病学家和医疗工作者，而且服务条件欠佳。[1]

（二）联合国现有权利保护机制与老年人权利保护

1. 联合国核心人权条约与老年人权利保护

国际人权运动在1948年12月10日联合国大会通过了《世界人权宣言》后即翻开了新的篇章。自此，联合国框架下一系列国际人权条约和其他文书相继被通过，目前已形成了九大核心条约，关于老年人权利保护的规定，明确或隐含在以下条约中。

（1）《世界人权宣言》

《世界人权宣言》（以下简称《宣言》）是一部综合性文件，不仅涉及公民权利和政治权利，还涉及经济、社会和文化权利。虽然宣言是由联合国大会以一项无约束力决议的形式通过的，并不是一个条约，但"自其通过以来的这些年，《宣言》通过其在各种语境中的影响，已

---

〔1〕 联合国经济及社会理事会2012年实质性会议：《联合国人权事务高级专员的报告》，E/2012/51，20 April 2012，p. 8。

对国际法的形式和内容产生了显著的影响……”〔1〕如今，鲜有国际事务律师会否认《宣言》是一份设立或者至少反映联合国会员国所应承担的某些法律义务的规范性文书。〔2〕《宣言》第2条明确了所载一切自由和权利的主体范围，〔3〕但该条没有明确指出老年人，而以“其他”的表述方式对未明确指出的主体加以概括，老年人也应在此之列。《宣言》明确提出了由于衰老而应享受的保障体现在第25条第1款规定中。〔4〕这几个条款首次在国际人权文书中针对老年人权利保障作出规定，但仅仅只是间接地作出一般性的规定，而且只限于“必要的社会服务”和“社会保障”。并且，第25条中将老年人与“失业、疾病、残废、守寡”归于“失能”类别，看成一种风险和负担，体现了缺乏对老年人特殊性的认知和对权利的漠视。

(2)联合国人权两公约

被称为联合国人权两公约的《经济、社会及文化权利国际公约》(1966年)和《公民权利和政治权利国际公约》(1966年)是《国际人权法案》的一部分，提供文化权、经济权、社会权、公民权及政治权等基本人权的保护，适用于所有的人，对于老年人权利保护，同样只是间接涉及。

在《经济、社会及文化权利国际公约》中涉及老年人面临挑战的几个具体权利，分别是：工作权(第6条和第7条)、享受社会保障的

---

〔1〕 United Nations, 1971 *Survey of International Law*, Report of the Secretary - General, UN. Doc. A/CN. 4/245: 196。转引自[美]凯利·D. 阿斯金等：《妇女与国际人权法》(第一卷)，黄列、朱晓青译，生活·读书·新知三联书店2007年版，第21页。

〔2〕 [美]托马斯·伯根索尔等：《国际人权法精要》，黎作恒译，法律出版社2010年版，第28页。

〔3〕 即“人人有资格享有本宣言所载的一切权利和自由，不分种族、肤色、性别、语言、宗教、政治或其他见解、国籍或社会出身、财产、出生或其他身份等任何区别”。

〔4〕 即“人人有权享受为维持他本人和家属的健康和福利所需的生活水准，包括食物、衣着、住房、医疗和必要的社会服务；在遭到失业、疾病、残废、守寡、衰老或在其他不能控制的情况下丧失谋生能力时，有权享受保障”。

权利（第9条）、享有适当生活水平包括食物、衣着和住房的权利（第11条）、享有能达到的最高标准身心健康的权利（第12条）、受教育的权利（第13条）。

《公民权利和政治权利国际公约》中，也没有特别提及针对老年人政治权利保护的规定。第18条、第19条、第22条中分别规定的国家保护公民言论、集会、结社自由的条款，第25条规定每个公民平等参与国家事务的权利，第26条规定平等和非歧视原则。[1] 这些条款中同样没有特别提及"年龄"，但普遍认为，基于年龄的区分，应归入第26条所指"其他身份"类适用于老年人。

（3）《消除对妇女一切形式歧视公约》

《消除对妇女一切形式歧视公约》（1979年）是联合国人权条约中第一个明确提出禁止年龄歧视的公约，其第11条保证男女平等的基础上享有的权利中提到在年老情况下在第5款中规定享有"社会保障权"及"带薪度假的权利"。在《保护所有移徙工人及其家庭成员权利国际公约》（联合国大会1990年12月18日第45/158号决议）中，禁止年龄歧视的范围被扩大，第7条所列举的禁止歧视的理由中，将"年龄"包含其中。

（4）《残疾人权利公约》

《残疾人权利公约》（2007年）是对老年人权利保护规定较为全面的公约，虽然公约并不同意将老年人归入"失能"或"残疾"群体，但里面许多条款都适用老年人权利保护，一部分条款明确提到与"年龄"相关的权利，另一部分条款隐含老年人的权利保护。明确针对老年人的条款有：第8条第1款第2项提到关于反对基于年龄的歧视；关于健康的第25条第2款和关于适当生活水平和社会保护的第28

---

[1] 即"所有的人在法律前平等，并有权受法律的平等保护，无所歧视。在这方面，法律应禁止任何歧视并保证所有的人得到平等的和有效的保护，以免受基于种族、肤色、性别、语言、宗教、政治或其他见解、国籍或社会出身、财产，出生或其他身份等任何理由的歧视"。

条第2款第2项也提到"老年人"。此外,第13条提到适合年龄的司法救助;第16条有两款提到考虑年龄的保护措施。隐含老年人权利保护的条款包括:第9条,关于无障碍环境;第12条,关于在法律面前获得平等承认,包括采取适当措施支持他们享受和行使其法律权利;第19条,关于独立生活和融入社区,包括基于平等原则选择居所,并获得各种居家、住所和其他社区支助服务;第20条,关于个人行动能力,包括获得助行器具、用品、帮助起居的技术和专门工作人员的协助;第26条,关于保健和康复,以保持最大限度的自立。

(5)《保护所有移徙工人及其家庭成员权利国际公约》

该公约在第1条第1款及第7条提到本公约所有的规定,"适用于所有移徙工人及其家庭成员",不分年龄。虽然没有专门针对老年人的权利保护规定,但间接提及了不分年龄的平等待遇。

2. 联合国人权条约机构与老年人权利保护

人权条约机构是监督核心国际人权条约落实情况的独立专家委员会,其职能包括审议缔约国的定期报告、审议个人投诉、开展国家调查、通过解读条约规定的一般性意见并组织与条约相关的专题讨论。其中,一般性意见指委员会发布其对人权规定内容的解读,即对专题或工作方法的一般意见。这些意见涵盖广泛的主题,如对实质性规定(如生命权或充足食物权)的全面解读和有关应在国家报告中提交的条约特定条款相关信息的一般性指导等。[1]

老年人权利保护规范在联合国核心人权公约中的缺失也被相关的人权条约机构注意到,并体现在其一般性意见当中。

(1)经济、社会和文化权利委员会《有关老年人经济、社会和文化权利的第6号一般性意见》[2]

---

〔1〕 参见 http://www.ohchr.org/CH/HRBodies/Pages/WhatTBDo.aspx,最后访问日期:2022年6月9日。

〔2〕 参见联合国经济、社会、文化权利委员会第十二届和第十三届会议:《会议报告》,E/1996/22,28 February 1996,附件四。

该意见承认,《经济、社会及文化权利国际公约》(以下简称《公约》)并没有明确提及老龄人的权利,但第9条[1]的规定却含有对享有老龄福利权利的承认。然而,鉴于《公约》各条款充分适用于社会的所有成员,显然老年人也有权充分享有《公约》承认的一系列权利。[2] 对该公约中"年龄歧视"的问题的缺失,意见指出,禁止基于"其他状况"的歧视,可被理解为适用于年龄问题。[3] 并提出,《公约》各缔约国有义务特别注意促进和保护老龄人的经济、社会和文化权利。[4] 针对《公约》中具体的规定,如第3条男女权利平等、第6条至第8条与工作有关的权利、第9条享有社会保障的权利、第10条保护家庭、第11条适当的生活水准、第12条享有身心健康权利、第13条至第15条享有教育和文化的权利,等等,建议成员国考虑到老年人的特殊需求,一方面通过立法的方式规范老年人的权利保护,另一方面必须废除任何歧视性的立法或政策。另外,还须在财政上提供保障,确保与老年人需求有关的预算支助或适当时请求国际合作。

(2)经济、社会和文化权利委员会《有关可达到的最高标准的健康权利的第14号一般性意见》[5]

该意见特别提到了老年人"最高标准健康权"的保护。其指出缔约国管辖范围内的卫生设施、商品和服务必须面向所有人,[6]明确

[1] 即"本盟约缔约各国承认人人有权享受社会保障,包括社会保险"。

[2] 联合国经济、社会、文化权利委员会第十二届和第十三届会议:《联合国经济、社会、文化权利委员会第6号一般意见》,E/1996/22,28 February 1996 ,para10。

[3] 联合国经济、社会、文化权利委员会第十二届和第十三届会议:《联合国经济、社会、文化权利委员会第6号一般意见》,E/1996/22,28 February 1996 ,para12。

[4] 联合国经济、社会、文化权利委员会第十二届和第十三届会议:《联合国经济、社会、文化权利委员会第6号一般意见》,E/1996/22,28 February 1996 ,para13。

[5] 联合国经济、社会、文化权利委员会第二十二届会议:《有关可达到的最高标准的健康权利的第14号一般意见》,E/C. 12/2000/4, 11 August 2000。

[6] 联合国经济、社会、文化权利委员会第二十二届会议:《有关可达到的最高标准的健康权利的第14号一般意见》,E/C. 12/2000/4, 11 August 2000,para 12(b)。

“所有人”的范围包括“老年人”。第12条“具有广泛适用性的特别专题”中,将“老年人”作为一个专题,在第25段明确指出“在实现老年人的健康权方面……基本措施包括对男女老年人定期身体检查、身体和精神康复措施、保持老年人的活动能力和自主、治疗和照看患慢性病和不治之症的人、帮助他们免除可以避免的痛苦、使他们能够体面地去世”。

(3)经济、社会和文化权利委员会《有关工作权利的第18号一般性意见》[1]

该意见以委员会多年来审议缔约国报告取得的经验为基础,阐述了第6条中的规范性内容、缔约国的义务、违反和在国家一级的执行,还论及了缔约国以外其他角色的义务。在“具体专题”中,明确提到“老年人与工作权”,指出“尤其是需要采取措施防止以年龄为理由在就业和职业方面实行歧视”。[2]

(4)经济、社会和文化权利委员会《有关社会保障权的第19号一般性意见》[3]

该意见在12段(c)款中明确社会保障制度应该包括的九种主要的社会保障中,老年人的社会保障是其中一种,对缔约国施加的权利保护义务是,“缔约国应当确定适合于本国情况的退休年龄,其中,除其他外,应当考虑到职业的性质、特别是危险职业以及老年人的工作能力。有些老人虽然已经到了国家法律所规定的退休年龄,但是仍然没有达到缴费年限,或者没有资格领取其他的基于保险的养老金、社会保障福利或资助,而且没有任何其他收入来源。针对这种情况,

---

〔1〕 联合国经济、社会、文化权利委员会第三十五届会议:《有关工作权利的第18号一般性意见》,E/C.12/GC/18,6 February 2006。

〔2〕 联合国经济、社会、文化权利委员会第三十五届会议:《有关工作权利的第18号一般性意见》,E/C.12/GC/18,6 February 2006,para 16。

〔3〕 联合国经济、社会、文化权利委员会第三十九届会议:《有关社会保障权的第19号一般性意见》,E/C.12/GC/19,4 February 2008。

缔约国应该尽最大的努力,向这些老人提供非缴费性的老年福利金、社会服务以及其他援助”。在随后对相关权利保障措施的指导中,还多次提到关注老年人的特殊性。

(5)经济、社会和文化权利委员会《有关经济、社会与文化权利方面的非歧视问题的第20号一般性意见》[1]

20号一般性意见在于阐释委员会对《公约》第2条第2款的理解,包括缔约国义务的范围、禁止的歧视理由和国家的落实。在第29段中,对《公约》规定的“其他身份”的解释中,明确包括“老年人”,即“在几种情况下,年龄也属于禁止的歧视理由。委员会曾强调,有必要解决在提供就业、职业培训或再培训方面对年龄较大失业者的歧视,以及贫困老年人因居住地点而不平等享受普遍性老年养恤金的问题”。

(6)经济、社会和文化权利委员会《有关人人有权参与文化生活的第21号一般性意见》[2]

委员会讨论了第15条第1款(甲)项“人人都有参加文化生活的权利”。在论及“参加文化生活权利的各个要素”时,特别指出,“可获得性包括……在这方面,至关重要的是,必须提供和便利老年人和残疾人以及生活贫困的人的机会”。[3] 在“需要特别保护的个人和社群”部分,“委员会认为,公约缔约国有义务特别注意增进和保护老年人的文化权利”。[4] “因此,委员会促请各缔约国考虑到联合国老年人

[1] 联合国经济、社会、文化权利委员会第四十二届会议:《有关经济、社会、文化权利方面的非歧视问题的第20号一般性意见》,E/C.12/GC/20,2 July 2009。

[2] 联合国经济、社会、文化权利委员会第四十三届会议:《有关人人有权参与文化生活的第21号一般性意见》,E/C.12/GC/21,21 December 2009。

[3] 联合国经济、社会、文化权利委员会第四十三届会议:《有关人人有权参与文化生活的第21号一般性意见》,E/C.12/GC/21,21 December 2009,para 16(b)。

[4] 联合国经济、社会、文化权利委员会第四十三届会议:《有关人人有权参与文化生活的第21号一般性意见》,E/C.12/GC/21,21 December 2009,para 28。

原则中所载的建议，尤其是第七项建议、[1]第十六项建议。”[2]

(7)消除对妇女歧视委员会《有关老年妇女及保护其人权的第27号一般性建议》[3]

该建议对《消除对妇女一切形式歧视公约》中的相关条款与老龄化问题之间的关系进行了探讨，指出了妇女随着变老而面临的多种形式的歧视，简要说明了缔约国对于有尊严的老龄化和老年妇女的权利所应承担的义务的内容，并包括了一些政策建议，以便将对老年妇女的关切的应对措施纳入国家战略、发展举措和积极行动的主流，从而使老年妇女得以不受歧视地、与男子平等地充分参与社会。

建议还指导各缔约国将老年妇女的处境问题纳入其关于公约执行情况的报告之中。其指出，只有充分尊重和保护老年妇女的尊严及其完整性和自我决定的权利，才能实现消除对老年妇女的一切形式的歧视。[4]

(三)联合国老龄问题国际政策文件

1982年的《老龄问题维也纳国际行动计划》，是联合国有关老龄问题第一个国际性文件，从此以后，老年人状况开始引起国际社会重点关注。该行动计划集中在家庭、社会福利、健康及收入保障等方面，提出了一些概括性的原则和建议，重申《世界人权宣言》的基本权利应充分地、不折不扣地适用于老年人。

1991年12月16日，联合国大会通过《联合国老年人原则》(第46/91号决议)，虽然是一项大会决议，但这项文书依然没有法律约束力。《联合国老年人原则》中对“独立原则、参与原则、照顾原则、

---

[1] 即“老年人应继续融合于社会，积极参与制定和执行直接影响其福祉的政策，并将其知识和技能传授子孙后代”。

[2] 即“老年人应能享有社会的教育、文化、精神和娱乐资源”。

[3] 联合国消除对妇女歧视委员会:《关于老年妇女问题和保护其人权的第27号一般性意见》，CEDAW/C/GC/27，16 December 2010。

[4] 联合国消除对妇女歧视委员会:《关于老年妇女问题和保护其人权的第27号一般性建议》，UN. Doc. CEDAW/C/GC/27，16 December 2010，para 9－10。

自我充实原则、尊严原则”等逐一列举,并倡导各国政府尽可能地将这些原则纳入本国国家政策和法律文件中。随后于 1992 年通过《2001 年全球老龄目标》和《老龄问题宣言》,进一步加深了国际社会对老年人基本福祉要求的了解。

2002 年在马德里召开的第二次老龄问题世界大会上通过了《马德里老龄问题国际行动计划》,该计划在很大程度上改变了现有的政策框架。大会促进从发展中国家和发达国家的两个角度来看老龄问题:一种关注所有年龄组,旨在建立一个不分年龄、人人共享社会的代际政策办法,以及从为老年人制定政策到将老年人纳入决策过程的转变,这是马德里大会的主要成果。这种转变为参与性办法奠定了基础,包括在制订和实施影响老年人的政策时考虑他们的观点和意见。国际社会在马德里强调,必须将老年人的关切与需要纳入国际和国家两级发展政策和方案的主流。《马德里老龄问题国际行动计划》集中在老年人的人权与发展问题上,提出两大主要目标:一是全面实现老年人基本权利和自由;二是确保老年人充分享有经济、社会和文化权利,并消除一切形式的暴力和歧视。还从三个方面提出政策建议:老年人与发展;促进老年人的健康和福祉;确保建立有利的支助性环境。《马德里老龄问题国际行动计划》一直指导着国家层面老年人政策和方案的制定,鼓励各个区域、各个国家拟订与老年人相关的计划,并倡导国际合作,为各国之间以及国家与各种民间组织之间开展对话提供了一个国际框架。

由此可见,在联合国人权框架下,无论是有约束力的联合国核心人权条约,还是不具约束力的政治性文书,在老年人权利保护的执行上,与现实挑战存在巨大的差距,由于针对老年人权利保护的综合性国际人权条约缺失,老年问题边缘化,使各国用于解决这些问题的政策办法也千差万别,且日益如此。这种边缘化同样影响了各条约监管机构对待老年问题的态度,联合国人口基金会和国际助老会的一项联合调查表明,条约监管机构很少明确要求成员国在其提交的条约实施报告中必须包含老年问题,特别报告员及独立专家组在分区域审查各地区人权状况时也不将老年人人权作为特别类别加以区别。

因此,虽然大多数核心国际人权条约适用于所有老龄群体,老龄问题也已经引起国际社会的关注并提上议程,形成了较完备的指导性国际政治文件,但现有的框架无法防止老年人的权利受到侵害,无论是现有人权条约和文件的内容或在人权机构和实施机制的实践中,一些特别关系到老年人的人权问题还没有得到足够的重视,有关老年人的歧视、免受虐待、暴力以及贫穷和长期医护等老年人面临的迫切人权问题威胁着老年人权利的充分享受。而且,依靠各个国家的自我规制无法保证老年人已有的权利变成实有权利。需要在国际层面采取措施,构建一部具有明确标准的综合性的权利公约,使老年人权利不因年龄变老而减少,促使各国将老年问题纳入社会发展主流,确保老年人权利的实现。

二、联合国制定《老年人权利国际公约》的进程

“二战”以来,老年人群体权利保护很长一段时间没有引起国际社会的重视。“二战”后出现的大规模人口增长浪潮,使联合国一直将工作重心放在发展中国家青年人群体的扶贫、生育控制、教育及投资。20 世纪 80 年代以前,老年人权益在发达国家属于社会福利问题,在发展中国家则属于家庭责任问题。但20 世纪里,人口寿命发生了巨大变化,老龄化进程已经成了全球共同面对的问题,这种变化已经在各个方面对个人、社区、国家和国际生活产生深刻的影响,对于资源分配是一重大挑战。发达国家面临着老龄化与失业及退休金制度的可持续性之间关系所造成的挑战;而发展中国家却同时面临发展问题和人口老化问题。国际社会意识到人口老龄化是一种全球性力量,同全球化一样,足以改变未来。在这个问题上必须作出前瞻性的思考,发挥老龄人口的潜力作为今后发展的基础,并且作出一致努力,将全球老龄化发展过程纳入更大的发展过程,把老龄化问题同其

他社会经济发展和人权的框架联系在一起，使老年人不仅有能力带头改善本身的情况，而且有能力带头改善整个社会，从而对社会作出贡献。因此，20 世纪 80 年代后，老年人权利保护问题逐渐提上了联合国议事日程。其中，两次老龄问题世界大会起到了关键性的作用，其成果为以后《老年人权利国际公约》的订立提供了重要的来源。

（一）两次老龄问题世界大会

1. 第一次老龄问题世界大会：老年人权利首次纳入“人权”框架

1982 年 7 月 26 日至 8 月 6 日，第一次老龄问题世界大会在维也纳召开，共有 124 个国家出席。经过大会 17 次的全体会议，通过了《老龄问题维也纳国际行动计划》（以下简称《维也纳行动计划》）。如其“序言”中所指，世界人口中越来越多的人进入老龄阶段，长寿一方面是值得庆祝的事，但另一方面，由此带来的挑战及潜力也应受到各国的重视。序言还庄严地重申，坚信老年人应同样充分地、不折不扣地适用《世界人权宣言》所载的不可剥夺的基本权利。《维也纳行动计划》第 4 段还指出：“《维也纳行动计划》应被列于其他国际战略和计划的同一范畴内加以考虑。特别是它重申了《联合国宪章》、《世界人权宣言》、《国际人权公约》、《社会进步和发展宣言》、《建立新的国际经济秩序宣言和行动纲领》、《联合国第三个发展十年国际发展战略》以及《宣布 20 世纪 80 年代为第二个裁军十年宣言》的联大第 34/75 和 35/46 号决议所载约各项原则和目标。”由此，大会首次将老龄人权利纳入“人权”框架进行考察，而不只是被看作单纯的“资源消耗者”或“社会的累赘”。[1]

《维也纳行动计划》作为全球第一个老年人问题的国际性的行动计划，总的来说，它从两个方面增进了全球对老龄问题的政策关注：

第一，人权方面。它注意到了老年人在人权方面的需求，不但明

---

〔1〕 Kwong – Leung Tang & Jik – Joen Lee, *Global Social Justice for Older People: The Case for an International Convention on the Rights of Older People*, 36 British Journal of Social Work, p. 1135 – 1150(2006).

确了老年人“……应被视为人口的一个组成部分。他们也应当被纳入例如妇女、青年、残废人和移民工人等人口类别的范畴内加以考虑。年长者必须被视为社会上所有各阶层发展过程中的一个重要和必要的因素”,还必须“根据他们的特定需要和限制条件来考虑相应的政策和执行相应的方案”,《维也纳行动计划》认为国家应从七个方面进行政策干预:保健和营养、保护老年消费者、住房和生活环境、家庭、社会福利、收入保障和就业以及教育。

第二,社会发展方面。认识到了人口老龄化对社会经济政策的影响,即“在老年人受抚养的比率日益增长的情况下,人口老龄化对生产、消费、储蓄、投资,以及反过来对一般社会经济状况和政策所起的影响”。并且“人口老龄化问题对国家一级的通盘发展和年龄较长个人的福利与安全都会产生重大影响,因此,这一问题在不久的将来势将为一切国家所关切,而且它已影响到世界上一些较为发达的地区”。

虽然《维也纳行动计划》为激发老年人参与社会的积极性提出了一系列的建议,指导国家、区域及国际层面采取行动,但大量的条文都是服务类条款,从社会福利方面提出对国家的行动建议。对发展中国家来说,老龄化社会相对延迟,人口老龄化对社会的影响还未见紧迫,因此,该计划更适合于发达国家。发展中国家在执行上面临的主要障碍在于经费来源,经济困难、武装冲突和自然灾害限制了用于老龄问题的经费开支。另外,政府工作人员短缺也是大多数发展中国家在执行上面临的一个普遍问题,发展中国家普遍缺少决策专家、各机构间缺少协调、职责重叠,导致执行不力。[1]

2. 第二次老龄问题世界大会:老龄问题纳入发展议程

从1982年第一次老龄问题世界大会到2002年第二次世界大会

---

〔1〕 United Nations, *The Madrid International Plan of Action on Ageing: Guiding Framework and Toolkit for Practitioners and Policy Makers*, Department of Economic and Social Affairs(2008).

的20年中,世界老龄人口数量急剧增长,联合国相关文件用“人口老化烈震”“国际人口新秩序”之类的字眼来描述。[1] 老年人比例从1950年的8%增加到2000年的10%,预计到2050年将增加到22%。到20世纪初,全球老年人口每年递增2%,比整个人口的增长速度快得多,而且,预计在2025—2030年,增长率将达到每年2.8%。这种“人口老化烈震”对发展中国家影响更大。[2] 发展中国家人口众多,老化速度快,20世纪西欧一些国家在百余年内老龄人口增加了一倍,而发展中世界的一些国家在21世纪内只需25年或更短的时间,到2050年,世界79%的老人将生活在发展中国家。[3] 而在第一次老龄人世界大会召开之际,老龄化多半是发达国家和地区面临的问题。20年后,发展中国家面临同样的问题。[4] 老年人的迅速增加,使国际社会意识到老龄化对政府和社会各个领域的影响,包括保健、就业与按劳动力市场、社会保障与经济增长。发展中国家人口变化来势突然,再加上已经惊人的穷人比例和资源萎缩速度,突出表明迫切需要制订种种政策,独辟蹊径,以增加老年人的参与和社会融合,缓解家庭、社会、经济组织的紧张局面。

1982年以后的20年里,老龄问题政策的拟订进程得到了促进。在联合国相关会议上的无数次倡议和建议都围绕着继续推动采取优先行动解决老龄问题,具有代表性的是维也纳会议。10年后,联合国大会于1991年12月16日通过《联合国老年人原则》。《联合国老年人原则》从独立、参与、照顾、自我实现和尊严方面,提出18项老年人

---

〔1〕 联合国经济及社会理事会:《迈向第二次老龄问题世界大会秘书长报告》,UN. Doc. E/CN. 5/2001/PC/2,13 December 2000,p. 12。

〔2〕 联合国经济及社会理事会人口与发展委员会:《第三十六届会议秘书长报告:世界人口趋势》,E/CN. 9/2003/5,17 January 2003,p. 9。

〔3〕 联合国经济和社会事务部:《老龄化世界的发展——2007年世界经济和社会概览》, UN. Doc. E/2007/50/Rev. 1,6 June 2007,p. 7。

〔4〕 联合国经济及社会理事会:《迈向第二次老龄问题世界大会秘书长报告》,UN. Doc. E/CN. 5/2001/PC/2,13 December 2000,p. 1。

应享有的“权利”，这是最早讨论老年人“人权”的联合国文件，促使人们改变老人是“资源的消耗者”“社会的负担”的看法，用更包容的态度承认老人也是社会发展的主体和受益者。1992年10月15日至16日，在联合国大会第47次会议中召开了老龄问题国际会议，通过了《老龄问题宣言》。该宣言重申了1982年通过的《维也纳行动计划》和1991年的《联合国老年人原则》，呼吁在国际社会和国家层面上采取积极的行动处理老龄问题，并且制定1992年到2001年这10年的一项老龄问题实际战略。《老龄问题宣言》还决定将1999年定为“国际老人年”，“……以确认在人口统计上人类已步入成熟，并且确认这种现象为在社会、经济、文化和精神事业方面促进态度和能力的成熟所带来的希望以及同样重要的为在下个世纪促进全球和平与发展方面所带来的希望”。[1] 联合国大会随后在其第52/80号决议中决定该年的主题是“不分年龄、人人共享的社会”。大会广泛致力于创造“不分年龄人人共享的社会”的良好环境，界定其范围和实质性内容。到1995年，理论框架已经成形，提出了四个方面内容的框架，包括老年人的状况、个人终身发展、代际关系、发展与人口老龄化之间的关系。[2] 至今为止，建立“不分年龄人人共享的社会”这一设想已经推动全球思维、探索和政策取向的发展。

从1982年第一次老龄人世界大会以来的20年里，全世界逐步认识到，必须把不断演进的全球老龄化情况纳入更广阔的发展背景中，老龄问题的政策应从人生过程和全社会等更加广阔的角度加以审查，国际社会需要提出一种把人口老龄化问题作为未来发展潜力的基础并作出前瞻性的设想。必须承认老年人具有作出贡献和积极改善自身与整个社会的能力，而且应纳入帮助制定国家老龄问题政

---

〔1〕 参见联合国大会第四十七届会议：《联合国大会1992年第47届会议第47/5号决议》，A/RES/47/5，p. 19。

〔2〕 联合国大会第五十届会议：《筹备和举办1999年国际老人年方案的概念框架秘书长的报告》，1995年3月22日，UN. Doc. A/50/114，22 March 1995，p. 8。

策的工作中。在这样一个老年人日增的社会里,迎接挑战、开创机会的有效办法需要在国家和全球两级采取实施一项综合性的一体化政策行动。2000 年 5 月,联合国大会决定召开第二次老龄问题世界大会,并提交草案。2002 年 4 月 8 日至 12 日,第二次老龄问题世界大会在马德里召开。这次大会参与广泛,有 159 个国家的政府代表出席了会议,其中包括四位国家元首和政府首脑以及一位副总统。48 个政府代表团由部长担任团长。联合国系统各实体的代表均参加会议,还有大约 700 名国家和国际非政府组织以及私营部门代表获得认可参加大会。[1] 本次大会的成果是通过《政治宣言》和《2002 年马德里老龄问题国际行动计划》(以下简称《马德里行动计划》)。

《政治宣言》侧重于各国政府对执行新的《马德里行动计划》的主要承诺。承诺“致力于在所有各个层面,包括在国家和国际两个层面,朝以下三个优先方向采取行动:老年人与发展;提高老龄健康和福祉;以及确保有利和支助性的环境(第 1 条)”。注意到了“发展中国家,特别是最不发达国家,以及一些经济转型国家”所面临的障碍和困难,提出“必须将老龄问题纳入发展议程,以及纳入消灭贫穷战略和争取使所有发展中国家充分参与全球经济的战略(第 7 条)”。

《马德里行动计划》是一项综合性文件,根据三个优先方向拟定:老年人与发展,侧重于各社会调整政策和机构的需求,以协助日益增长的老年人口成为有益社会的生产力;促进老年人的健康和福祉,强调需要制订政策,提倡从儿童时期起终生注意健康,以便进入健康的老年;确保有利的和支助性环境,推动面向家庭和社区的政策,为无忧无虑的老年生活提供基础。《马德里行动计划》强调必须将老龄问题纳入全球发展议程的主流并包括自 1982 年通过《维也纳老龄问题国际行动计划》以来在社会和经济领域所发生的新发展。《马德里行

[1] 联合国大会第五十七届会议:《第二次老龄问题世界大会的后续行动秘书长的报告》, UN. Doc. A/57/93:3,24 June 2002,p. 3。

动计划》包含35个目标和239项行动建议,主要是针对各国政府,但在其执行工作中特别强调政府间、民间社会所有部分和私营部门之间伙伴关系的必要性,也强调国际行动与合作的重要性。[1]

因此,与《维也纳行动计划》相比,《马德里行动计划》标志着国际社会在老龄人问题理念上的重大转变,不再将老年人看成是基于"人道主义"关怀的社会经济发展的受助者和受益人,而是基于"人权"理念的社会发展的参与者之一,与其他年龄层次的人们一起共享社会发展的成果。另外,《马德里行动计划》关注到了发展中国家老龄化的飞速发展对经济和社会发展产生的严重挑战,尤其是发展中国家大部分老年人生活在农村的现实以及面对老年人传染性或非传染性疾病的挑战,以及随着全球经济和社会的发展,年轻人进城导致发展中国家家庭结构的变化对传统养老模式的冲击。[2]

(二)老龄问题世界大会后续行动

1.《马德里行动计划》的审查

《马德里行动计划》通过后,2003年联合国大会第五十八届会议上,秘书长提交的报告提出了执行《马德里行动计划》的行进图。[3]该行进图旨在老龄问题领域协助会员国制定国家优先事项和促进国际合作。行进图的核心原则是,《马德里行动计划》的成功执行取决于两个方面:国家能力建设和将老龄问题纳入国家发展议程的主流。这一办法与提高妇女地位和性别平等问题主流化所采取的办法类似。在执行《马德里行动计划》5年之后,2007年第一次审查和评价

---

[1] 联合国大会:《联合国第二次老龄问题世界大会的报告》,2002年4月8日至12日,马德里, UN. Doc. A/CONF. 197/9,8 April 2002。

[2] Kwong - Leung Tang & Jik - Joen Lee, *Global Social Justice for Older People: The Case for an International Convention on the Rights of Older People*, 36 British Journal of Social Work, Vol. 36, p. 1135 - 1150 (2006).

[3] 联合国大会:《第二次老龄问题世界大会的后续行动秘书长的报告》, UN. Doc. A/58/160, 17 July 2003。

显示,这方面的变化甚微。[1] 只有少数会员国报告它们使用主流化作为政策工具。由于缺乏资金和人力资源,许多低收入国家在执行《马德里行动计划》方面的国家能力也没有得到长足的发展。在把老龄问题纳入国际政策进程主流方面的进展即便有,也很有限。2013年马德里行动计划第二次审查和评价[2]则表明,执行工作依然不力。政策与实践之间存在差距,在动员和建设充足人力和财政能力方面也存在不足,这仍是一大主要制约因素。通过10年之后,在将《马德里行动计划》纳入国家发展计划方面,仍进展有限。无论如何衡量,老龄问题的主流化均进展甚微。此外,虽然发达国家会员国继续制定一些个别政策,但由于金融危机,一些方案被削减和重组,对老年人的生活造成直接影响。

2."老龄问题不限成员名额工作组"的成立

2010年12月,联合国大会第65/182号决议,决定设立联合国所有会员国参加的"老龄问题不限成员名额工作组"(Open - ended Working Group on Ageing,OEWG),"以审议现有的老年人人权国际框架,找出可能存在的缺口,确定如何最好地处理这些缺口,包括酌情研究进一步制定文书和采取措施的可能性,以期加强对老年人人权的保护"。[3] 工作组在2011年举行了组织会议,迄今已召开了十一届工作会议。

3."订立《老年人权利公约》"的决议

2012年12月,联合国大会第67/139号决议,决定"订立一项全面综合的国际法律文书以促进和保护老年人权利与尊严",并授权

---

〔1〕 联合国经济及社会理事会:《第二次老龄问题世界大会以来老龄问题领域的重大发展秘书长报告》,UN. Doc. E/CN. 5/2007/7,21 November 2006。

〔2〕 United Nations Economic and Social Council, *Second Review and Appraisal of the Madrid International Plan of Action on Ageing*, 2002, Report of the Secretary - General. UN. Doc. E/CN. 5/2013/6,28 November 2012.

〔3〕 联合国大会:《2010年12月21日大会决议》,UN. Doc. A/RES/65/182,4 February, 2011, para. 28。

“老龄问题不限成员名额工作组”,“从其 2013 年举行的第四届会议开始,本着在社会发展、人权和不歧视以及性别平等和增强妇女权能等领域工作中采用的整体办法,并考虑到人权理事会的意见、工作组的报告、社会发展委员会和妇女地位委员会的建议以及拟于社会发展委员会第五十一届会议期间举行的《马德里行动计划》第二次全球审查与评价会议的意见,审议关于订立一项旨在促进和保护老年人权利和尊严的国际法律文书的提议”。[1] 决议特别指出“全面”“综合”的国际法律文书,一方面意味着对工作组工作方向的指示,即要采取整合的模式去制定《老年人权利公约》,其中应包含社会发展、人权和不歧视等要素,还应当考虑到现行政策性文件的规范;另一方面,“综合”意味着《老年人权利公约》要成为国际人权法核心人权公约的构成内容,而不是现有人权公约的附属。由此,《老年人权利公约》应具有和其他核心人权公约同样的地位。

4. 独立专家的任命

2013 年 9 月,大会第 68 届会议通过的第 24/20 号决议,任命一名“老年人享有所有人权问题的独立专家”,“与老龄问题不限成员名额工作组、人权理事会其他特别程序和附属机关、有关联合国机构和条约机构密切协调”。[2] 正如《残疾人权利公约》的起草和通过的过程一样,独立专家的任命将在推动老年人权利公约的制定方面起重要作用,也表明联合国在老年人权利国际保护方面迈出了重要的一步。

5. “老龄问题不限成员名额工作组”工作进展

至 2021 年 4 月 1 日,工作组已召开了十一次工作会议。自 2011

---

〔1〕 联合国大会:《2012 年 12 月 20 日大会决议:订立一项全面综合国际法律文书以促进和保护老年人权利与尊严》, UN. Doc. A/RES/67/139, 13 Feburany 2013, p. 2 –3。

〔2〕 联合国人权理事会第二十四届会议(2013 年 9 月 9 日至 27 日)报告:《老年人的人权》, UN. Doc. A/68/53/Add. 1, p. 53。

年第一届工作会议至2015年第六届工作会议,工作组主要围绕着两方面进行讨论:一是有关老年人人权的近期政策动态和举措;二是老年人人权方面最近立法及法律动态和挑战。审议的议题包括:世界各地老年人人权状况,如歧视问题;健康权;暴力和虐待;社会保护;社会排斥;自主,独立生活;(获得)诉诸法律的机会;获得工作机会和受教育机会;照顾老年人;有关生命终结的问题。

2015年第六届工作会议上秘书长呼吁所有人就一份法律文书的文本开始工作。2016年第七届工作会议确立了需要保护老年人人权的领域,将在以后的会议中分别讨论。包括以下14项领域:平等和不歧视(基于年龄的歧视);疏弃、暴力侵害和虐待(年龄歧视);自主和独立;无障碍、基础设施和生境(运输、住房和获得机会);健康权和获得医疗服务的能力;司法救助;社会保护和社会保障(包括社会保护最低标准);经济安全;工作权和进入劳动力市场;教育、培训、终身学习和能力建设;参与公共生活和决策进程;社会包容;老年人对可持续发展的贡献;长期护理和姑息治疗。

2017年第八届、2018年第九届、2019年第十届、2021年第十一届工作会议分别讨论了:平等与非歧视;暴力、忽视和虐待;自主与独立;长期与缓和护理;教育、培训、终身学习和能力建设;社会保护和社会保障(包括社会保护最低标准);工作和进入劳动力市场的权利、诉诸司法。另外,在第十一届工作会议上,还组织了"关于冠状病毒(COVID-19)与老年人"的高级别小组讨论。

三、联合国《老年人权利国际公约》的定位

联合国成立以来,创立一个全面的人权法体系是联合国所取得的重大成就之一。这个人权法体系的基础是《联合国宪章》和《世界人权宣言》,此后,联合国逐步扩大了人权法的范围。如今,人权法包括了专门用以保护妇女、儿童、残疾人、少数人种、移徙工人和其他弱势群体权利的有关标准,成为联合国核心人权条约。

这些特征人群的人权保护被纳入国际法律体系，卓有成效地使他们免遭长期以来受歧视性惯例和做法的侵害。而老龄人口在数量上的增加和对社会经济的挑战却揭示出缺乏适当保护机制、解决老年人处境问题的现有政策和方案仍存在差距等问题，世界各地数以百万计的老年人的困难境遇期待国际人权标准来解决。国际社会普遍认识到，目前在联合国人权框架体系中，“除了土著群体和少数群体外，老年人的确成了全球弱势群体中最后一个没有专门的人权条约保护的群体之一”。[1] 因此，老年人问题应纳入更广泛的国际人权议程，《老年人权利公约》应成为联合国人权保护机制中不可或缺的组成部分，与针对其他群体的人权保护条约一起，成为联合国核心人权条约之一。

（一）公约应是具有强制性和约束力的国际“硬法”

目前，就联合国框架下影响老年人权益的法律而言，主要有两类：“软法”和“硬法”。“软法”即涉及老年人问题的国际政治文书，如1982年《维也纳行动计划》、1991年《联合国老年人原则》、2002年《马德里行动计划》等在内的文件和计划。国际法上的“软法”是一种“原则上不具有法律约束力，但会产生实际效果的行为规则”。[2] “硬法”指涉及老年人权益的与国家和国际组织相关的成文法和公约，如核心人权条约中涉及老年人权益保护的条约。国际法上的“硬法”一般指国际条约和国际习惯法，它们对所规制的国际法主体具有法律上的约束力。

国际法上的“软法”和“硬法”作为国际法的下位概念，其性质不同，所起的作用也不一样。“软法”中有对问题和策略相当综合的处理，但篇章中未使用法律术语，而且能量流动一般是“自上而下”的。

---

〔1〕 Frederic Megret, *The Human Rights of OlderPersons: A Growing Challenge*, Human Rights Law Review, Vol. 11:1, p. 37 – 66(2011).

〔2〕 F. Snyder, *The Effective of European Community Law: Institutions. Processes, Tools and Techniques*, Modern Law Review, Vol. 56, p. 32(1993).

并且“软法”对责任的不履行和违反行为没有相关的任何制裁，与“硬法”相比，显得无能为力。“硬法”中主要责任在于国家。国家要尊重人权，保护个人和团体，并履行积极的行动义务。

而联合国框架下，涉及老年人权益的“硬法”零散地规定在一些核心人权条约中，并且涉及“年龄”问题时，通常只在“其他”类别中提到，从而缺乏力度，还导致老年人在法律范围内成为隐形群体。涉及老年人权益的“软法”方面，虽然联合国相关的文书提供了比较详尽的保护标准，但这些标准过于分散，不具备法律约束力，也无法制裁不履行行为，导致许多国家未能将国际标准与国家立法和政策实施相结合。《老年人权利公约》的建立，可加强和补充业已存在，并已得到普遍接受和支持的“软法”，形成具有强制实施力的人权框架，充分促进、保护和实现老年人的权利。

（二）公约应推进和深化老年人权利框架及其实现

《老年人权利公约》的建立，将为推进、深化和准确界定老年人权利增加更多的砝码。首先，公约扩大了权利覆盖范围。全球范围内老年人的状况提出了许多特殊和紧迫的人权挑战，这些挑战涉及公民、文化、经济、政治和社会权利。年龄歧视、长期照料、暴力和虐待、社会保护、适足的食物和住房、体面的工作、获得生产资源、法律行为能力、健康支助和临终关怀是最亟须关注的一些领域。每一项挑战都因为现有保护框架中的规范和实施的缺陷而变得更加严峻。因此，公约不应只满足于现有“软法”中所包含的权利类别，应富有前瞻性地系统规定老年人权利，扩大权利覆盖面，为国家法律和政策提供统一的参考框架，并为监测执行情况提供坚实的基础。

其次，公约对国家的责任和义务的强化是老年人权利框架形成的保障。和其他各类人权公约类似，国家承担国际法下的责任和义务，尊重、保护和兑现人权。尊重义务是指国家必须避免干预或限制人们享有人权；保护义务是指国家必须保护个人和群体的人权不受侵犯;兑现义务是指国家必须采取积极行动以便于人们享受基本人权。目前,联合国框架内还没有关于报告老年人人权问题的具体国际义务。公约为国家施加的强制性义务,使老年人人权受到侵犯时得以对抗和救济,保障了老年人权利框架的形成。

最后,公约的监测机制将促使老年人权利的实现。目前联合国国际人权法体系中的9部核心人权公约,每一部公约都设立了独立专家委员会,负责监督相关缔约国实施条约及其条款的情况。《老年人权利公约》建立后,与其他人权公约一样,对该公约执行情况的监测将鼓励各成员国,民间社团,非政府组织,私营部门与老年人之间持续的对话。同时也督促各成员国更关注有关老年人状况的信息,收集更多关于老年人的数据为实证政策发展提供指引,引导各国针对老年人制定更公平的政策,从而实现更公平的资源分配、对年龄更敏感的规划设计,以确保老年人的权利得以实现。

(三)公约应促使成员国乃至全球改变对老年人观念上的态度

《老年人权利公约》一方面应是老年人人权维护的有效工具,另一方面还应促使成员国乃至全球改变对老年人观念上的态度。老年人所面临的独特和普遍的人权挑战很大一部分来自“老龄歧视”或“年龄歧视”,并体现在生活的各个领域,如就业、卫生服务、社会服务、经济、代际关系、诉诸司法、艺术等许多其他领域。而现有的核心国际人权公约中没有包括一个注重解决老龄问题的方针。例如,《世界人权宣言》在第2条中列举了禁止的歧视理由,但是没有提到年龄。不仅如此,该宣言第25条规定:“人人有权享受为维持他本人……健康和福利所需的生活水准……在遭到失业、疾病、残废、守寡、衰老或在其他不能控制的情况下丧失谋生能力时,有权享受保障”,宣言将老龄等同于失业或疾病,并将其描述为负面的因素。其他的国际人权法同样如此,对待老龄问题的一般模式不是忽视就是将老龄看作一种弱势情况、一种风险、一个弱点或一个负担,或者暗示老年人不应被视为一个特殊群体，或者认为他们的权利可以涵盖在其他类别（如“老年妇女”或“老龄工人”）之下。《老年人权利公约》会产生一系列的新原则从而给老年人授权，为老年人在国内和国际上提供更大的可见度和认可度，促使包括各国政府、民间社会、社区、家庭和老年人本身在内的各个主体必须参与发展新的、以权利为基础的老龄文化，并且改变关于老龄化和老年人的心态和社会态度，不再将其视为福利受助人，而是积极和有贡献的社会成员。

第二节　联合国《老年人权利公约》应具备的主要内容

联合国第六十七届大会上通过了题为“订立一项全面综合国际法律文书以促进和保护老年人权利与尊严”的67/139号决议后，在联合国主导下，采取了一系列措施加强对老年人的国际保护制度的编制，“老龄问题不限成员名额工作组”迄今为止的五次会议，已引起了国际社会的极大关注，收到了许多来自联合国相关机构、相关非政府组织、世界各地相关研究机构、市民社会等组织和个人的大量报告，对如何建立《老年人权利公约》纷纷建言献策，为该公约的正式订立打下了良好的基础。笔者认为，作为一项针对老年人群体人权保护的且具法律约束力的国际法律文书，新的公约不仅应吸纳联合国人权框架内现有国际法律文书的特征，同时还应体现老年人这个群体权利的独特性，以及现有人权机制尚未能涵盖的权利。因此，以下几个方面是新的公约应具备的主要内容。

一、老年人的定义

关于“老年人”的界定，一直以来都没有一个全球甚至区域统一的标准。用于描述老年人的术语，即便在国际文书中，变化不一。其中包括“老年人”“年老者”“年长者”“第三年龄”“老龄人”等，并且80岁年龄以上者称为“第四年龄者”。[1] 联大第47/5号和48/98号决议所采用的术语是“老龄人”，联合国经社理事会经济、社会、文化权利委员会主张使用这一术语。目前联合国的各报告中，“老龄”和“老年”分别用在不同的语境。

老年人作为人口结构中的一类，其出生年龄很显然是区别于其他人口的标志。但在理论和实践中，多大岁数是区分“老年”和其他人口群的分界线，却没有一致的规定。根据联合国统计处的惯例，通常把60岁作为区分人口中的老年组群和年轻组群的分界线。欧洲联盟统计局的统计认为，“老龄人”系指65岁或65岁以上者，因为最为通常的退休年龄为65岁，许多人在这个年龄开始有资格享受老年人全额社会保障津贴。而且，随着医疗技术的发展以及人类对环境及自身的重视，人的平均生命期在不断延长。在1900年前后，当时的工业化国家人口预期寿命为45岁至50岁，并且开始增长，其他地区也是如此。一个世纪以后，全世界的平均预期寿命为65岁，预计到2050年将延长至75岁。在发达国家，现在的平均预期寿命为78岁，到2050年将增至85岁；在发展中国家，预计2005年至2050年间平均预期寿命将从63岁延长至74岁。[2] 一些工业化国家根据本国人口寿命延长的情况，改变了关于退休年龄的规定，以期减轻人口转化对养恤金和社会保障制度构成的压力。例如，在美国，个人有资格享受全额社会保障津贴的年龄逐渐提高，直到2027年提高到67岁为止。法国则根据预期寿命的变化来确定强制性养恤金缴款的年限。但是除了考虑预期寿命对养恤金制度的可行性的影响之外，事实上，健康长寿也有利于老年人恢复活力，并增加其对社会的贡献。

---

〔1〕 联合国经济及社会理事会：《经济、社会、文化权利委员会第十二和第十三届会议报告》，E/1996/22. E/C. 12/1995/18，28 February 1996，p. 92。

〔2〕 联合国经济和社会事务部：《2007年世界经济与社会概览——老龄化世界的发展》，E/2007/50/Rev. 1，第1页。

不过，全球的情况是极不平衡的，许多国家并没有达到这个阶段。如撒哈拉以南的非洲地区，目前的出生时预期寿命为62岁，某些国家平均寿命甚至更低。[1] 而且大多数发展中国家都还没有建立适当的养恤金制度。因此，对于在这些国家中占相当大比例的辛苦劳碌大半生的老年人来说，规定在某个特定年龄退休并领取适当养恤金的设想并不适用。此外，相对于发达国家来说，在许多发展中国家60岁或以上的人处于健康不良状况的时段比较长，这也限制了老年人可以做出的贡献。

可见，根据一个确定的年龄来确切地界定什么是“老年”并不容易，就人权而言，年龄不仅仅是一个数字概念，而是一种基于人们在社区中所扮演的角色的惯例、做法和认知的社会建构。老年人特殊的脆弱性可能是由身体和心理状况造成，也可能是由社会认知和个人与其所在环境互动时遇到的障碍造成的。老年人可能成为祖父母，可能工作量减少了或不再工作，或者从事不同的活动；而且他们还比其他成年人容易得病或丧失体能。然而所有这些变化都随着时间推移而演进，并且不同社会对之有不同的理解，因为这个概念并非在所有社会都有相同的含义。而且，随着预期寿命不断延长，它也不能对应于特定的时间跨度。往往有些人被认为“老了”，并不仅仅因为认为他们正在接近预期寿命的终点，而且还因为他们的社会角色和活动正在经历某些变化。如发达国家，虽然人们的寿命延长了，但在60岁以后健康不良时期似乎并没有相应延长。因此，如何准确定义“老年人”，显然不能够以一个固定的自然意义上的“年龄”来适用于全球各种社会形态，“老年人”概念需要有弹性的、包容性的方式，这个概念必须与时俱进，比如随着预期寿命的变化而变化，而且还应适应不同社会环境的变化而变化并能被各种社会形态中的老年人自

---

〔1〕 联合国经济及社会理事会人口与发展委员会第五十五届会议：《世界人口趋势 秘书长的报告》，E/CN. 9/2022/5，26 January 2022，p. 10。

己所接受和理解。[1]

二、基本原则

(一)在公约中设立基本原则的价值取向

《老年人权利公约》一旦通过并经各国认可,对全世界各地人民将具有同样的意义。但各个国家政治、经济、文化的不同,以及老年人所面临的人权方面的挑战具有极大的多变性和复杂性,保证每个国家均可寻求自己的办法实施和落实人人可享的共同权利,是公约首先应考虑的问题。作为一项全面的、综合性的保护老年人权益的国际法律文书,不但要体现老年人权利的特征,还必须在实践中具有可操作性,从国家和地区的立法层面上,能提供规范和立法指导;从国家实施层面上,能协助各国对整个公约进行解释,方便国家遵守和实施;从个人层面上,能为老年人提供切实可行的权利救济。因此,有必要在公约中确立一些基本原则,有利于实现公约的实践价值、法律价值和规范价值。[2]

首先,从实践价值上看,公约旨在设立一项针对老年人的全球普适的标准,重申并阐释老年人人权和缔约国的人权义务。新的公约需要付诸实践,在成员国通过公约文本前,必须要有基本一致的目标和意愿,否则这样的公约将不会被遵守,而且,对于文本中的表达方式,也会造成不同的人有不同的理解,以致达不到公约既定的目的,各个国家订立公约的政治意愿也难以达成一致。而如果在公约文本的序言部分或开始部分简要地、明确地阐明公约基本原则,以此解释

---

〔1〕 Ken Bluestone, *Main Elements for Inclusion in an International Human Rights Instrument for Older People*, *Age International Consultation Response*, *Ref*: 1613, Age UK,http://www. ageuk. org. uk,最后访问日期:2022 年 5 月 15 日。

〔2〕 Robin Allen QC, *Legal Issues for Strengthening International Legislation on the Rights of Older Persons – Identifying a Defining Principle for a Convention for the Rights of Older Persons*, Age UK, http://www. ageuk. org. uk,最后访问日期:2022 年 5 月 15 日。

公约所载各项多样化和复杂化的权利规定，以及成员国应承担的义务规定，使各国对公约内容的理解以基本原则为导向，容易使各国达成一致的政治意愿和保持行动上的一致。

其次，从法律价值上看，公约是一项具有法律约束力的国际人权条约。在公约的形成过程中，联合国各相关部门、相关专家、政治家、律师、非政府组织等均参与制定，但公约一旦通过，具体实施的是签署并批准公约的成员国以及对公约负有监管责任的联合国相关委员会，涉及成员国怎样依据公约的规定制定相应的国内法来实现公约的目的，也涉及成员国内法官在具体司法实践中按哪种标准解释公约相关条款，还涉及公约负有监管责任的相关委员会如何判定成员国是否遵照公约以及遵照执行的程度如何。因此，法律实践中，应按照文义解释、目的解释或语义解释等方法对公约文本进行解释，实施主体才能够确保实施行为与公约的目的和宗旨保持一致。在公约中规定基本原则，可使这种法律解释实践标准化，避免不同国家对条款的解释出现偏差和分歧。

最后，从规范价值上看，公约为各成员国实现老年人权利提供执行上的规范指导，这也是公约的重要性所在。文本所载老年人的各项权利和成员国的义务是各国老年人人权计划的规范，但各国对文本解释的多样性和不确定性影响着公约的规范价值。另外，公约的设立必将对所有的人产生影响，这种影响不仅包括权利受益人——老年人，也包括其他群体的人们，引起他们对老龄问题的关注，促使公众对老年人这一群体的观念产生根本转变。但公约文本所载详细内容并不一定被每个人细读，其专业性的法律条款也不易被普通民众所了解，不涉及具体的法律适用，许多人并不会去看条款的。因此，概括性的、浅显明了的原则规定，一方面，有利于批准公约的成员国超越公约条文解释上的多样性和不确定性，使公约的目的和宗旨能得到正确实现；另一方面，有利于公众理解公约的内容，使他们能确信公约所赋予的权利。

因此,基本原则的设定可以加速各国政治意愿的达成,使各国能更好地协调一致,同时有利于实践中对法律条文的解释和加强规范效力。

(二)基本原则的制定

联合国人权框架下,现有的人权公约为《老年人权利公约》基本原则的制订树立了很好的典范。1989 年的《儿童权利公约》中分别在第 2 条、第 3 条、第 6 条和第 12 条明确了"非歧视"原则、"儿童最大利益"原则、"生存和发展权利"原则及"尊重儿童意见"原则等一些基本原则,这些原则共同构成了对各国实现儿童权利的国家执行计划的指导。《儿童权利公约》是建立在有关儿童的待遇、保护和参与社会事务等基本价值判断之上的,这些原则的表述体现了公约的价值取向。另一个典范是 2006 年的《残疾人权利公约》,公约第 3 条中以"一般原则"作为标题,明确列出八条基本原则,即尊重固有尊严和个人自主,包括自由作出自己的选择,以及个人的自立;不歧视;充分和切实地参与和融入社会;尊重差异,接受残疾人是人的多样性的一部分和人类的一分子;机会均等;无障碍;男女平等;尊重残疾儿童逐渐发展的能力并尊重残疾儿童保持其身份特性的权利。在体例上,这些原则置于公民权利、家庭、健康、教育和其他实质性条款规定之前,使公约体现的不仅仅是一张简单的义务清单,它拥有了"灵魂"。[1]

与其他人权公约一样,《老年人权利公约》基本原则同样要具有通用性,即以更丰富的内容、更易于接受的方式,在广泛的基础上明

---

〔1〕［挪］A. 艾德等主编:《经济、社会和文化权利教程》(第二版),中国人权研究会组织翻译,四川人民出版社 2004 年版,第 290 页。

确老年人所应具备的普世的人权范围,[1]同时还应结合老年人自身的特点和老年人人权状况的特点。因此,公约基本原则首先应考虑的不仅仅只是其他公约业已规定的“禁止年龄歧视”问题,公约应将重点放在老年人自身所处相应社会当中的地位甚至更广阔的领域中的参与程度上,另外还应关注目前广为人们所接受的“退休权”以及“社会保障权”,包括相应的“医疗保障”。

在2013年8月12日至15日联合国“老年问题不限成员名额工作组”第四届工作会议召开之前,秘书处向会员国和联合国系统发出的普通照会,并向非政府组织征求见解,共有31个会员国、36个民间社会组织和4个联合国系统的组织对调查作出了回应,向秘书处提交了有可能制定的有关老年人权利问题的国际法律文书中应包括的以下一般性原则:尊严、独立性、自主性、平等、性别平等、不歧视、无障碍、权能、自我实现、代际团结、尊重多样性和差异性,以及参与和融合。[2]

三、《老年人权利公约》的权利框架

老年人所面临的人权挑战来自许多层面,年龄歧视、虐待、忽视、暴力侵害、社会排斥、贫困、没有能力满足基本需要,等等,是老年人遭遇最普遍的侵害。联合国现有的国际人权公约以及老龄问题国际政策文件并没有对老年人整个人权范围作出系统的规定,从而使这一问题缺乏可见度和连贯性,阻碍着老年人行使权利。现有的人权公约典范中,有关妇女、儿童和残疾人公约都建立了系统的权利框架,赋予了这些群体相适用的权利。如《儿童权利宣言》指出,“儿童

---

〔1〕 Robin Allen QC, *Legal Issues for Strengthening International Legislation on the Rights of Older Persons – Identifying a Defining Principle for a Convention for the Rights of Older Persons*, Age UK, http://www. ageuk. org. uk,最后访问日期:2022年5月15日。

〔2〕 联合国大会:《老龄问题不限成员名额工作组第四届工作会议报告》,参见A/AC. 278/2013/2,24 September 2013,p. 14。

因身心尚未成熟,在其出生以前和以后均需要特殊的保护和照料,包括法律上的适当保护”。《消除对妇女一切歧视宣言》(1967 年)强调,“有必要建立国际机制框架,明确阐明妇女权利遭受侵犯的问题”,并在《消除对妇女一切歧视公约》中承认“妇女对家庭的福利和社会的发展所作出的巨大贡献至今没有充分受到公认”。《残疾人权利公约》也强调必须有“一项促进和保护残疾人权利和尊严的全面综合国际公约”,“必须促进和保护所有残疾人的人权,包括需要加强支助的残疾人的人权”。同样,《老年人权利公约》中也必须建立系统的权利框架,强调和巩固已有人权公约中规定的权利,补充老年人权利保护规范上和执行上的漏洞。

全面的权利框架应涵盖,但不限于以下几个方面。

(一)平等和免遭年龄歧视的权利

1948 年的《世界人权宣言》第 1 条规定“人人生而自由,在尊严和权利上一律平等”,这条原则构成了国际人权法的基石。在全球老龄化背景下,老年人同样应享有平等权和不被歧视的权利,相应地,国家应负有禁止和消除年龄歧视的义务。而现实刚好相反,随着年龄的增加,老年人并不能根据这个普适的原则不变地享受权利,年龄歧视的存在阻碍着老年人享受基本人权。

在联合国人权公约中,大多数人权公约没有将“年龄”明确列入禁止歧视的理由,如《世界人权宣言》在第 2 条中列举了禁止歧视的理由,但没有提到年龄。而在第 25 条却将老龄描述为负面的因素:“人人有权享受为维持他本人……健康和福利所需的生活水准……在遭到失业、疾病、残废、守寡、衰老或在其他不能控制的情况下丧失谋生能力时,有权享受保障。”该条并没有将老年人视为一个独特群体,而是将之与失业、疾病等同起来,看成一种风险和负担。再如《公民权利和政治权利国际公约》第 26 条规定“所有的人在法律前平等……法律应禁止任何歧视并保证所有的人得到平等的和有效的保护,以免受基于种族、肤色、性别、语言、宗教、政治或其他见解、国籍或社会出身、财产,出生或其他身份等任何理由的歧视”,同样没有明确提及“年龄”。但在几起案例中,人权事务委员会认为,“基于年龄的区分,如缺乏合理和客观的依据,可能构成第26条规定的基于‘其他身份’的歧视”。

明确提到年龄问题的人权公约有《保护所有移徙工人及其家庭成员权利国际公约》、《残疾人权利公约》和《消除对妇女一切形式歧视公约》。此外,国际劳工组织1980年《关于老年工作者的第162号建议书》中,在相关文本中将年龄明确列为一种歧视形式,该建议书呼吁在国家政策框架内采取措施防止就业和职业上的歧视,以促进所有工作者的平等机会和待遇,无论其年龄如何。国际劳工组织1982年《关于终止雇用的第16605号建议书》也指出,除关于退休的国家法律和惯例外,年龄不应构成终止雇用的正当理由。但没有一个公约对年龄歧视给出明确定义。

老年人由于年龄而遭受的种种歧视,以及因此剥夺老年人平等享受权利的情况最初是在联合国经社理事会秘书长为《马德里行动计划》后第一次五年审查和评价编写的报告中探讨的问题。第一次审查和评价的结论指出,依据年龄施行的歧视是几乎所有社会中都长期存在的问题,老年人在诸如保健、就业和获取服务及教育等关键的发展领域内均受到歧视。目前,对于年龄歧视的讨论已经从原来仅仅指出工作场所年龄歧视做法以及在获得福利和物品以及服务方面的歧视,扩大到解决导致这类歧视及使之持续的根源。秘书长提交大会第六十七届会议的报告所作的结论是,“老龄歧视”是一普遍存在的歧视态度,其根源在于一种假定,即认为忽视和歧视老年人是可以接受的正常现象。这种歧视态度是导致年龄歧视的常见根源和理由依据。正是基于这一点,有人认为,只要不认识到和解决老龄歧视问题,在制止某些部门的年龄歧视方面就难以取得很大进展。因此,《老年人权利公约》中必须明确禁止年龄歧视,填补人权公约中缺乏禁止老龄歧视这一条款的空白,指导各成员国正当处理年龄歧视问题,确保老年人能享受平等和免于歧视的权利。

2011 年联合国“老年问题不限成员名额工作组”第二届工作会议期间，南方共同市场人权问题公共政策局执行秘书、美洲人权委员会前委员维克托·阿布拉莫维奇（Victor Abramovich）先生强调《老年人权利公约》在保障老年人年龄上的平等和不歧视上应予明确审议三个关键领域：(1)规定法律面前平等并禁止年龄歧视；(2)实现实质性平等，处理结构性歧视问题，要求各国在社会政策和服务等领域采取积极步骤，特别注意处理一些老年人遭到多重歧视的情况；(3)规定尽职要求，规定防止侵犯人权行为的义务提供保障，防止经常影响老年人生命权和人格完整的暴力和虐行，包括通过诸如关爱机构等非国家行为方的行动或做法提供保护。[1] 因此，这方面的权利内容应覆盖但不限于工作权、获取教育权、医疗保健权、退休权、获取信息权、投票权、表决权、公共事务参与权、法律行为能力和在法律面前获得平等承认，等等。

（二）经济、社会、文化权利

经济、社会、文化权利是国际人权法的组成部分。经济、社会、文化权利关注的一个主要问题是对社会易受伤害群体的保护，它体现着人的存在。老年人所面临的特殊挑战毫无疑问应是属于这一类。认真对待经济、社会、文化权利意味着要去解决社会的整合性、连带性和平等性，包括如何解决收入分配在内的各方面的问题。[2] 这三个方面相互关联，是较为复杂的综合体。经济权利具有双重作用，在财产权方面表现得最为清楚，它构成人们生活的基础，确保人们得到适当的生活水准，另一方面还是独立及因此带来自由的基础。财产权由两项其他权利补充：工作权和社会保障权。社会权利的核心是获得适当的生活水准的权利，这个权利要求每个人至少享有必需的

---

〔1〕 联合国大会：《老龄问题不限成员名额工作组第二届工作会议报告》，参见 A/AC. 278/2011/5，23 August 2011，p. 8。

〔2〕 [挪]A. 艾德等主编：《经济、社会和文化权利教程》（第二版），中国人权研究会组织翻译，四川人民出版社 2004 年版，第 5 页。

生存权、获得家属帮助的权利等。根据《世界人权宣言》第27条和《经济、社会及文化权利国际公约》第15条的规定,文化权利包括参与文化生活的权利、享受科学进步及其应用产生的福利的权利、作者对其本人的任何科学、文学或艺术作品所产生的精神上和物质上的利益,有享受保护的权利等。[1]

从人权角度看,老年人的经济、社会、文化权利是其作为权利人享有平等待遇的核心,还可保障老年人不受到社会排斥和隔离。但老年人易于贫困的现实,随之而产生的是对其经济、社会、文化权利的忽视,目前,这一领域在国际社会讨论老年人权利时得到重点关注。导致老年人贫困的因素有很多方面,具有极大的复杂性,老年人贫困的风险因素多种多样,取决于不同国家和不同个人的情况。核心因素包括:缺乏获取固定收入和工作的机会,身体和心理能力下降,以及在家庭内处于受抚养境地。这些因素削弱着老年人适应社会变化的能力,阻碍了老年人经济、社会、文化权利的实现。

但对于老年人的权利,《经济、社会及文化权利国际公约》并没有明确条款提及,虽然第9条"人人有权享有社会保障,包括社会保险"隐含对享有老龄福利的承认。随着老龄社会的发展,老年人的经济、社会、文化权利才逐渐引起重视。1995年,联合国经济、社会、文化权利委员会在第十二和第十三届会议报告中指出"与其他诸如妇女和儿童等群体的情况不同,关于老龄人的权利还尚无全面的国际公约,也尚未确立起附属于这一领域联合国各套原则的约束性监督安排",因此呼吁"各缔约国有义务特别注意促进和保护老龄人的经济、社会

---

〔1〕 联合国大会人权理事会第十四届会议:《人口与赤贫问题独立专家马格达莱纳·赛普尔韦达·卡尔莫纳的报告》,参见 A/HRC/14/31,31, March 2010, p. 15 –16。

和文化权利”。[1] 在第十三届会议结束时，委员会及相关工作组审查了有关《经济、社会及文化权利国际公约》第1条至第15条的153份首次报告、71份第二次定期报告和21份全球首次和定期报告，其中无任何一份系统地提供针对老龄人落实该公约情况的资料。《消除对妇女一切形式歧视公约》以及《残疾人权利公约》有涉及相关类别老年人权利的规定，但不能全面覆盖老年人的状况而实施较差，使大部分老年人无法得益于相关政策和措施，确保与他人平等享受所有的权利。《维也纳行动计划》、《联合国老年人原则》和《马德里行动计划》虽然明确阐明应确保老年人充分享有经济、社会和文化权利，但由于不具约束力，正如社会发展委员会在第五十二届会议中通过的草案“进一步执行2002年《马德里老龄问题国际行动计划》”中指出来：“世界上许多地方对《马德里行动计划》仍然所知甚少或一无所知，这限制了执行工作的范围。”[2]

因此，在《老年人权利公约》中，应建构起实质性的权利框架，充分覆盖老年人的经济、社会、文化权利。根据联合国“老龄问题不限成员名额工作组”的报告，该工作组第四次会议前收到相关成员国、联合国机构及非政府组织反馈意见中关于老年人的经济、社会、文化权利问题，提及了以下几点应充分考虑：适当生活水准权，包括食物、水、住房和衣服；取得工作机会权；得到社会保护、经济安全和社会援助的权利；获得信贷、创办企业、参加赚取收入活动和拥有财产的权利；受教育及培训的权利；无障碍环境权获得信息的权利；法律服务、司法保护和法律面前平等待遇的权利；参与公共和政治生活权；享受

---

〔1〕 UNITED NATIONS Economic and Social Council：General comment No. 6(1995) * The economic，social and cultural rights of older persons. E/C. 12/1995/16，5 December 1995，at para 13.

〔2〕《联合国经济社会理事会社会发展委员会第五十二届会议委员会报告员拉里萨·贝尔斯卡娅女士（白俄罗斯）在非正式协商基础上提出的决议草案：进一步执行2002年〈马德里老龄问题国际行动计划〉》。参见E/CN. 5/2014/L. 3，18 February 2014，p. 2。

社会和文化生活/娱乐和体育运动权;结社自由权;等等。[1]

(三)生命权

生命权是最基本的人权,是享受其他人权的基本前提。[2]《公民权利和政治权利国际公约》第6条规定,“人人有固有的生命权”,可见生命权是与生俱来的。从生命权可以推导出:不得任意剥夺任何人的生命,而在剥夺他人生命时,必须是按照法律的程序审判、定罪和执行。对于非法剥夺他人生命的犯罪行为,国家必须以法律的形式防止和惩罚。国家自己也不能任意剥夺个人的生命。《公民权利和政治权利国际公约》第6条关于生命权的规定涉及刑事实体法、刑事程序法和国际法。[3]

老年人的生命特别脆弱。相关的研究和调查表明,对老年人生命权的侵害通常来源于疏于照顾,或虐待和暴力。[4] 老龄歧视已被确定为既是虐待老年人问题的原因和表现,也是社会迟迟未能承认而且在某些情况下未能处理这一问题的主要原因之一。老龄歧视给老年人带来最不利的后果是直接危及生命权。而无论是国际层面还是区域层面,相关的政策或方案均没有考虑到老年人的情况,无论这种暴力行为是家庭内的、针对妇女的还是在社区内的。例如,一些非洲国家和部分亚洲国家家庭和社区针对被控施行巫术的老年妇女的虐待和暴力行为以及对暴力侵害行为人的宽大,基本上仍未得到公共当局的处理。[5] 联合国“老龄问题不限成员名额工作组”第三次

---

[1] 联合国大会:《老龄问题不限成员名额工作组第四届工作会议:老龄问题不限成员名额工作组的报告》,参见 A/AC. 278/2013/2,24 September 2013,p. 14。

[2] 《联合国人权事务委员会第14号一般性意见》。

[3] 杨宇冠:《人权法——〈公民权利和政治权利国际公约〉研究》,中国人民公安大学出版社2003年版,第136页。

[4] Frederic Megret, *The Human Rights of Older Persons: A Growing Challenge*, Human Rights Law Review, Vol. 11:1, p. 37 – 66(2011).

[5] 联合国大会第六十八届会议:《国际老年人年的后续行动——第二次老龄问题世界大会秘书长的报告》,A/68/168,22 July 2013,p. 7。

工作会议中，国际老龄化联合会主席兼印度海得拉巴传统基金会主席甘加达兰（KR Gangadharan）介绍了他在传统医院的工作经验（传统医院是设在海得拉巴的一家多专科老年病医疗保健机构），他指出，当今快节奏、全球化和日益工业化的世界中普遍存在老年人毫无价值的看法。他对暴力侵害老年人行为的范围表示担忧，尽管防止虐待老年人的国际论坛越来越多。人权和人道主义法学院共同主任克劳蒂亚·马丁（Claudia Martin）认为，保护老年人免遭虐待和暴力的人权法目前太不成体系。现行法律框架在不构成有关性别、残疾、自由权、免遭酷刑的侵权行为的虐待和暴力侵害老年人行为方面存在巨大缺陷。因此，老年人在机构护理环境中非常容易受到虐待。未经同意的治疗在老年人中也很常见，人权法没有予以适当覆盖。[1] 根据国际劳工组织的研究表明，目前全球80%的人口——其中许多为老年人——未获得任何形式的社会保障。[2]

老人生命权受到侵害的现实已经得到国际社会的关注。联合国的相关会议上分别从实现老年人的社会保护和社会保障权、缓和医疗权、健康护理权（包括长期护理和家庭护理）、临终关怀、安乐死等权利进行了讨论。其中针对一些权利还制定了政策框架和指导意见。如联合国许多组织制定了名为"基本社会保护"的政策制定框架，它立足于人人享有社会保障的权利，以及享有其本人和家庭的健康和福祉所需的适足的生活标准的权利。[3] 通过基本养老金和残疾人津贴，以及普及基本医疗服务等方式，保障基本社会服务。经济、社会、文化权利委员会关于社会保障权的第19号〔2008〕一般性

---

〔1〕 联合国大会老龄问题不限成员名额工作组第三届工作会议：《老龄问题不限成员名额工作组的报告》，参见 A/AC. 278/2072/1，19 September 2012，p. 11。

〔2〕 International Labour Organization, *Setting Social Security Standards in a Global Society, An Analysis of Present State and Proactive and of Future Options for Global Social Security Standard Setting in the International Labour Organization*, 2008.

〔3〕 International Labour Organization, *Social Protection Floor for a Fair and Inclusive Globalization: Report of the Advisory Group*, 2011.

意见审议了社会保障权的规范性内容。但生命权的很多领域如家庭护理、缓和医疗、临终关怀等方面还没有得到人权机构和人权文书的充分关注，大多数是在诸如经济、社会权利和其他权利体系中提到。因此，老年人生命权的落实需要建立一个全面涵盖各项权利的体系，明确各项权利的内容以及政府的义务。

（四）免予酷刑和其他不人道对待

禁止酷刑和其他不人道对待的权利被广泛接受为基本人权。这一权利在于保护个人的尊严和身体上以及精神上的健全。但国际社会对老年人免于酷刑和其他不人道对待的关注却是近些年的事。一些人权机构已注意到了护理机构和监狱中老年人的人权状况。联合国反对酷刑委员会建议成员国“应当禁止、预防和纠正在监狱或长期护理机构中老年人面临的酷刑和其他不人道对待”。联合国酷刑和其他残忍、不人道或有辱人格的待遇或处罚特别报告员强调，“通常，在拘禁机构或精神病机构等老年人无法保护自己的场所，老年人是高度脆弱群体，他们往往承受双层甚至三层歧视”。联合国人权委员会曾指出，“老年人的脆弱性常常导致他们在长期护理机构受到有辱人格的对待，侵犯着他们的尊严”。2014 年 4 月，德国人权研究所高级研究员克劳蒂亚 · 马勒（Claudia Mahler）在日内瓦举行的人权理事会社会论坛中指出，德国私人养老院的不人道待遇现象普遍，包括老年人缺乏自主性，以及照顾者每班工作 12 小时的情况。[1]

联合国多年来一直致力于制定普遍适用的标准，这一规定出现在许多国际法文件中，如《世界人权宣言》《公民权利和政治权利国际公约》《禁止酷刑和其他残忍、不人道或有辱人格的待遇或处罚公约》《囚犯待遇最低限度标准规则》《保护人人不受酷刑和其他残忍、

---

〔1〕 联合国大会人权理事会第二十六届会议：《2014 年社会论坛报告（2014 年 4 月 1 日至 3 日，日内瓦）》，A/HRC/26/46，15 May 2014，p. 12。

不人道或有辱人格的待遇或处罚宣言》《执法人员行为守则》等。[1]这些规定,为禁止酷刑和其他不人道对待设定了一系列的国家义务,但是对于老年人相关权利却没有特别提及。同样,几个主要的专门解决老龄人问题的国际文书,如《维也纳行动计划》、《联合国老年人原则》及《马德里行动计划》等均忽视了包括酷刑和有辱人格的待遇在内的虐待和暴力问题。“老龄问题不限成员名额工作组”在几次工作会议中均提到免遭酷刑的侵权行为、虐待和暴力侵害老年人行为方面的法律存在巨大缺陷,2011 年“老龄问题不限成员名额工作组”第二次工作会议中,还集中讨论了与酷刑、不人道和侮辱人格的待遇有关的标准。因此,要实质地改善老年人的待遇,即将制定的《老年人权利公约》中,应将老年人免于酷刑和其他不人道对待的权利作为基本人权明确,并指明区域一级和国家一级在保证这项权利实施应履行的义务。

(五)司法救助权

随着老龄社会的发展以及老龄人口的增多,老年人面临的人权挑战越来越需要及时、有效的司法救助机制。在面临歧视、暴力、虐待或不人道对待情况下,老年人往往不敢报告暴力或虐待行为,因为他们依赖虐待者,担心遭到报复,担心得不到帮助,或对可靠的机制不熟悉。诉诸司法普遍要求提高老年人对法律权利和法律援助的认识,以及更好地提供有效补救。[2] 老年人由于年老失能,或疾病、残疾情况下,也许不能自由表达意愿,涉及老年人的一些重大问题时,如监护人的指定等,更需要正当的程序来保障老年人的合法权利。在拘禁或是监狱系统,老年人对司法救济权的要求更迫切,如适合老

〔1〕 杨宇冠:《人权法——〈公民权利和政治权利国际公约〉研究》,中国人民公安大学出版社 2003 年版,第 166 页。

〔2〕 Office of the High Commissioner for Human Rights, *Normative Standards in International Human Rights Law in Relation to Older Persons*, Analytical Outcome Paper, p. 32(2012).

年人特殊需求的健全的监禁条件，如冬天提供额外的衣物、监狱和牢房中的无障碍安排、特别防止他们在监狱里受到暴力和勒索，以及适合其年龄的教育和职业机会。因为他们有特殊需要，监狱官员往往因缺乏资源、规划不善和缺乏对工作人员的培训而难以应对这些挑战。[1]

人权机制面对这些挑战缺乏进一步的研究，而且现有的人权公约在相关的规定方面都是碎片化的。根据《公民权利和政治权利国际公约》第 2 条、第 3 条和第 26 条的规定，对人权的保护要求司法系统的有效运作，对侵害行为采取及时补救措施，且明确保障在法律和法院面前人人平等。公约同样没有明确提及年龄，对老年人在法律面前平等的权利及司法救助权只能在第 26 条中规定的“其他身份”方面寻找法律依据。国际人权机制已经认识到必须在司法救助方面有关于特定年龄群体的立法、政策和方案。并且在 2012 年在 8 月 23 日联合国“老龄问题不限成员名额工作组”第三次工作会议上，第五小组举行了“司法救助”主题小组讨论。人权和人道主义法学院共同主任克劳迪亚·马丁（Claudia Martin）指出，目前老年人司法救助权利的缺陷包括三大要素：第一，适当程序的保护，所有人权条约中都有这种保护，但不针对特定群体；第二，有效的补救权，只保护公民权利和政治权利，但不延伸到老年人重要的经济、社会和文化权利；第三，自由权，作为目前定义的一项标准不帮助老年人。而且在法律行为能力和监护、给予自由和事先同意的机会、强制性收容、虐待和暴力、继续监禁和死刑方面，老年人司法救助权利存在重大差距。[2]

在国家级层面，有的国家制定了具体措施确保老年人获取司法救助。包括提供法律援助或专门机构协助老年人；推迟、减少或免除诉讼费；处理涉及老年人纠纷的特别法庭和陪审团制度；福利机构为

---

〔1〕 联合国经济及社会理事会 2012 年实质性会议：《联合国人权事务高级专员的报告》，E/2012/51，20 April 2012，p. 15。

〔2〕 联合联合国大会老龄问题不限成员名额工作组第三届工作会议：《老龄问题不限成员名额工作组的报告》，A/AC. 278/2012/1，19 September 2012，p. 12。

老年人提供人权咨询服务;发放贷款,以支付审理费用。

因此,虽然关于司法救助权利人权法的规定适用于所有年龄段的人,但应在一项关于老年人权利的公约中明确制定权利框架,确保老年人在遭受侵犯的情况下在国家和国际层面诉诸切实有效的司法或其他适当补救措施。

第三节　《老年人权利公约》实施的障碍

2011 年秘书长报告《第二次老龄化问题世界大会的后续行动》(A/66/173)首次将重点放在老年人的当前人权状况上。报告强调了四大关切领域:贫困和生活条件恶劣;年龄歧视;暴力和虐待;缺乏特别措施、机制和服务。报告特别指出,成员国认识到老年人与其他年龄的人相比,生活水准相对较低,并且在男女之间、城乡人口之间,以及郊区和贫民窟区域之间存在差异。

2011 年 2 月 3 日,联合国人权事务高级专员办事处(人权高专办)给各会员国、联合国系统有关机构和组织以及政府间和非政府组织和国家人权机构发了普通照会,知会了该报告。在普通照会中有一份由九个问题组成的问题单,征求与老年人有关的现有法律、政策和相关人权方案的意见和信息。41 个国家、8 个联合国实体、20 个国内人权机构和 10 个非政府组织、联盟和其他团体作了书面答复。[1]应予指出的是,所收到的回执呈件涵盖了多种多样的国家、法律、社会和经济情况;并且还应指出,考虑到老年人显然是一个多样化群体,在会员国之间和会员国内部,老年人的状况都大不一样。

《老年人权利公约》如得以制定,其实施旨在保障全球老年人的

---

〔1〕 关于所有这些呈件,参见 http://www. ohchr. org/EN/Issues/OlderPersons/Pages/Submissions. aspx,最后访问日期:2022 年 5 月 15 日。

经济、文化、政治和法律权利，无疑，经济基础、文化认同、政府支持和法律保障是公约得以实施的关键。

一、《老年人权利公约》实施的经济障碍

中国自古有“养儿防老”的传统，全球老年人福祉面临的最迫切的一项挑战是贫困，即不充裕的生活条件。无家可归、营养不良、长期患病却无人照料、不能享用安全的饮用水和卫生条件、医药费无法承受和收入不稳定仅仅是大批老年人每天面临的一些最为严重的人权问题。一些国家已经认识到老年人的生活水平低于其他人群，包括贫困甚至赤贫现象普遍存在。尽管老年人收入较低，但是往往可能是家庭的主要供养者和主要照料者，包括供养和照料孙子女和其他家庭成员。生活来源无保障是老年人最紧迫的人权挑战。

同样，衰老也极大地影响了生产资源、工作、食物和住房资源的获得。虽然工作权[1]是实现其他人权的必要条件，是人类尊严的内在组成部分，但是社会却贬低老年工作者，认为他们没有生产力、动作迟缓、更容易生病、不适合学习，是高技术工作环境的负担。人们可能因年龄原因拒绝向老年人提供贷款、保险、土地或租房，或是开出其无法负担或与其他年龄层相比有失公平的条件，从而减少了老年人找新工作或继续从事生产活动的机会。因此，老年人往往陷入贫困，包括赤贫状况。

招聘流程有时不利于四五十岁的人申请工作、参加培训或再培训，或是跳槽。很多情况下，在退休前几年失业导致机会更少，不公平的工作条件或合同，以及工资下降，严重影响养老金、储蓄和长期生活质量。在一些国家，老年男子不能加入社会保障网，因为他们被视为适合工作。因此，他们常常处于一个两难境地，因为年纪大而找

---

[1] 《世界人权宣言》第23条、《经济、社会及文化权利国际公约》第6条、《消除种族歧视国际公约》第5条(辰)款(1)项，以及《消除对妇女一切形式歧视公约》第1条(a)至(d)项。

不到稳定的工作,但是还不到领取养老金的年龄。工作权意味着不被不公平地剥夺工作的权利。虽然在国家和区域一级做出了一些努力,颁布法律明确将这种歧视定为非法,但是直接和间接的就业歧视仍然普遍存在。几十年前定下的一些年龄限制可能没有考虑预期寿命、健康状况和个人的具体能力、技能和知识等标准,需要进一步研究,并制定更加符合当前环境的新的适用标准。

就老年妇女而言,消除对妇女歧视委员会注意到,雇主常常将对老年妇女的教育和职业培训,包括信息技术培训视为无利可图的投资。一般而言,正规就业部门中的女性人数较少,而且她们从事同等价值的工作时,工资往往低于男性。消除对妇女歧视委员会进一步强调,职业生涯中的性别歧视到老年产生了积累效应,导致老年女性与男性相比,收入和养老金特别低,或者甚至没有养老金。

许多老年人能够自己生产或采购食物,以维持自己或其抚养者的粮食安全。不过,由于歧视或是由于政策或实务对工作、财产、租房或土地使用权设置了年龄限制等情况,老年人可能更容易丧失获得资源的机会。老年寡妇就属于这种情况,她们有时可能无法获得耕地,打工可能只能领到较低的日工资,获得正规和非正规贷款以支付基本生活开支的能力可能更加有限。

通过对适足住房权的不同要素的分析,也得出了类似的担忧。关于土地使用权和免遭强制搬迁的法律保障是全世界老年人共同关心的问题。与其他年龄层的人相比,老年人通常更容易遭遇强制搬迁。根据一些国家的法律,老年妇女在继承房屋、土地和财产方面面临障碍。在另一些区域,房东或房屋中介可能会骚扰长期租房的老年住户,强迫他们搬迁,从而可以重新翻修或者以较高价格出售房屋,[1]而强制老年人搬迁会对其造成巨大的身心伤害。

---

〔1〕 联合国大会人权理事会第七届会议议程项目3《适足生活水准权所含适足住房问题特别报告员米隆·科塔里的报告,对西班牙的访问》,A/HRC/7/16/Add. 2,7 February 2008,at para 50－56。

虽然无家可归的人中有很多是老年人，但是各国普遍不愿意研究该现象，并搜集系统的数据，以便通过并评估应对该问题的方案。能否付得起房屋费用是老年人特别关心的问题，尤其是对租户保护欠佳的国家。土地所有权争端、土地使用权得不到认可，以及定居的非正规性也影响了获得水和卫生设施的权利以及健康权。建筑结构上的障碍也可能对老年人造成很大影响。例如，居住在没有电梯的楼房中的老年人可能长期无法离开公寓。这种现象被描述为“监狱式公寓”，可能导致老年人与世隔绝，而且可能严重妨碍日常生活中的基本活动，例如买东西或看病。系统地采纳具体的无障碍标准、统一制定住房和建筑准则，以及城市规划将使人口中的不同群体，包括老年人获益，使他们能够享有适足的住房。在这方面，老年人参与决策制定过程并结成联盟至关重要。

二、《老年人权利公约》实施的文化障碍

老年人定义的复杂性一部分是出于生理因素，另一方面则得归因于文化。老年人特有的弱势地位和脆弱性主要源于其身体和精神状况，或衰老导致的损伤，但是也有可能是社会观念导致的障碍所致，以及个人与其环境互动的结果。诸如家庭环境，个人能否获得慢性病的诊断和治疗、家庭护理、信息和参与机制，以及性别或社会经济条件等大量因素，往往对个人经历有很大影响。如今，有尊严的老年生活更多地取决于实施了那些确保个人行使和享有所有人权的措施和政策，而不是实际年龄。国际社会尚未制定和实施这些机制，以应对更新、更微妙的老龄化、尊重和包容概念方面，同时承认需要进一步保护老年人免遭弱势地位和歧视。可惜的是，缺乏60岁以上人口的分类数据，以及体现老年人面临的不同问题的跨学科分析。

首先，出于人权分析的目的，年龄不仅是一个数字，而是基于习俗、惯例以及对个人在社会中作用的看法的社会建构。随着预期寿

命的大幅提高,社会需要调整对老年人做出的重要贡献的理解。60岁、70岁或80岁老人的生活质量和社会作用可能与各项法律和社会观念所设想的存在巨大差异,这些观念包括法定退休年龄、获得生产资源或保险的年龄限制,或是行使权利的法律行为能力。在这种背景下,不能再将年龄本身作为疾病、风险或依赖性的代名词。

虽然衰老本身不等于残疾,但是衰老可能导致残疾。一些直接与年龄有关的疾病,如阿尔茨海默氏症或者帕金森氏症是导致老年人残疾的主要原因。《2011年世界残疾报告》肯定了衰老与残疾的相关性在各区域都存在。衰老或残疾,或可能共同导致一个人容易遭到各种人权侵犯,包括因行动不便而导致行动自由遭到侵犯,或是治疗时没有征求其自由和知情的同意。残疾老年人在养老院或其他机构完全由他人控制时,或是当他们完全由照料者或法律监护人控制时,可能常常感到处于无能为力和脆弱的状况。在特定情况下,残疾可能导致丧失独立性,因此更加容易遭到虐待。

其次,暴力和虐待使得老年人的身体和心灵饱受摧残。《全球预防老年人受虐待多伦多宣言》将虐待老年人定义为"在任何按理应期待信任的关系中,发生可能对老年人造成伤害或痛苦的偶发或一再的行动或缺乏适当的行动"。对老年人的虐待可能是身体虐待、精神虐待、性虐待和情感上的虐待。对老年人的虐待往往是隐藏的现象,这一点与歧视很像。此外,由于普遍缺乏可靠的数据和信息,加大了评估问题严重性和提供有效补救的难度。

受照料老年人的待遇方面接到的最严重的投诉是肢体暴力。对老年人实施肢体暴力可能造成严重后果,即使是轻伤也可能需要长时间的恢复。除造成长期、严重的精神痛苦外,肢体暴力还会导致老年人提前死亡。其后果还严重影响精神健康,可能导致抑郁、恐惧、焦虑反应和创伤后应激障碍。健康权问题特别报告员在报告中强调机构照料可能对老年人尊严和自主性造成的负面影响,对于未经报道的照料机构中对老年人的暴力事件发生率表示关切。[1] 老年人还面临经济剥削,这种虐待可能存在多种形式,如对其财产、收入或物品的威胁,包括诈骗、任意剥夺其财产、盗窃、没收土地、财产或物品,以及出于控制其财务的目的,采用欺骗手段致使其无法享有和行使法律行为能力。

最后,健康权和临终关怀同样是一个特别令人关切的问题。提供或拒绝提供某些药物、检查和治疗往往是因为年龄原因。缺乏训练有素的工作人员、医院人满为患、服务和治疗费太高,以及不重视慢性病和缺乏药物仅仅是妨碍老年人及时就医的一部分结构性问题。这些因素单独或共同导致老年人在病入膏肓时才能就医,或根本得不到治疗。

在医疗和临终关怀方面,尊严和尊重所有人权是老年人福祉的关键。即使在国内法律对这方面行动有规定的情况下,关于获得某些药物的机构规定和章程也可能导致老年人遭受痛苦,或影响可能完全依赖他人的老年人,导致他们遭受巨大痛苦。提供指导以确保减轻避免不必要的痛苦(如褥疮),以及为临终老人及其家人和爱人提供感情上的支助至关重要。[2]

老年人可能面临影响生活的健康状况,而且往往长期如此。他们在面临疾病或死亡时,存在严重的社会心理和精神问题,而身体上的伤痛——即便可以避免——也很普遍。得不到临终关怀是妨碍老年人享有人权和尊严的最大障碍之一。根据这种观点,影响生活的健康状况是长期性的,限制或有可能限制个人正常生活的能力,这些状况包括癌症、艾滋病毒/艾滋病、痴呆、心脏病、肾病和肝病以及长

---

〔1〕 近年来的许多报告使人们关注这一现象。See Dinesh Sethi et al., *European Report on Preventing Elder Maltreatment*, World Health Organization, 2011, p. 30.

〔2〕 参见 Daphne III 方案下的 EUSTACEA 项目,European Charter of Rights and Responsibilities of Older People in Need of Long - term Care and Assistance: Accompanying Guide, 2010。

期严重的病痛。与治愈疗法不同,临终关怀的目的不是治愈病人或延长其寿命,而是减少其痛苦。缓解病痛对生活质量有着深远的影响。研究表明,长期受病痛折磨的人患抑郁症或焦虑症的概率是普通人的4倍。现有的医疗手段,包括鸦片类止痛片,价格相对较低,但是由于这类药物获得方面的障碍,或由于照料者或医疗人员缺乏意识,患者往往得不到这类药物。[1]

关于《经济、社会及文化权利国际公约》第12条所载能达到的最高的体质和心理健康的标准的权利,国际人权法措辞笼统。[2]

因此,经济、社会、文化权利委员会在关于享有能达到的最高标准的权利的14号(2000年)一般性意见中重申了综合方针的重要性,将预防、治愈和康复性治疗结合起来,并鼓励关心和关爱慢性病患者和临终病人,使他们免遭不必要的痛苦,并使他们能够有尊严地离开人世。

三、《老年人权利公约》实施的政治障碍

第一,政治障碍主要体现在社会保护和社会保障权方面。国际劳工组织的研究表明,全球80%的人口——其中许多为老年人——无法获得任何形式的社会保障,[3]因此联合国许多组织制定了名为“基本社会保护”的政策制定框架,它立足于人人享有社会保障的权利,以及享有其本人和家庭的健康和福祉所需的适足的生活标准的

---

〔1〕参见人权观察,Unbearable Pain: India's obligation to ensure palliative care (2009年);Uncontrolled Pain: Ukraine's Obligation to Ensure Evidence – Based Palliative Care (2011年)。

〔2〕大多数核心人权条约没有规定健康权,包括《世界人权宣言》《残疾人权利公约》《消除对妇女一切形式歧视公约》,以及包含年龄限制的《儿童权利公约》。

〔3〕International Labour Organization, *Setting Social Security Standards in a Global Society*, *An Analysis of Present State and Proactive and of Future Options for Global Social Security Standard Setting in the International Labor Organization*, 2008.

权利。[1]

从人权角度看，老年人直接和知情参与公共政策制订是其作为权利人享有平等待遇的核心。参与还可保障老年人不受到社会排斥和隔离。几个会员国在多部门方案拟订中强调了“老年人政策”概念，设立了顾问委员会，作为老年人的正式代表机构，与公私行为者探讨问题，还参与养老金改革、社会保险、医疗保健和长期护理相关领域的政策辩论。在有些情况下，一些国家在退休人士协会的积极参与下制定了国家行动计划。

老年人参与政治本身不仅是一种权利，还是确保老年人在社会中发挥积极作用的一个重要途径，还可确保将对年龄敏感的法律和政策考虑纳入国家法律。事实上，多数国家除了规定成年的最低年龄外，并没有在投票权和被选举权方面设定年龄限制。在若干国家，地方和公共理事会的许多代表是60岁以上的老人；老年公民一贯积极参与选举，是政党成员，还组织自己的政治活动和协会。老年男子和妇女特别是在农村地区仍然在传统的酋长制度中发挥积极作用。

面对广泛的不平等和贫困，该倡议建议采取一套政策，将社会主要领域与各年龄层对基本服务的获得结合起来。基本社会保护力求根据国内优先事项，通过基本养老金和残疾人津贴，以及普及基本医疗服务等方式，保障基本收入。政策呼吁保障最低收入，以及保障人人都能获得基本社会服务。《经济、社会及文化权利国际公约》第9条承认人人有权享有社会保障，包括社会保险权。《世界人权宣言》第22条也承认该权利。虽然社会保障权是一项独立的权利，但也是实现《经济、社会及文化权利国际公约》第11条保障的适足生活水准权的关键。

经济、社会、文化权利委员会关于社会保障权的第19号(2008

---

〔1〕 International Labour Organization, *Social Protection Floor for a Fair and Inclusive Globalization*: *Report of the Advisory Group*, 2011.

年)一般性意见审议了社会保障权的规范性内容。因此,充分落实该权利需要建立一个制度,以保障为与老年人有关的一些意外情况提供补助,例如养老金、遗属津贴、残疾人津贴和医疗补助。社会保障体系下的这些津贴应当保证充足的数量和持续时间,并保证所有人不受歧视地获得。委员会还强调,社会保障权包括缴费式和非缴费式津贴、现金和实物津贴。

2010年,人权和赤贫问题特别报告员编写了一份关于老年人的社会保护的专题报告。特别报告员指出,社会保护由社会保险和适当考虑实际生活成本的社会救助组成。她指出,覆盖面不足对赤贫人口影响最大,而赤贫人口中老年人居多。此外,缴费式社会保障体系加剧了性别不平等,老年妇女领到的养老金和其他缴费式津贴可能较少。正如特别报告员指出的,非缴费式社会保障制度缺乏适当法律框架的支撑,对受益人享有人权构成严重威胁。

第二,老人的长期照料方面也潜藏危机。专门的老年人照料服务通常分为家庭式和养老院式。在长期照料方面,无论是机构还是家庭照料,均显示出大量重要的人权问题,老年人在实现其自由和人身安全权、隐私权、行动自由权、言论自由权、免遭酷刑或其他残忍、不人道或有辱人格的待遇的权利、人格完整权、适足生活水准权和最终达到的最高水准的身心健康权方面面临的挑战很常见,但是没有得到适当的应对。

这方面的干预一向基于福利、社会保障和卫生系统的共同努力,高度依赖志愿者、家属或责任较轻的慈善和私营部门。由于长期照料似乎通常没有集中化管理,国家和地方政府有时可能分担责任。虽然正在努力建立新的机构或翻新现有机构,或是结合各种方式以应对不断增长的需求,但是数据显示,照料机构不足,缺乏适当的监督程序和训练有素的工作人员,包括社工、护士、老年病学家和医疗工作者,而且服务条件欠佳。

接受机构照料有时可能是老年人的自愿决定。这可能是老年人在切实获得所有相关信息、必要同意和不受非法压力的情况下自主做出的选择。最好由老年人保留其改变主意的权利,能够随时作出其他安排。不过,接受机构照料多为强制决定,特别是无法提供其他形式的照料,或家属没有能力或不愿提供照料时的强制安排。照料环境下的虐待和暴力风险因素可能与机构有关,如工作人员未经良好训练,以及容忍对病人的侵犯,或与接受照料者本身有关,如他们的性别、身体、精神或认知残疾或缺陷,以及他们对看护人员的进攻性或挑衅行为。长期以来,国内和国际人权监督机制都忽视了对这些机构的系统监督,也没有为其运作、报告和招聘政策制定明确的标准。接受机构照料的老年人可能遭受威胁、侵犯、不当的行为控制方法、忽视或未能获得适当或必要的照料,以及其他形式的虐待。

特别值得一提的是老年残疾人,他们因年龄或残疾或这两方面的因素住院或接受机构照料。一旦接受机构照料,大多数老年残疾人将在那里度过余生。[1] 残疾人权利委员会注意到诉诸紧急入院措施的趋势,而这种措施对被紧急送入医院的个人仅有事后保障。委员会建议修订允许因残疾而剥夺个人自由的法律,呼吁废除允许因明显或经诊断证明的残疾而强制某人住院的规定,建议采取措施确保医疗服务,包括所有精神医疗服务遵守当事人知情同意的原则。应当考虑并进一步制定类似措施,以涵盖接受机构照料的各类老年人。

家庭式照料是一个人权文书未充分涵盖,人权机构未充分关注的领域。它包括为长期生活不能自理的老年人提供各种支助服务,特别是与其健康、个人需要或情感需要有关的服务。家庭式照料可以包括对日常活动的支持,例如吃饭、穿衣、走路、洗澡、如厕、吃药、

---

〔1〕 参见联合国大会第六十三届会议《酷刑和其他残忍、不人道或有辱人格的待遇或处罚特别报告员的临时报告》,A/63/175,28 July 2008。

购物和做家务。经济、社会、文化权利委员会第6号一般性意见提到了其中某些需要，但大多数是在适足住房权和健康权的背景下提到的，不过人权机构的工作尚未充分涵盖长期照料中与日常生活的个人方面有关的其他内容。

承认适足生活水准权的各项国际规定明确了享有这类生活水准的一些必要条件。[1]《世界人权宣言》第25条第1款提到“食物、衣着、住房、医疗和必要的社会服务，在遭到失业、疾病、残废、守寡、衰老或在其他不能控制的情况下丧失谋生能力时，有权享受保障”。《经济、社会及文化权利国际公约》第11条第1款提到“足够的食物、衣着和住房”和“不断改进生活条件”。经济、社会、文化权利委员会强调以上列举并不详尽，还包括用水权，因为获得安全的饮用水是享有适足生活水准的必要条件。[2] 委员会提到“不断改进生活条件”有助于研究实现这一渐进目标的关键因素。

第三，监狱中的老年人和其诉诸司法的情况不容忽视。监狱中老年人人数的上升提出一系列新的挑战，条约监督机构至今尚未加以研究。[3] 安全的监禁条件，特别是对需要特殊支助的老年人的监禁条件需要完全不同的考量，例如冬天提供额外的衣物、监狱和牢房中的无障碍安排、特别防止他们在监狱里受到暴力和勒索，以及提供适合其年龄的教育和职业机会。关押老年人可能需要花更多钱，因为他们有特殊需要，这些需要与痴呆导致的认知限制、慢性病、造成残疾的疾病和末期疾病有关。监狱官员往往因缺乏资源、规划不善和缺乏对工作人员的培训而难以应对这些挑战。

需要考虑的其他问题包括继续监禁老年人是否构成过于严厉的处罚，以及是否应当对一定年龄的囚犯适用人道主义考虑。考虑到

---

〔1〕 另见《残疾人权利公约》第28条。

〔2〕 参见经济、社会、文化权利委员会第15号(2002)一般性意见：水权。

〔3〕 参见人权观察，Old Behind Bars：The Aging Prison Population in the United States，2012。

刑罚的目的——惩罚、剥夺犯罪能力、威慑和改造，在某些情况下，很多老年人继续被监禁可能是不合理的。相反，出于资金、实际因素和人权考虑，其他处罚方式可能更加合适。

在监狱系统之外，诉诸司法普遍要求提高老年人对法律权利和法律援助的认识水平，以及更好地提供有效救济措施。老年人往往不敢报告暴力或虐待行为，因为他们依赖虐待者，担心遭到报复，担心得不到帮助，或对可靠的机制不熟悉。要想保证国家制定考虑年龄因素的法律和政策，必须确保老年人的政治参与。

四、《老年人权利公约》实施的法律障碍

法律是保障权利的坚石。老龄化问题早在30多年前便已提上国际议程。自《维也纳行动计划》通过以来，国际社会已经就应对人口结构变化的必要性达成了共识。重点一直放在老龄化的发展层面上，不过，关于人权承诺的一般性发言重申了“世界人权宣言所载基本和不可分割的权利充分完全地适用于老年人”。一切宣言性质的文书，包括1991年通过的《联合国老年人原则》和2002年通过的《马德里行动计划》也承诺消除年龄歧视和增进老年人的人权。[1]《马德里行动计划》通过后，一直指导着国家一级政策和方案的起草工作，启发国家和区域计划的拟订，并为开展对话提供了一个国际框架。

《马德里行动计划》将重点放在社会问题上，尤其是健康和对老年人有利的扶持环境。虽然《马德里行动计划》通过20年来的积极影响不可否认，但是该文书没有为老年人提供全面的人权框架，也没有就重要人权问题作出规定，如法律面前的平等和非歧视、获得有效补救、免遭酷刑或其他残忍、不人道或有辱人格的待遇或处罚。《马德里行动计划》的实施没有系统地考虑与缔约国在国际人权文书上

---

〔1〕参见经济、社会、文化权利委员会第15号(2002)一般性意见：水权。

义务的联系。此外，该文书没有规定独立的监督和问责机制，以便充分评估其执行进展。

一方面，目前尚未制定专门针对老年人的具有约束力的国际人权条约，使得老年人权利缺乏实效保障。现有条约很少明确提及以年龄为由的歧视。[1] 在某些情况下，条约监督机制不得不使用开放类别（其他情况）审议老年人相关问题。国际人权机构多年来尚未建立一个系统的工作机构研究老年人问题。一些条约监督机制特别根据《经济、社会及文化权利国际公约》《公民权利和政治权利国际公约》《禁止酷刑和其他残忍、不人道或有辱人格的待遇或处罚公约》，并于近期根据《消除对妇女一切形式歧视公约》研究了影响老年人的情况。

条约监督机构的两项一般性意见说明了应用人权条约处理老年人核心问题的情况。第一，经济、社会、文化权利委员会 1995 年关于老年人的经济社会及文化权利的第 6 号（1995 年）一般性意见详细解释了《经济、社会及文化权利国际公约》缔约国对老年人的具体义务。该公约虽然于 1995 年通过，但至今仍是关于老年人权利的最全面的指导，例如健康权、适足生活水准权，包括适足食物获得权和适足住房权、工作权，以及社会保障权。第二，消除对妇女歧视委员会于 2010 年通过了关于老年妇女问题和保护其人权的第 27 号（2010 年）一般性建议。委员会承认老龄化的性别属性，以及歧视对老年妇女造成的极其严重的影响。建议呼吁作出实质努力，将老年妇女问题作为政策重点；采取临时特别措施，确保参与生活各领域；加强法律文书，保护老年妇女在《经济、社会及文化权利国际公约》下的权

[1] 《保护所有移徙工人及其家庭成员权利公约》第 7 条将“年龄”列为歧视理由。《残疾人权利公约》在关于健康的第 25 条第 2 项、关于适足的生活水平和社会保护的第 28 条第 2 款第 2 项、关于获得司法保护的第 13 条以及关于免于剥削、暴力和凌虐的第 16 条中提到了老年人。《消除对妇女一切形式歧视公约》在第 11 条第 1 款（e）项中提到了老年人在享有社会保障权方面遭到的歧视。

利;废除侵犯其权利的法律、法规和习俗;收集、分析和分发相关数据。

同样地,两名特别程序任务负责人,即人权与赤贫问题独立专家于2010年(A/HRC/14/31),人人有权享有可达到的最高水准身心健康问题特别报告员于2011年(A/HRC/18/37)就老年人状况开展了专题研究,审议了老年人的状况。[1]

最新人权机制——普遍定期审议近期完成了对所有国家的第一轮审议。如我们所料,与其他年龄层的人口相比,老年人问题极少受到缔约国关注。即使提到老年人,也只是与其他各类弱势群体一并提及。第一轮审议对老年人关注的不足证实了其他机制中已经明显存在的这一趋势。

不过,关于老年人的几项建议略有提及需深入关注的问题,如需要提供准确数据,说明被指控为女巫的老年妇女遭法外处决的情况;呼吁确保经济措施,包括追溯性措施不对老年人造成特别严重的影响;需要通过确保老年人获得医疗和社会支助服务的法律;采取措施保护寻求庇护的老人。[2]

---

〔1〕 经济、社会、文化权利委员会审议缔约国根据《公约》第16和17条提交的报告《经济、社会、文化权利委员会的结论性意见:蒙古》E/C.12/1/ADD.47,1 September 2000;经济、社会、文化权利委员会第三十一届会议《经济、社会、文化权利委员会的结论性意见:朝鲜民主主义人民共和国》E/C.12/1/ADD.95,12 December 2003;经济及社会理事会委员会第四十七届会议《经济、社会、文化权利委员会的结论性意见:以色列》E/C.12/ISR/CO/3,16 December 2011。

〔2〕 联合国大会人权理事会第十九届会议议程项目6《普遍定期审议工作组的报告 * 坦桑尼亚联合共和国》A/HRC/19/4,8 December 2011,para 85.29 和 para85.42;联合国大会人权理事会第十九届会议议程项目6《普遍定期审议工作组报告 * 爱尔兰》A/HRC/19/9,21 December 2011,para 106.35;联合国大会人权理事会第十九届会议议程项目6《普遍定期审议工作组报告草案 * 特立尼达和多巴哥》A/HRC/19/7,14 December 2011,para 87.28;联合国大会人权理事会第十八届会议议程项目6《普遍定期审议工作组报告 * 比利时》A/HRC/18/3,11 July 2011,para 100.51。

另一方面，国际保护机制的不足也使得老年人权利保护步履维艰。[1]《世界人权宣言》第 1 条所载普遍性和不歧视原则是国际人权法的基石，该条申明："人人生而自由，在尊严和权利上一律平等。"老龄化的现实为这些原则开创了一个新时代，60 岁、70 岁或 80 岁老人正在大声疾呼，声称人们都会老去，但是只要活在世上，他们的权利就不变。禁止歧视是国际人权法的支柱之一，因此法律上和事实上对任何个人的歧视必须是所有人权分析的焦点。歧视的定义是指任何区别、排斥或限制，其目的或其影响均足以妨碍或否认在与其他人平等的基础上认识、享有或行使政治、经济、社会、文化、公民或任何其他方面的人权和基本自由。老年人根据平等、尊重、自主和尊严的原则提出他们的要求。令人遗憾的是，现实恰恰相反：老年人遭到忽视，国内和国际机构未妥善处理的人权问题不断增加，老年人问题不受重视。

首先，老年人期望在法律行为能力和在法律面前获得平等承认。在过去，老人有监护人，并由他人代为作出决定被认为是一个没有什么争议的问题。不过，现在已经转变为《残疾人权利公约》第 12 条规定的在他人协助下作出决定，这种模式将个人的自主性和独立性置于该概念的核心位置。导致该规定及其对残疾人适用的讨论可以为审议老年人在法律面前的平等性提供指导，必须针对他们的具体情况进一步考虑。

衰老可能意味着更加依赖他人，可能需要新的获得信息或指导的方式。不过，许多老年人的证词一次又一次地显示，他们被当作无用之人，之前几十年的独立工作、经济价值和自主性都被忽略。他们不止一次指出照料者、公务人员或家属居高临下的态度，仅仅因为他们行动不便、不能说话或反应慢就把他们当作小孩子对待。应采取

---

〔1〕 联合国大会人权理事会第七届会议《适足生活水准权所含适足住房问题特别报告员米隆·科塔里的报告增编，对西班牙的访问 *》A/HRC/7/16/Add. 2，7 February 2008，para50 – 56。

措施,确保帮助老年人行使其法律能力,包括切实保障其免遭虐待。应当为老年人提供保障,确保在与生活有关的所有事务中,包括治疗、住所、资产、关系、自决、临终关怀或任何其他情况下,考虑他们的偏好和最高利益。同样,应当控制特别是家人和照料者与老人的利益冲突及其不适当的影响。有针对性的应对方法包括考虑每个人的具体情况,并要求一个独立、公正的主管部门或司法机构定期进行审查。保障水平必须与个人权利或利益受影响的程度相称。

其次,"年龄歧视",即对年长者的歧视和侮辱普遍存在。年龄歧视有时体现为经常性的丑化以及负面态度和做法;有时体现在法律和政策中,例如在招聘方面或行使权利的法律行为能力方面。年龄歧视通常是老年人被孤立和排斥的根源,老年人被认为没有生产力,因此无关紧要。年龄歧视还与公开和私下的暴力和虐待有着密切联系。此外,年龄歧视往往因其他歧视理由而变得更加严重。性别、残疾、健康或社会经济条件、居住地、婚姻状况和族裔或宗教背景(仅举几个例子而已)方面的歧视通常共同对老年人造成伤害。

人权条约尚未明确定义年龄歧视。如上所述,除《保护所有移徙工人及其家庭成员权利国际公约》、《残疾人权利公约》和《消除对妇女一切形式歧视公约》外,其他主要国际人权条约均未提到年龄问题。不过,国际人权法对歧视作出了如下定义:其目的或效果是在任何领域损害或取消在与其他人平等的基础上,对一切人权和基本自由的认可、享有或行使的任何区别、排斥或限制。[1] 关于年龄歧视的讨论不可避免地涉及行使某些权利的年龄上限,如某些工作的工作权。人们普遍认为,只有在限制客观且不过分的情况下,对人权的限制才是合理的。因此,除非年龄限制与所承担工作的性质有明确联系,否则基于年龄的一般性排斥都是不可接受的。

老年人的状况带来了许多特殊和紧迫的人权挑战。如上所述,

---

〔1〕 例如,见《消除对妇女一切形式歧视公约》第1条,或《残疾人权利公约》第2条。

这些挑战涉及公民、文化、经济、政治和社会权利。年龄歧视、长期缺乏照料、暴力和虐待、社会保护、适足的食物和住房、体面的工作、获得生产资源、法律行为能力、健康支持和临终关怀是亟须关注的一些领域。每一项挑战都因保护框架中规范和实际操作的缺陷而变得更加严峻,每一项挑战都引发了一系列值得深入分析和规范的问题,亟待我们进一步探索有效的解决方法。

第五章　我国对老年人权益国际法律保护统一化挑战的因应措施

第一节　我国在老年人权益国际法律保护统一化进程中的立场

一、我国老年人权益保护方面的突出成就

新中国成立至今,在保障老年人权益方面,已取得举世瞩目的成就。归纳起来,主要有以下四个方面:

(一)构建了老年人权益保护的立法与司法体系

中华民族一直以来有尊老敬老的优良传统,重视并采取切实有效措施,积极探索适合中国国情的老年人权益保护法律模式。

中华人民共和国成立之后,国家综合采取德治和法治手段,切实保障并落实老年人各项合法权益。[1] 新中国成立后,党中央和国务院非常重视老年人权益的保护,制定一系列的法律、法规和政策,以保障离休人员所应享有的各种与老年社会保障、老年福利、老年文化教育等有关的待遇。1951 年 2 月 26 日,政务院首次公布《中华人民共和国劳动保险条例》,离退休老年人权益保护制度经历了创立、破坏、恢复、改革四个阶段。具有标志性保障老年人权益的 3 个法律文件有:1991 年《关于企业职工养老保险制度改革的决定》、1995 年《国务院关于深化企业职工养老保险制度改革的通知》、1997 年《关于建

〔1〕 李超:《我国老年人权益保障制度研究》,中国人民大学 2005 年博士学位论文。

立统一的企业职工基本养老保险制度的决定》,这些都为老年人权益保护的法律制度奠定了坚实的基础。

首先,我国宪法中就明确规定了老年人相关权利。例如:《宪法》第44条、第45条、第49条分别规定了退休人员的社会保障、公民获得物质帮助的权利、成年子女赡养义务、禁止虐待老人等内容。显然,这些规定为老年人权益保护提供了宪法依据,将老年人相关权利上升到公民基本权利高度,并由国家根本法加以保障,对老年人的权利保护产生积极意义。[1]

其次,以专门立法、部门立法、地方性法规以及制定政策等形式保障老年人合法权益。1996年8月29日通过的《老年人权益保障法》,是我国第一部专门保护老年人特殊权益的法律,将老年人这一特殊群体作为唯一调整对象。2012年12月28日对此进行修订,并将子女"常回家看看"写入法律、增加老年人福利、强调建立健全家庭养老支持政策。并且在我国《民法典》《刑法》《治安管理处罚法》等基本部门法律中,都明确了老年人的权利以及侵害老年人权利应承担的法律责任。诸如我国《民法典》第1041条规定公民婚姻自由、保护老年人合法权益;《刑法》第261条明文规定对于遗弃老年人的人予以刑事处罚。据统计,经过20多年的努力,我国已经形成了以《宪法》为基础,以《老年人权益保障法》为主体的多层次保护老年人权益的法律体系,相关的法律法规、政策文件多达200多件。近20年来,全国人大及其常委会、国务院及其有关部门颁布的老龄法律、法规、规章及有关政策达200余件。[2] 另据2013年12月30日,由国家发展改革委、民政部、财政部、人力资源社会保障部和全国老龄工作委员会办公室等24个部门联合下发的《关于进一步加强老年人优待工作的意见》,该意见提出全面建立健全老年人优待政策,至2020

〔1〕 徐瑞鸿:《老年人权利的保护与救济》,烟台大学2003年硕士学位论文。
〔2〕 李昌麒:《弱势群体法律保护问题研究》,载《中国法学》2004年第2期。

年让老年人过上更加幸福的小康生活。[1] 较之2005年发布的《关于加强老年人优待工作的意见》，拓展了老年人优待项目、细化了老年人同等优待的项目内容。各省（自治区、直辖市）为体现对老年人的关爱和尊重，也制定了相关优待政策。

最后，我国在司法实践中非常重视老年人权益的保护问题。对老年人的养老、医疗、虐待、遗弃等事关老年人切身权益的案件，从受理、立案到审理、执行，从诉讼费用的缓减免缴纳到法律援助专项基金的设立，采取适当优先的倾斜保护，部分基层法院还设立专门处理涉老民事纠纷案件的"老年法庭"，初步建立涉老案件陪审员制度。[2] 基层人民调解组织和人民调解员自2001—2005年的4年多时间，调解涉老纠纷40多万件。各级人大常委会通过定期或不定期开展执法检查，各级人民政协履行民主监督职能，各级人民政府部门加强信访的意见畅通渠道，各级新闻媒体展开舆论监督，以上形成合力以保障老年人权益。[3]

自1996年"三五"普法计划开始，直至现在"八五"（2021—2025年）普法计划，每一次的普法计划都会将《老年人权益保障法》纳入其中，通过学习宣传、强化社会责任，从学校教育抓敬老爱老，督促老年人加强自我保护意识。在每年中国传统节日重阳节和本地敬老节日期间，政府有关部门积极组织大型宣传教育活动和敬老活动。2013年重阳节当日，江西省举办"情暖重阳节"大型敬老活动；天津市于2014年4月举办首届"'敬老号'千名中老年人游中国"的大型旅游活动；2014年4月12日合肥市举办的"第六届青少年电脑机器

---

〔1〕《24部门联合发文要求进一步加强老年人优待工作》，载中华人民共和国中央人民政府网2019年6月3日，http://www.gov.cn/jrzg/2013-12/31/content_2557723.htm，最后访问日期：2019年7月25日。

〔2〕李超：《老年人维权之利剑：老年人法律保障制度研究》，上海人民出版社2007年版，第81页。

〔3〕《中国老龄事业发展"十二五"规划（2011—2015年）》，http://www.gov.cn/zwgk/2011-09/23/content_1954782.htm，最后访问日期：2016年9月2日。

人竞赛”中,很多机器人的发明中都包含了敬老爱老意识,如能帮助老人开窗、购物的机器人、助老雾霾监测机器人、精神慰藉机器人等。2018 年 10 月 15 日重阳节,全国各地举行各种庆祝重阳节活动,弘扬尊老敬老、厚德仁爱的精神。[1]

(二)实施老年人保护的国家计划

中国政府先后颁布实施促进老龄事业发展的“十五”至“十三五”规划,[2]国家发展改革委、民政部、国家卫生健康委、国家医保局四部门有关负责同志就《“十四五”国家老龄事业发展和养老服务体系规划》答记者问,为提升我国新时期老龄事业发展水平、完善养老体系进行了顶层制度设计。[3] 2009 年 10 月,国家从国家层面、战略高度,全面审视中国人口老龄化问题,正式启动应对人口老龄化战略研究,并建立了督查和评估制度,完善了统计指标体系。20 世纪 80 年代以来,我国政府先后三次进行了全国范围的老年人口状况调查,为老年人权益保护的科学决策提供了重要依据。

(三)健全老年人组织

1999 年国务院成立的全国老龄工作委员会,由国务院副总理担任主任,由国家 26 个部门副部长级领导担任委员。委员会下设办公

---

〔1〕《合肥市青少年机器人竞赛开幕 敬老爱老成主题》,载凤凰资讯 2014 年 4 月 13 日,http://news. ifeng. com/gundong/detail_2014_04/13/35728043_0. shtml,最后访问日期:2019 年 6 月 28 日。《重阳节全国各地开展丰富多彩的尊老敬老活动》,载中国新闻网 2019 年 6 月 5 日,http://www. chinanews. com/ sh/ 2018/10 - 16/8650856. shtml,最后访问日期:2019 年 6 月 28 日。

〔2〕《国务院关于印发〈“十四五”国家老龄事业发展和养老服务体系规划〉的通知》,载中华人民共和国中央人民政府网 2022 年 2 月 21 日,http://www. gov. cn/zhengce/content/2022 - 02/21/content_5674844. htm,最后访问日期:2022 年 5 月 15 日。

〔3〕《四部门有关负责同志就〈“十四五”国家老龄事业发展和养老服务体系规划〉答记者问》,载中华人民共和国中央人民政府网,2022 年 2 月 21 日,http://www. gov. cn/zhengce/2022 - 02/21/content_5674902. htm,访问日期:2022 年 5 月 15 日。

室，负责日常工作。目前，全国已基本建立起省（自治区、直辖市）、市（州、盟）、县（市、区、旗）、乡镇（街道）各级老龄工作委员会及其办事机构，村（居）民委员会有专人负责老年人权益保护及老龄工作，初步形成从中央到地方的工作网络。各级老年人协会、老年社团组织、老年人法律援助中心等在实现老年人权益保护、推动社会发展方面，起到了积极的作用。通过为老年人营造权益保护的良好环境，鼓励企事业单位在内的社会力量投入老年人产业，老年人在科研、教育、志愿服务等方面的生活明显改善，精神面貌焕然一新。

（四）逐步建立和健全社会养老保障制度

老年人权益保障要重视并优先发展符合经济社会发展和人口老龄化水平的社会养老保障制度，逐步建立健全政府、社会、家庭和个人相结合的社会养老保障体系。[1] 我国社会养老服务体系仍然处于起步阶段，但是，为确保包括老年妇女在内的所有老年人老有所养，中国政府正不断努力完善社会养老保障制度。国家建立以家庭养老为基础、社区服务为依托、机构养老为补充的养老服务体系，提供多种形式的养老服务。根据民政部相关数据：2021 年全国注册登记的养老机构达 42534 个，全国注册登记的养老机构床位数 501.6 万张。[2] 2010 年全国接受免费健康检查并建立了健康档案的 65 岁以上老年人为 5700 多万，2011 年各地在建立居民健康档案的基础上，继续为老年人免费提供 1 次包括体格检查、辅助检查和健康指导的健康管理服务，全年为 65 岁以上老年人提供健康管理服务达 1.03 亿人次。不仅如此，各省（区、市）还普遍实行了高龄（长寿）津贴制度，为高龄老人提供生活补贴，并积极贯彻落实《关于进一步加强老年人优待工作的意见》，在卫生保健、维权服务、文体休闲等方面为老

[1] 李超：《我国老年人权益保障制度研究》，中国人民大学 2005 年博士学位论文。

[2] 《2021 年中国各省市养老机构大数据分析：全国养老机构超 4 万个》，载中商情报网，2022 年 3 月 19 日。http://m.askci.com/news/data/hongguan/20220319/1058451746381.shtml，访问日期：2022 年 5 月 15 日。

年人提供优惠或优先服务。2011 年 12 月,国务院办公室印发《社会养老服务体系建设规划(2011—2015 年)》(国办发〔2011〕60 号)。该规划提出:“到 2015 年,基本形成制度完善、组织健全、规模适度、运营良好、服务优良、监管到位、可持续发展的社会养老服务体系。”至 2012 年 3 月,中国已经初步建立了适度普惠的老年福利制度。至 2012 年 5 月,中国已经全面建立了城乡孤老国家供养制度,由政府无偿供养那些没有劳动能力、欠缺生活来源又无法定赡养、扶养义务人的老年人。全国已有 15 个省份建立了 80 岁以上高龄老年人补贴制度,14 个省份建立了养老服务补贴制度。2012 年 8 月 30 日,国家发改委、财政部、民政部等部委,正式颁布《关于开展城乡居民大病保险工作的指导意见》(发改社会〔2012〕2605 号)。2013 年以来,我国共有 28 个省份启动实施了大病保险试点,8 个省份全面推开,试点地区大病患者报销比例达到 70% 以上。2013 年中央财政下拨 5 亿元疾病应急救助补助资金,以支持各地建立疾病应急救助制度。提高城乡居民医保和大病保险筹资标准,2019 年居民医保人均财政补助标准新增 30 元。提高大病保险保障功能,政策范围内报销比例由 50% 提高至 60%。建立统一的城乡居民医保制度,2019 年年底前实现统一的居民医保制度过渡。[1] 至此,我国政府在加强城乡老年人的医疗保障方面有了重大突破,为老年人提供基本医疗需求设定了政策框架。

我国目前在保护老年人权益方面取得了显著成绩。养老保障体系逐步完善,城乡覆盖范围进一步扩大,企业职工基本养老保险制度实现全覆盖,基本养老保险实现了省级统筹,新型农村社会养老保险

---

〔1〕《今年全面推行城乡居民大病保险》,载网易新闻 2014 年 4 月 19 日,http://news.163.com/14/0419/13/9Q6S4PG900014Q4P.html,最后访问日期:2015 年 5 月 14 日。《2019 年城乡居民医保和大病保险筹资标准提高》,载中研网 2019 年 6 月 25 日,http://www.chinairn.com/news/20190514/145256320.shtml,最后访问日期:2020 年 1 月 2 日。

试点范围逐步扩大。职工和城镇居民基本医疗保险制度实现全覆盖，新型农村合作医疗参合率稳步提高。老年社会福利和社会救助制度逐步建立，城乡计划生育家庭养老保障支持政策逐步形成。全社会维护老年人权益意识明显增强，敬老爱老助老社会氛围日益浓厚。[1]

二、我国积极参与有关老年人权益保护的国际活动

在老年人权益保护方面，我国拥有古老的优良传统。伴随着新中国的成立，特别是直接参与联合国活动后，中国政府继续发扬文明古国的优良传统，积极参与国际社会中有关老年人保护的各种活动。无论是涉及老年人权益保护的国际会议还是世界性宣传活动，中国的身影随时可见、中国的声音随时可闻。但凡国际社会中有关老年人权益保护统一化的条约或公约谈判、磋商，甚至相关议定书、决定、决议等国际法律文件的推出，中国政府都积极主动参与并尽可能有所贡献。

中国政府先后参加联合国召开的第一次、第二次世界老龄大会以及有关国际性、地区性老龄会议。在2002年由联合国主持召开马德里第二次老龄问题世界大会以后，中国政府主动承担了亚太地区后续行动会议筹备和组织工作，成功承办了联合国第二次世界老龄大会亚太地区后续行动会议以及一系列国际和地区性老龄会议。

第二次老龄问题世界大会亚太地区后续行动会议于2002年9月如期在中国上海举行。会议在联合国主持下，各国代表参会积极，发言踊跃，取得了理想的效果。中国政府代表团团长、国务委员、全国老龄工作委员会常务副主任、民政部副部长、全国老龄工作委员会办公室常务副主任在大会发言，表明了中国政府对待老龄问题的立场和观点。这次后续行动会议为亚太地区老年人权益保护及老龄事

---

[1] 刘灵芝：《中国公民养老权论》，吉林大学2008年博士学位论文。

业发展提供了纲领性文件和行动准则。[1]

可见,在老年人权益国际法律保护活动中,我国参与制定、积极实施国际老龄行动计划、亚太地区老龄行动计划,[2]而且积极开展老龄领域全球性、区域性的多边和双边交流与合作。我国已经加入了6个国际性老年人保护组织:国际老年学学会、国际第三年龄大学协会、国际社会保障协会、国际老龄联合会、国际老龄协会、国际助老会。还与包括联合国有关组织、欧盟以及一些国家的政府和非政府组织90多个国家和地区的老年人保护组织,建立了业务合作关系,开展老龄事业项目合作。在海牙国际私法会议制定和实施与老年人权益保护相关的公约过程中,我国也积极参与并献言献策,且贡献突出。

三、我国签署和批准海牙《成年人国际保护公约》的必要性和可行性

海牙国际私法会议于2000年通过的海牙《成年人国际保护公约》,是国际社会历史上第一部专门保护成年人权利的国际公约,在促进国际社会老年人权益保障和老年人事业发展方面具有里程碑的作用。虽然我国是海牙《成年人国际保护公约》的主要起草者、制定工作的参与者,却一直没有签署该公约,并且目前也未表现出任何批准公约的意图。

无论从国际社会还是我国国内情况来看,我国及时签署并批准

---

〔1〕 全国老龄工作委员会办公室、中国老龄协会编:《第二次老龄问题世界大会暨亚太地区后续行动会议文件选编》,华龄出版社2003年版,第3页。

〔2〕 2011年11月22日至24日,由联合国亚太经社会主办、全国老龄委办公室承办的马德里老龄问题国际行动计划(MIPAA)第二次区域回顾及评估亚太地区政府间会议筹备会议在北京召开。会议回顾了亚太区域第二次评估活动的进展情况,与会者分享了各自在评估工作中的经验做法;围绕MIPAA的三个优先行动方向,即老年人与发展、促进老年人健康和福祉以及为老年人建立支持性的环境,探讨了本区域评估活动的优先领域。

实施海牙《成年人国际保护公约》具有深远的意义。这既可使我国在国际社会避免被动应付的局面,又可为我国老年人事业发展寻求国际保护机制。具体而言,一旦我国批准实施《成年人国际保护公约》,将在国内和国际社会产生重大影响,具有重要的现实意义。

1. 有利于全面提高我国老年人权益的保护水平

作为全程参与海牙国际私法会议《成年人国际保护公约》起草、谈判和制定工作的国家之一,我国不但应在公约创制方面积极主动,而且在签署和批准实施公约方面,也同样应该发挥表率作用。海牙公约为我国提高老年人权益保护水平提供有效途径,通过遵守公约来约束各成员国的相关组织和人员,是国际通行做法,符合当今保护老年人权益的权利观,更利于充分实现老年人的权利。

2. 有助于我国老年人权益保护立法与国际接轨

无论国际社会如何努力,但在提高老年人权益保护水平和力度上还是需要国家立法发挥基础作用。虽然国际社会普遍认识到了国际法律在提高老年人权益保护方面的重要意义和功能,但国内立法仍然是提高老年人权益保护水平和提升老年人地位不可或缺的方式。将有关老年人保护的国际法律规范融入国内法,既可用来为老年人立法提供共同标准,又可反映在老年人权益保护的政策和项目中。因海牙国际私法会议《成年人国际保护公约》目前尚是国际社会有关成年人特别是老年人权益保护的唯一全球性公约,借鉴其先进的立法理念、宗旨、具体措施和规则等,对修改与完善我国老年人权益保护相关法律法规、健全老年人权益法律机制具有很多帮助。

海牙《成年人国际保护公约》为成年人特别是老年人权益的国际保护问题设立了一套实用的冲突法规则。首先,在适用范围一章中,使用"心智丧失或精神耗弱",而非"无行为能力"对"成年人"下定义,这种事实描述避免了法律定义的不同的冲突;被保护人"自我决定权"的各项保护措施,体现了法律对人的终极关怀。其次,在管辖权一章中,引入连结点"惯常居所地",解决本国法主义和住所地法主义之间属人法的冲突。最后,在法律适用一章中,引入“最密切联系原则”,将最密切联系地的确定标准设定为有利于保护成年人特别是老年人的人身或财产。同时,该公约为了体现对成年人残存意识的充分尊重,通过赋予老年人意思自治,解决其老年人协议的委托或者单方授予代理权问题,这些都是完善我国国际私法相关制度时所不可忽视的。此外,海牙《成年人国际保护公约》不仅对成年人特别是老年权益的国际保护问题设定了一些具体、详细的规则,而且着力构建机制以协调各国在该领域的国际合作,全面实现对涉外老年人权益的有效维护。公约为该领域提供了广泛沟通和全面合作的国际法律依据。[1]

海牙国际私法会议《成年人国际保护公约》的最终通过和生效,是世界许多国家和国际组织共同努力、集体讨论、反复磋商、不断修改的结果,是人类共同智慧的结晶。公约对于因心智丧失或精神耗弱而不能对自身利益进行保护、居住在国外的老年人,给予法律上特殊保护,为我国保护老年人权益立法、倾听老年人声音,提供了很好的参考。因此,我国老年人的权益保护在立法与具体法律实施方面的改革也可借鉴海牙公约的方法与规则,尽可能充分做好前期准备工作,全面聆听各个层次的声音,尤其是老年人自身的意见和建议。不仅规则和措施可资借鉴,公约务实的主张和客观的立场也值得我国在进行老年人权益保护立法改革时参考和学习。

可以说,随着现代社会国际人权观念日益深入人心,个人的基本人权、人格尊严获得了空前的重视,[2]社会生活中弱者的权利的保护受到了越来越多的关注。老龄化社会这一浪潮使老年人权益的国际法律保护问题备受重视。海牙《成年人国际保护公约》就是顺应这种潮流而制定的,尽管公约并非专门针对老年人,但其适用范围将老

---

〔1〕 邓杰:《国际私法分论》,知识产权出版社 2005 年版,第 256 页。

〔2〕 朱晓青:《〈公民权利和政治权利国际公约〉的实施机制》,载《法学研究》2000 年第 2 期。

年人包括在内并将其列为公约的主要保护对象。因此，我国作为海牙国际私法会议的成员国，应尽快考虑签署和批准实施海牙《成年人国际保护公约》。这既顺应社会历史发展的客观需要，也极具实践可行性。

第二节　我国应对老年人权益国际法律保护统一化的具体对策

一、我国老年人权益保护立法的现状与不足

（一）我国老年人权益保护面临的挑战

我国人口老龄化的发展趋势对老年人权益保护提出了严峻挑战。目前，中国是世界上老年人口最多、增长速度最快的国家之一。[1] 20世纪80年代以来，我国60岁以上的老年人口数量平均每年以3%的速度持续增长，更为突出的是，80岁以上的高龄老人已高达1100万，并以每年平均5%的速度递增。[2] 依照联合国确定老龄化国家的标准，[3]中国是世界上较早进入老龄社会的发展中国家，自1999年就已步入老龄社会，老年人口数量之多，已占全球老年人口总量的1/5。联合国有关调查统计资料显示：中国65岁以上的老年人，2020年将达到1.67亿，约占全世界老龄人口的24%；2030年将达到2.15亿，成为世界第一大老年型国家。[4] 事实上，自1999年中国成为老年型国家以来，其人口老龄化速度已进入快速增长期。2011年4月28日，国家统计局发布《第六次全国人口普查主要数据

---

〔1〕 牟洋：《浅析老年人权利法律保障及其完善》，山东大学2009年硕士学位论文。

〔2〕 李洪星、王岳喜：《试论老年监护制度的功能》，载《技术经济与管理研究》2005年第5期。

〔3〕 联合国规定：65岁以上老年人人口占社会总人口7%，60岁以上人口占总人口10%，即进入老龄化社会。

〔4〕 邝穗雄：《精神病人的责任能力研究》，法律出版社2000年版，第227页。

公报(第 1 号)》,公报显示,60 岁及以上人口为 177,648,705 人,占 13.26%,占比上升 2.93%,其中 65 岁及以上人口为 118,831,709 人,占 8.87%,占比上升 1.91%。[1] 2019 年 2 月 28 日发布的《2018 年国民经济和社会发展统计公报》中显示,我国老龄人口的增长量和增长速度逐年上升,年末全国参加城镇职工基本养老保险人数比上年末增加 1555 万人,参加城乡居民基本养老保险人数增加 1137 万人。[2] 由此,我国老年人增长速度、比重都超过世界老龄化程度。[3] 据有关人口专家预测,到"十二五"期末,我国老年人将达到 2.21 亿,平均每年增加 860 万,老龄化水平提高到 16%;到 2025 年突破 3 亿,2033 年突破 4 亿,2055 年前后达到峰值 4.87 亿。可见,我国 2050 年以后将有 4 亿多的超过总人口 25% 的人是 60 岁以上老年人。[4] 相当于每 4 个中国人就有 1 个老年人。[5] 我国有关部门也意识到了这一问题的严重性。全国老龄办发布的《中国人口老龄化发展趋势预测研究报告》表明:我国的老龄社会已经不可逆转,从 2001 年到 2100 年,将经历快速老龄化、加速老龄化和稳定的重度老龄化三个阶段,表现出"老年人口规模大、发展速度快、时间和空间上不平衡、呈现高龄化趋势、人口老龄化超前于社会经济发展"等特征,这些都是世界人口发展史上前所未有的。老龄人口的增长会使人口的抚养比发生改变,被抚养人口的数量增加势必加重现有劳动人口

---

〔1〕《2010 年第六次全国人口普查主要数据公报(第 1 号)》,载中国新闻网 2011 年 4 月 28 日,http://www.chinanews.com/gn/2011/04－28/3004638.shtml,最后访问日期:2014 年 5 月 6 日。

〔2〕《2018 年国民经济和社会发展统计公报》,载国家统计局网 2019 年 6 月 5 日,http://www.stats.gov.cn/tjsj/zxfb/201902/t20190228_1651265.htmll,最后访问日期:2019 年 12 月 5 日。

〔3〕据联合国预测,1990—2020 年世界老龄人口平均年增速度为 2.5%,同期我国老龄人口的递增速度为 3.3%,世界老龄人口占总人口的比重从 1995 年的 6.6% 上升至 2020 年的 9.3%,同期我国由 6.1% 上升至 11.5%。

〔4〕陈杏铁、张正义:《老年社会工作》,中国人民大学出版社 2000 年版,第 6 页。

〔5〕有学者预测中国将在 2030 年进入"超老型"社会。

的负担。我国劳动年龄人口进入负增长，老年抚养比却相应上升。[1] 预计到2025年中国每100个劳动年龄人口将抚养29.46人，2050年抚养48.49人。根据2018年统计公报，2018年中国老年抚养比达到了17%，这创造了1990年以来有数据可查的历史纪录，相比1991年的水平，几乎提高了一倍。[2]

据《中国养老金精算报告2019—2050》表明，制度赡养率在未来30年翻倍，2028年将出现赤字并不断扩大。[3] 据有关医学研究的报道，尽管目前医疗科技的发展迅猛、人类平均寿命延长，但社会高龄人口的增加无法避免患老年痴呆症的人数的递增。近年发现老年痴呆症的总体发病率为5%以上，并且在上海等发达城市正以每年1.4%的速度上升。据不完全统计，我国65岁以上人群中患重度老年痴呆的比率达4.8%，而到80岁，此比率上升到15%到20%。[4] 我国老年人的健康状况不容乐观，60岁及以上老年人中老年痴呆患者约有1507万。[5] 北京一家权威研究中心的调查显示：北京市60岁及以上的老人中痴呆症的患病率为5.1%，65岁及以上为7.3%，80岁及以上的老人患病率为15.9%，而90岁及以上的老人中有1/3

[1] 老年抚养比是人口中非劳动年龄人口数中老年部分对劳动年龄人口数之比，表明每100名劳动年龄人口要负担多少名老年人，是从经济角度反映人口老化社会后果的指标之一。也称老龄人口抚养系数，简称老年系数。

[2] 《老年抚养比创新高 2022年有望正式实施延迟退休制度》，载新浪财经综合网2019年6月26日，https://finance.sina.com.cn/china/gncj/2019-03-22/doc-ihtxyzsk9453102.shtmll，最后访问日期：2019年8月24日。

[3] 《中国养老金精算报告2019—2050》发布，载中国老龄事业发展中心网2019年6月27日，http://www.chinallsy. org/Index/show/catid/12/id/1321.htmll，最后访问日期：2019年7月8日。

[4] 《"常忘事"当心老年痴呆》，载新浪网2014年4月3日，http://sd.sina.com.cn/bz/news/z/2014-04-03/ 0954-2598.htmll，最后访问日期：2014年8月23日。

[5] 《认知症老年人照护服务现状与发展报告》在京发布，载今日中国2021年5月12日，http://www.chinatoday.com.cn/zw2018/sh_4980/202105/t20210512_800246179.html，最后访问日期：2022年6月8日。

患有该病，每年增加新病人大概 25,000 多人，每年新发病率为 1.32%。上海户籍 60 岁及以上的老年人占全市户籍人口总数的 35.2%，[1]其中 65 岁及以上的老年痴呆症的患病率为 6%，80 岁及以上老人的患病率已达 30%以上，而 85 岁及以上老人的患病率高达 30%。广州 60 岁及以上户籍老年人口约有 179.95 万，[2]其中老年痴呆患者近 10 万。现代人员流动的加剧，传统家庭规模的缩小，老年人独自居住现象增多，甚至产生出大量空巢老人、失独老人。老年人在自身判断能力逐渐衰退且行动能力日益迟缓的情况下，如何保障自身正常生活，保护其应有的权利，应受到越来越多的关注。[3]

我国人口老龄化关系到全球范围人口老龄化进程，这要求我国必须直面这一问题，积极应对由人口老龄化带来的严峻挑战。正如全国人大内务司法委员会副主任委员张学忠所指出的：积极应对人口老龄化是国家的一项长期战略任务，“对于我国在‘未富先老’的特殊国情下实现经济社会可持续发展具有重要意义”。因此，如何处理好数量庞大的老年人群体的合法权益保护问题，关系到国计民生和改革发展稳定的大局。可以说，历史和现实都要求我国强化老年人合法权益的保护力度，积极融入老年人权益国际法律保护统一化进程。[4]

（二）我国老年人权益保护立法现存缺陷

在老年人权益保护方面的法制建设过程中，我国经历了从政策导向到法制导向的转变。新中国成立后，国家制定了大量有关保护老年人权益的法规制度，包括党中央和国务院为离退休人员制定的

---

[1] 2014 年 4 月 10 日上海市发布本市老年人口和老龄化事业发展数据显示，截至 2013 年 12 月 31 日，上海户籍 60 岁及以上老年人共计 387.62 万人，比上年新增 20.30 万人。

[2] 截至 2020 年，广州 60 岁以上户籍老年人口占总户籍人口总数的 18.3%。预计广州到 2025 年将有 200 万老龄人口，2030 年将达到 230 万。

[3] 张雨明：《中国女性老年人的生活现状与需求研究》，华东师范大学 2008 年博士学位论文。

[4] 王健：《浅谈老年人权益保护》，载《法制与经济》2012 年第 5 期。

享有各种待遇的政策文件，这无疑为老年人权益保护法律体系的形成打下了基础。如前所述，1996 年的《老年人权益保障法》标志着我国老年人事业发展步入法治化轨道。这一步的迈出，在国际社会产生了广泛而深远的影响。随后，国务院和地方政府还在老年人权益保护方面制定了相关行政法规和地方性法规，[1] 我国初步形成以《宪法》为基础的老年权益保护的法律体系。[2]

然而，在历经十几年的实践之后，随着社会的日益变迁和经济的飞速发展，1996 年的《老年人权益保障法》显然已难以满足现实需求，其所存在的弊端与缺陷日渐凸显，对《老年人权益保障法》的修改问题亟待解决。2012 年 12 月结合我国现阶段国情和人口老龄化发展趋势，在总结实践经验的基础上对 1996 年《老年人权益保障法》作了大幅度修改。[3] 2018 年 12 月 29 日第十三届全国人民代表大会常务委员会第七次会议通过了对该法的第三次修正。较之原法，新修订的《老年人权益保障法》增加了 3 章 35 条，将精神赡养、宜居环境建设以及老年人社会参与等诸多内容纳入法律保护范围，并将每年的农历九月九日定为老年节，更进一步健全和完善了老年人权益保护法律制度。但是，作为一项长期且复杂的工作，老年人权益保护虽然有了新修订的《老年人权益保障法》的保驾护航，实践中的运用仍需不断的探索。新法固然创新颇多，但具体的实施中仍存有待完善之处，主要表现在以下几个方面：

1. 欠缺对精神赡养的实质性保障措施

2013 年 7 月国内判决了首例“精神赡养”案，9 月江西一位身患癌症的老父亲以其独子未尽精神赡养义务为由，要求赔礼道歉，并赔

---

〔1〕 齐延平主编：《社会弱势群体的权利保护》，山东人民出版社 2006 年版，第 386 页。

〔2〕 缪陵霞：《老年人社会权益保障权的宪法保护》，华东政法学院 2005 年硕士学位论文。

〔3〕 吴欣欣：《关于老年人权益保障的法律研究》，烟台大学 2013 年硕士学位论文。

偿精神损失费 1 元。2014 年 3 月,长沙一位 78 岁视听障碍的老人独自就医时失声痛哭。[1] 2018 年入法的"精神赡养"条款面临难以落地的困境。[2]

尊老敬老、孝敬父母的传统,因人口老龄化加剧而显得尤为重要。老年人家庭结构形式的变化,让其由原来的物质赡养转为侧重精神赡养,而年轻人迫于工作与生活的压力,往往忽视老年人精神方面的需求。老年人精神赡养条款入法,遭遇现实生活的困境,例如:子女的探亲休假制度无法得到保障,以致子女"想回去,回不去";对于探望父母周期、违反后果无后续规定,使子女容易产生"不回去,能怎样"的心态;精神赡养纠纷诉前调解制度的相对缺失,使子女探望父母不能而造成"回去了,又怎样"的恶化局面。[3]

2. 老年人婚姻自由权难以保障

婚姻自由是我国《民法典》婚姻家庭编中的重要原则,其基本含义是任何公民只要不违反法律或社会公德,均可依照自己意愿决定自身婚姻问题,且不受其他人的限制或干涉。新修订的《老年人权益保障法》在第 21 条中就规定了老年人婚姻自由这一权利。老年人的婚姻自由同样包括结婚自由和离婚自由,其子女或其他亲属不得干涉老年人的离婚、不得干涉老年人再婚及婚后生活。[4] 实践中,老年人的婚姻自主权多半会受到子女的干涉或反对,主要表现在离婚和再婚问题上。

---

[1] 《长沙 78 岁老人携大把存折孤身求医 因找不到亲人》,载腾讯·大湘网 2014 年 3 月 27 日,http://hn.qq.com/a/20140327/005420.htm。

[2] 《中华人民共和国老年人权益保障法》第 18 条规定:家庭成员应当关心老年人的精神需求,不得忽视、冷落老年人。与老年人分开居住的家庭成员,应当经常看望或者问候老年人。用人单位应当按照国家有关规定保障赡养人探亲休假的权利。

[3] 周琼:《常回家看看,难啊》,载《人民公安》2014 年第 1 期。

[4] 龙正风:《婚姻法视角下老年人权益法律保护措施的不足与完善》,载《山东省农业管理干部学院学报》2012 年第 3 期。

“少来夫妻老来伴”，对于生活多年、历经风雨的夫妻来讲，在白发苍苍之际仍可携手对方共度余生，也许就终身无憾了。然而由于现代生活的复杂性，加上现代人思想观念的开放性，夫妻双方虽年过半百但婚姻却已至尽头显得不足为奇。但受传统家庭观念的影响，一些子女在面对自己父母的离婚问题时极度反对，认为父母已经到了一定岁数，离婚是一件有损声誉的事情，整个家庭都会遭到别人的嘲笑。在老年人再婚问题上，有的子女担心会加重自己的赡养负担，为此所支付的赡养费用增多。[1] 有的甚至考虑到父母的再婚影响自己对父母财产的继承份额，因此百般阻挠父母再婚，甚至歧视、辱骂父母的行为。显然，《民法典》婚姻家庭编和2018年修订的《老年人权益保障法》中尽管规定了老年人婚姻自由这一权利，但实践中却存在诸多障碍，侵害了老年人的婚姻自由权。

3. 老年监护机制缺乏实际操作性

监护制度是为了保护无民事行为能力人或限制民事行为能力人的合法权益，人口老龄化的加剧使老年痴呆病的发病率呈逐年增长趋势，严重影响老年人的身心健康和生活质量，不仅给病人造成很大痛苦，也给家庭和社会带来沉重负担。[2] 多数老年人甚至还未步入高龄就已经出现“精神障碍”，丧失独立生活的能力，需要确定监护人对其进行监护。[3]

---

[1] 《中华人民共和国老年人权益保障法》第21条第2款规定：赡养人的赡养义务不因老年人的婚姻关系变化而消除。

[2] 全国人大内司委内务室、全国人大常委会法工委社会法室、民政部政策法规司、全国老龄办政策研究部编著：《〈中华人民共和国老年人权益保障法〉读本》，华龄出版社2013年版，第93页。

[3] 《中华人民共和国精神卫生法》第83条规定：精神障碍，是指由各种原因引起的感知、情感和思维等精神活动的紊乱或者异常，导致患者明显的心理痛苦或者社会适应等功能损害。该法所称严重精神障碍，是指疾病症状严重，导致患者社会适应等功能严重损害、对自身健康状况或者客观现实不能完整认识，或者不能处理自身事务的精神障碍。该法所称精神障碍患者的监护人，是指依照民法通则的有关规定可以担任监护人的人。

2018年修订的《老年人权益保障法》增加了老年人监护的内容。[1] 但实践中，基于家庭模式的逐渐转变，在子女对父母的精神赡养需通过法律形式加以督促的情况下，若需要被监护的高龄老人父母不在人世、配偶身体欠佳、子女又远在他乡，则确定监护主体实属不易。并且承担监护责任的组织或单位难以实际履行监护职责，就类似居委会、村委会的基层组织而言，很少真正承担监护职责。此外，监护人对于老年人监护的权利范围并未作规定，比如在处理涉及老年人遗产继承的问题时，监护人能否代替老年人作出财产处分决定？由此，我国借鉴国外立法所设立的成人监护制度，大都是粗放概念，并没有规定具体的跟进措施，而且在对老年人监护监督方面也欠缺明确规定，以致当监护人怠于履行监护职责时，难以及时救济被监护的老年人。

4. 未涉及老年人就业年龄歧视

人口老龄化程度的不断加重，于我国而言虽然是一个巨大挑战，但也蕴含了较大的发展机遇。当今社会是一个崇尚终身教育、知识经济的时代，具有丰富经验和智慧优势的老年人才极具升华价值。[2] 我国老年人口的庞大数量从另一个层面讲称得上是"丰富的银色人才资源"。然而按照我国现行退休年龄的规定，一旦达到退休年龄，就会有很大一部分人从原来的生产群体转变为消费群体，事实上，对于初老者或中老者，他们完全可以在其原来的工作岗位继续参与生产和分配。2018年修订的《老年人权益保障法》强调老年人的

---

〔1〕《中华人民共和国老年人权益保障法》第26条规定：具备完全民事行为能力的老年人，可以在近亲属或者其他与自己关系密切、愿意承担监护责任的个人、组织中协商确定自己的监护人。监护人在老年人丧失或者部分丧失民事行为能力时，依法承担监护责任。老年人未事先确定监护人的，其丧失或者部分丧失民事行为能力时，依照有关法律的规定确定监护人。

〔2〕1982年《维也纳老龄问题国际行动计划》指出"老龄社会最大的潜力就寓于老年人本身"，在人口老龄化国家里，老年人才资源的丰富程度，是其他人口结构社会所无法比拟的。

社会参与，将仍具有就业意愿的老年人保留在劳动力市场，不失为老年人融入社会、充分实现自身价值的有效手段。

国家应该为老年人提供工作的机会。[1] 在一些发达国家，“银发产业”已成为市场焦点。我国甚至有专家指出，“银发产业”将成为21世纪“最赚钱的十大行业”之一。但由于我国现阶段对老年人就业规定的不足，再加上实践中还广泛存在对就业年龄的歧视问题，要将老年人才推向市场、实现保障老年人就业权的目的，仍需要实践的不断努力。

此外，2018年修订的《老年人权益保障法》在老年人财产权利保护、宜居环境建设以及老年人社会参与权拓展等方面仍存有不同程度的待完善之处。老年人的权益保障工作是一项长期而复杂的工作，且新法的颁布与实施注定要接受实践的考验，在摸索中不断前进。[2] 作为联合国的常任理事国之一，再加上老龄化问题的特殊性，我国理应以2018年修订的《老年人权益保障法》为基础，探索针对我国老年人权益保障的有效途径，并协调相关国际规则，在应对全球老龄化问题上积极发挥大国应有作用。

二、进一步健全和完善我国老年人权益保护法律机制的对策

国际社会中有关老年人权益法律保护的统一化行动，为国内立法及实施机制的构建提供了参考条款和标准，然而只有国内立法真正吸纳这些国际规范才是促进老年人权益保护和老年人事业发展的根本所在。因此，面对联合国出台的一系列关于老年人权益国际法律保护的文件以及海牙国际私法会议通过的《成年人国际保护公约》，如何借鉴和吸收国际社会的先进范例，且具体落实到我国老年人权益保障立法中，既是我国当前理论界所面临的艰巨任务，也是我

---

〔1〕 2002年《马德里国际行动计划》第一个优先发展领域“老年人和发展”就涉及老年人的工作机会保障问题，根据该计划，各成员国应给予老年人工作的机会。

〔2〕 吴欣欣：《关于老年人权益保障的法律研究》，烟台大学2013年硕士学位论文。

国立法与司法实务部门不可忽视的挑战。我国《老年人权益保障法》目前与联合国及海牙国际私法会议推行的国际规则之间所存在的差距是显而易见的，这就要求我国必须直面目前国内立法中的缺陷并尽快采取有效措施加以解决，只有将国内立法逐步加以完善，才能更好地与国际接轨。具体而言，面对老年人权益国际法律保护统一化运动汹涌发展的浪潮，我国目前急需进一步健全和完善我国老年人权益保护法律机制，采取行之有效的应对措施。

（一）量化“精神赡养”相关立法

为了实现我国精神赡养立法的初衷，满足老年人的精神需求，有必要完善现行的精神赡养相关立法措施。

1. 完善职工探亲休假制度

1981 年规定的职工探亲假中，每 4 年已婚职工可探望未与自己同住的父母一次，每次 20 天。[1] 2008 年规定了带薪年休假制度，但实践中存在职工可以休假却不享有带薪福利的情况。目前新的探亲假规定为：未与父母同住且不能在公休假日团聚者，未婚职工每年有 1 次 20 天的假期，已婚职工有每 4 年 1 次的 20 天假期。建议规定：单位对未与父母同住的职工，工作满一年以上的，可享有每一年或两年的探亲假，每次 15～20 天，可一次休也可分次休，单位做好记录，相关政府管理部门进行监督，保障子女对父母的探望权。

2. 设立精神赡养纠纷调解制度

由于赡养父母既关乎法律，又关乎人伦，单纯诉讼往往激化矛盾，建议设立精神赡养纠纷的调解制度。在居民社区、居委会、村委会等地方设立针对老年人权益保护的调解机构，选任法律职业人员、社区志愿者组成调解员队伍进行纠纷的诉前调解。社区志愿者可协助专业法律人员对子女和老人进行劝导、说服教育。[2] 这可以节约

---

〔1〕 杨志超：《精神赡养法律化与制度完善》，载《理论导刊》2013 年第 6 期。

〔2〕 董云凤：《老年人精神赡养制度存在的问题与对策》，载《山西高等学校社会科学学报》2013 年第 12 期。

诉讼资源、发挥基层调解作用,体现出案结事了、修复家庭关系的目的。

3. 借鉴境外赡养立法

精神赡养在国外许多国家和地区早有规定。在日本,若子女与父母同住,则享有税收优惠,所照顾的父母已达到70岁以上的,则子女享有减税福利,实现从社会养老转至家庭养老。在法国,要求子女必须熟知父母的身体状况,父母有权随时了解子女的行踪。在瑞典、芬兰等北欧国家,明文规定子女与父母的居住距离、在一定周期内与父母接触的时间和次数,甚至限制双方谈话禁忌。[1] 在韩国,赡养父母的家庭享有优先购房权。新加坡制定了专门的《赡养父母法》,如果子女未遵守该法的规定要对其进行罚款甚至判处有期徒刑,并设有专门处理赡养纠纷的仲裁法庭。我国可以借鉴以上国家立法,完善家庭养老中所能给予的税收优惠、购房补贴、精神慰藉等规定,弘扬尊老养老的社会美德。

4. 协调相关部门立法

构建系统的老年人法律保障体系,需要打好组合拳。除了由《宪法》做统领、2018年修订的《老年人权益保障法》做指导外,在《民法典》继承编、《劳动法》或地方立法中均有配套规定。[2] 例如,根据《民法典》继承编的规定,在遗产分配时,对老人尽到精神赡养义务、与老人生前同住的子女,可考虑多分、优分,反之则可以少分甚至不分。《劳动法》应完善职工休假制度时间、频率的规定。地方立法中,具体量化精神赡养条款,规定子女探望父母的参考周期、补贴发放、调解人员选定办法以及拒不履行精神赡养义务的法律后果等。

(二)完善《婚姻法》中老年人的婚姻自由权

婚姻自由作为我国《民法典》婚姻家庭编的基本原则,是公民的

---

〔1〕 张竞芳:《关于我国老年人权益保护问题的思考》,载《公民与法》2013年第12期。

〔2〕 高瞻:《我国老年人精神赡养法律制度研究》,载《金田》2013年第7期。

基本权利，更是老年人处理自身婚姻问题时所享有的自由权利。但《民法典》婚姻家庭编中对老年人实现婚姻自由的相关保障措施并未作出规定。当老年人离婚或再婚自由遭受到子女或其他亲属干涉时，可提出救助请求，向所在基层村委会、居委会申请救济，基层村委会、居委会在了解情况后及时作出调解。当法定继承人严重干涉老年人婚姻自由且未尽赡养义务时，应依法对法定继承人作出处罚或剥夺其继承权，[1]即除了法律规定的刑事责任，适当补充行政或民事责任。实际上，老年人的婚姻自由难以得到保障与老年人自身缺乏法律知识也存有一定关系，很多老年人在遭遇离婚或再婚问题时，若不被家人支持即使忍气吞声也不愿采取捍卫自身权利的措施。甚至有的老年人只知道年轻人可以离婚或再婚，不知道老年人也享有同等的权利。因此，在当今这样开放的社会，有必要加大对保障老年人婚姻自由的宣传力度，不仅让老年人深入了解自身权利，更要让他们的子女或近亲属知晓我国法律所规定的婚姻自由不只是年轻人的专利，老年人同样享有。此外，要真正做到尊重和爱护老人，应在社会中形成一种尊老爱老的良好社会风气，逐渐消除封建传统观念对老年人婚姻自由的影响。[2]

（三）构建老年监护完整体系

2018 年修订的《老年人权益保障法》首次明确规定对老年人的监护制度，从宏观角度扩充了我国民法中的成年监护对象，为整个监护制度作了重要补充。但是作为老年人权益保护体系的重要组成部分，老年监护制度应从微观层面上做进一步的跟进和补充，以构建老年监护制度的完整体系。

首先，对法定监护人以外的监护主体进行资格审查，引进临时监护理念。在确定老年人的监护主体时，为了避免法定监护人以外的

---

〔1〕 龙正凤：《婚姻法视角下老年人权益法律保护措施的不足与完善》，载《山东省农业管理干部学院学报》2012 年第 3 期。

〔2〕 巫昌祯：《关注老年人的婚姻权益》，载《检察风云》2009 年第 20 期。

监护主体侵害被监护人的合法权益，要对其进行资格审查，规范确定监护主体的程序。[1] 我国《民法典》中对变更监护人作了相关规定，但基于变更程序的特殊性，可尝试引进临时监护理念。由此，当监护人因合理原因出现短暂性的履行监护职责不能时，可由临时监护人代替其照顾被监护的老年人，缩短老年人无人照顾的时间。在处理类似问题时，英国就设立了一种短期护理机构，称为暂托处。[2]

其次，改善养老金待遇，尝试建立老年监护基金。随着国家对社会养老政策的逐渐倾斜，近年来，我国各省市均以不同幅度提高了退休人员的养老保险金待遇。[3] 向企业退休人员发放养老保险金，是我国对老年人物质保障所采取的主要形式，由于区域经济发展状况的不均衡性，我国不同地区的养老金数额存在不同差异。养老金待遇的不断提高是改善老年人基本生活的有效途径。此外，老龄化进程的飞速加快、老年人监护需求量的增大，促使监护逐渐向职业化方向发展，家庭护工的费用也越来越高昂，甚至超出一般家庭的支付能力范围。由此，我国可借鉴西方国家，设立老年人监护专项基金，作为保障老年监护制度的强大物质后盾。

最后，大力扶持监护机构的设立，充分发挥社区监护作用。老年人口数量的激增、传统家庭规模的缩小，再加上可供选择的合适监护人数量在家庭范围内的逐渐减少，共同促成监护机构和监护组织作为备选监护人的结果。为此，国家和政府除了在政策上加大扶持监护机构或监护组织的力度外，为了保证能为更多老年人提供专业化的照顾，在兴办养老服务机构的同时，要呼吁众多的社会力量共同参与其中。并且，可以依照老年人不同程度的自理能力，对所设立的养

---

〔1〕 刘慧兰：《我国老年监护制度的法律重审——以〈老年人权益保护法〉为视角》，载《山西农业大学学报（社会科学版）》2014 年第 2 期。

〔2〕 李川瑜：《我国城市居家养老社区服务研究》，浙江大学 2007 年硕士学位论文。

〔3〕 南京市 2021 年最新调整的月人均养老金水平达到 3282 元，与 2020 年相比增幅 4.5%，2021 年长沙市企业退休养老金人均近 2609 元，平均涨幅为 5%。

老机构或组织分门别类，如养老院、敬老院、护理院等。社区监护作为社区养老的一个方面，较之于其他老年监护模式具有诸多优点。在涉及老年人的人身监护方面，可以对需要全天照顾的老年人设立“日间照料中心”，[1]涉及财产方面的监护，可设立社区纠纷机构，作为一种诉前调解妥善处理在老年人监护过程中所产生的相关财产纠纷问题。

（四）调整退休年龄政策，构建弹性退休制度

在全球老龄化进程加快的背景之下，人类预期寿命不断延长，国家经济结构逐渐转变，很多发达国家迫于养老保险金的巨大财政压力纷纷在退休年龄政策方面作出调整。20世纪80年代，一些西方发达国家在金融危机的冲击之下爆发债务危机，再加上社会需求与国家福利政策的严重脱节，产生福利困境。[2] 由此，这些发达国家通过改革养老金政策达到降低国家福利开支的目的，并将提高退休年龄作为重要调整工具。[3] 近年来，我国社会各界基于现实的考虑均普遍关注国家在退休年龄方面的调整政策，对此众说纷纭。但调整退休年龄终究是我国应对人口老龄化这一现实的必然选择，焦点在于何时作出调整以及怎样作出调整。

1. 正确把握退休年龄的调整时机与跨度

国家任何政策的制定或调整并非一蹴而就，而是一个循序渐进的过程。正如退休年龄的调整，虽然适当提高退休年龄是我国应对老龄化发展的必然选择，但必须正确把握调整时机与调整跨度，否则即使顺利制定也将面临难以落地的困境。退休年龄上调与国家人口

---

[1] 高红：《城市老年人社区居家养老的社会支持体系研究——以青岛市为例》，载《南京师范大学学报（社会科学版）》2011年第6期。

[2] 胥丽：《债务危机背景下西方福利国家模式的困境与启示》，载《江西社会科学》2012年第6期。

[3] 郑秉文：《中国养老金发展报告2012》，经济管理出版社2012年版，第170－190页。

平均预期寿命、[1]人口老龄化程度、社会经济发展状况等多种因素密切相关,日本延迟退休政策的实施就对我国具有借鉴意义。20世纪80年代,日本就将延迟退休纳入国民政策调整范围之内,2000年日本男性平均预期寿命达到77.7岁,人口老龄化程度达到17.4%,宣布实施65岁退休政策。2013年日本男性平均预期寿命达到80岁,人口老龄化程度达到24%左右,已满足延迟退休的条件,正式实现65岁退休。[2] 2021年4月1日,日本政府正式实施《改正高年龄者雇佣安定法》。这意味着日本将正式进入70岁退休的时代。虽然这部法律在现阶段不具强制效应,但《朝日新闻》认为,将来日本政府一定会推动70岁退休的义务化。[3]

国家卫健委发布的统计公报显示,我国居民人均预期寿命由1949年的35岁增长到2019年的77.3岁。[4] 结合各方面情况,如果将我国男性退休年龄延迟至65岁,那么男性劳动者的退休生涯不足10年,将女性退休年龄提高至55岁较之男性则影响不甚显著。由此,现阶段我国还不能全面提高退休年龄,只能针对目前较为普遍的提前退休现象和部分职业领域作细微调整,如教育、科研、医疗等领域。此外,对于退休年龄的提高跨度,不一定全部参照国外类似一次提高5岁的做法,可采取提高1岁、2岁、3岁阶梯式的跨度。并且结

---

[1] 人口平均预期寿命能够综合反映一定时期人均健康水平,以当前分年龄死亡率为基础计算,指假若当前的分年龄死亡率保持不变,同一时期出生的人预期能继续生存的平均年数,但实际上死亡率是不断变化的,因此,人口平均预期寿命是一个假定的指标。

[2] 张士斌:《退休年龄政策调整:日本经验与中国借鉴》,载《现代日本经济》2014年第1期。

[3] 《老龄化冲击之下70岁退休时代来临!》载央视网2021年4月1日,https://news.cctv.com/2021/04/01/ARTlaiBQFvPjF206DvDaoyn8210401.shtml,最后访问日期:2022年5月15日。

[4] 《2019年我国卫生事业发展统计公报》,载中华人民共和国国家卫生健康委员会官网2020年6月6日,http://www.nhc.gov.cn/guihuaxxs/s10748/202006/ebfe31f24cc145b198dd730603ec4442.shtml,最后访问日期:2022年5月15日。

合我国现状，当劳动力需求出现持续明显的短缺迹象、国家养老压力指数持续稳定上涨，以及未来国家平均预期寿命大幅度延长等情况时，适时延长合理跨度范围的退休年龄。

2. 构建弹性退休制度

据统计，国家人口平均预期寿命与我国相当的国家，退休年龄的规定普遍晚于我国。[1] 早在1972年，德国就开始着手实施了弹性退休制度，目前，德国男性公民中达到或超过65岁的就可以根据自己的意愿决定退休或者选择继续工作。[2] 2004年法国就已将法定退休年龄延长到65岁。在瑞典，职工65岁时即可选择退休，也可依照该国弹性退休制度选择继续工作至70岁。[3] 英国对退休年龄的改革分两步走：第一步是将女性退休年龄逐渐提至65岁，与男性退休年龄达到统一；第二步是将国家整体法定退休年龄提高至68岁，其中完成第一步历时10年，第二步准备在2024年开始实施，计划时间为22年。

从长远发展来看，我国的弹性退休制度应根据我国的实际情况来构建。首先，基于目前我国退休年龄在性别上的差距，可逐步优先调整女性退休年龄，相对缩短女性职工和女性工人之间的退休年龄差距，再根据我国未来人口老龄化的增长情况，减小男女退休年龄差距或者逐渐持平。其次，除了对退休年龄进行制度化规定外，在法定退休年龄的基础之上充分尊重退休人员的意愿进行柔性延长退休年龄，采取相对浮动措施，针对延迟退休且能继续创造更多劳动价值的劳动者给予一定的奖励措施。[4] 最后，在构建弹性退休制度时应充

---

〔1〕 薛莲、曾力：《解决我国人口老龄化问题的政策分析》，载《统计与决策》2005年第3期。

〔2〕 徐瑞鸿：《老年人权利的保护与救济》，烟台大学2013年硕士学位论文。

〔3〕 马淑艳：《弹性退休制度研究》，河南大学2013年硕士学位论文。

〔4〕 周旭：《我国实施弹性退休制度的可行性及难点研究》，西南财经大学2012年硕士学位论文。

分体现公平合理原则，即在统筹集体利益需求、提高资源再分配效率、优化社会结构的前提下进行改革，特别侧重增加劳动市场中下层至中层劳动者的收入，以有助于社会各阶层的流动性，防止由社会结构固化所产生的可能风险。

3. 跟进延迟退休年龄的配套政策

从国外延迟退休年龄的经验不难看出，制定行之有效的退休金支付政策以及针对高龄劳动者的积极就业政策是延迟退休年龄的关键所在。对于我国而言，退休金的支付应着重考虑具体的支付方式以及支付起始年龄。劳动者在达到法定退休年龄之后选择直接退休则按照法律规定获得养老保险金，若选择继续工作不仅可以通过自己劳动获得报酬，同时建议国家发放一定比例的在职养老金，且该在职养老金低于直接养老金，这样，使继续工作的老年人所获得的劳动收入与在职养老金总数略高于直接退休的收入。[1] 对于养老金的支付起始年龄，可根据国家拟延迟的退休年龄划分不同阶段，如直接退休年龄阶段、直接退休年龄与拟延迟年龄间隔阶段、拟延迟退休年龄以后阶段。

对于老年人的积极就业政策，主要依靠政府引导、社会支持以及严格执行法律规定。消除社会中现存的就业年龄歧视，鼓励企业为老年人提供就业机会，并考虑老年人的健康状况以适当改善工作条件。此外，延迟退休年龄的具体实施应侧重于对中小企业的监督，政府给予企业继续雇佣老年人的补助，以发放报酬、改善工作环境。对于用人企业，应认识到老年人才中所蕴含的升华价值，特别是对劳动者有经验要求的行业领域，老年人所兼具的智慧优势势必给企业带来庞大收益。

总之，我国在老龄事业发展、老年人权益法律保护方面所获成就

---

〔1〕 张士斌：《退休年龄政策调整：日本经验与中国借鉴》，载《现代日本经济》2014年第1期。

有目共睹。然而,作为一个有着14.1亿总人口、老年人占据2.64亿的发展中国家,[1]尽管我国现行的《老年人权益保障法》已作了最新修订,并于2018年12月29日实施,但仍然在实践中存在困难和问题,社会保障体系不够完善,城镇、农村的困难老年人贫困问题值得关注,侵害老年人合法权益案件时有发生,与世界上保障措施完善国家的立法和司法的差距等问题,都制约着我国保护老年人权益、促进老龄事业发展的进程。当前,我国老年人口正以年均约3.4%的速度增长,中国政府将努力融入老年人权益国际法律保护统一化进程,调整老龄事业与经济社会的发展之间的关系,让广大老年人能够共享发展成果。全球老龄化在加剧,联合国为了填补缺乏世界性老年人权利国际公约的空白,正考虑制定专门规范老年人权益国际保护的公约。这就要求我国相关部门、专家和学者未雨绸缪,提前做好应对准备,做好深入研究和广泛宣传发动等工作,积极参与联合国老年人权利公约起草、谈判、磋商等创制方面的国际活动,在国际社会争取主动权,为老年人权益国际法律保护统一化贡献应有的力量。

[1] "构建积极健康向善的活力老龄社会,中国人口与发展论坛在京召开",2000年至2020年,我国60岁及以上老年人口数从1.26亿增加到2.64亿。载央广网2021年10月16日,http://china.cnr.cn/gdgg/20211016/t20211016_52563550.shtml,最后访问日期:2022年6月8日。

参 考 文 献

一、专著

[1]韩德培:《人权的理论与实践》,武汉大学出版社 1995 年版。

[2]曾庆敏:《老年人权益保障与社会发展》,社会科学文献出版社 2008 年版。

[3]全国老龄工作委员会办公室、中国老龄协会编:《第二次老龄问题世界大会暨亚太地区后续行动会议文件选编》,华龄出版社 2003 年版。

[4]李兵、张恺悌:《中外老龄政策与实践》,中国社会出版社 2010 年版。

[5]李超:《老年人维权之利剑:老年人法律保障制度研究》,上海人民出版社 2007 年版。

[6]丁建定:《西方国家社会保障制度史》,高等教育出版社 2010 年版。

[7]丁建定、杨凤娟:《英国社会保障制度的发展》,中国劳动社会保障出版社 2004 年版。

[8]丁建定:《从济贫到社会保险——英国现代社会保障制度的简历》,中国社会科学出版社 2000 年版。

[9]李琮:《西欧社会保障制度》,中国社会科学出版社 1989 年版。

[10]和春雷:《社会保障制度的国际比较》,法律出版社 2001 年版。

[11]郑秉文、和春雷主编:《社会保障分析导论》,法律出版社 2001 年版。

[12]郑秉文:《中国养老金发展报告 2012》,经济管理出版社 2012 年版。

[13]孙炳耀:《当代英国瑞典社会保障制度》,法律出版社 2001 年版。

[14]仇雨临:《加拿大社会保障制度的选择及其对中国的启示》,经济管理出版社 2003 年版。

[15]曹健、王云斌主编:《老年人权益保障法律制度比较研究》,中国政法大学出版社 2012 年版。

[16]王莉莉、郭平:《日本老年社会保障制度》,中国社会出版社 2010 年版。
[17]何勤华主编:《澳大利亚法律发达史》,法律出版社 2004 年版。
[18]李超民:《埃及社会保障制度》,上海人民出版社 2011 年版。
[19]《法国民法典》(上册),罗结珍译,法律出版社 2004 年版。
[20]杜涛、陈力:《国际私法》,复旦大学出版社 2004 年版。
[21]李双元:《走向 21 世纪的国际私法》,法律出版社 1999 年版。
[22]杨宇冠:《人权法——〈公民权利和政治权利国际公约〉研究》,中国人民公安大学出版社 2003 年版。
[23]邓杰:《国际私法分论》,知识产权出版社 2005 年版。
[24]邝穗雄:《精神病人的责任能力研究》,法律出版社 2000 年版。
[25]陈杏铁、张正义:《老年社会工作》,中国人民大学出版社 2000 年版。
[26]齐延平主编:《社会弱势群体的权利保护》,山东人民出版社 2006 年版。
[27]全国人大内司委内务室等编著:《〈中华人民共和国老年人权益保障法〉读本》,华龄出版社 2013 年版。
[28]国际劳工组织主编:《社会保障基础》,王刚义、魏新武译,吉林大学出版社 1989 年版。
[29][美]戴维·波普诺:《社会学》(下册),刘云德、王戈译,辽宁人民出版社 1987 年版。
[30][英]约翰·克拉潘:《简明不列颠经济史》,范定久等译,上海译文出版社 1980 年版。
[31][法]卡特琳·米尔丝:《社会保障经济学》,郑秉文译,法律出版社 2003 年版。
[32][英]苏珊·特斯特:《老年人社区照顾的跨国比较》,周向红、张小明译,中国社会出版社 2002 年版。
[33][埃及]《埃及民法典》,黄文煌译,厦门大学出版社 2008 年版。
[34][美]凯利·D. 阿斯金等:《妇女与国际人权法》(第一卷),黄列、朱晓青译,生活·读书·新知三联书店 2007 年版。
[35][美]托马斯·伯根索尔等:《国际人权法精要》,黎作恒译,法律出版社 2010 年版。
[36][挪]A. 艾德等主编:《经济、社会和文化权利教程》(第二版),中国人权

研究会组织译，四川人民出版社 2004 年版。
[37] Israel Doron & Ann M. Soden, *Beyond Elder Law: New Directions in Law and Aging*, Springer, 2012.
[38] Bessam Abdulrazak et al., *Towards Useful Services for Elderly and People with Disabilities: 9th International Conference on Smart Homes and Health Telematics, ICOST* 2011, Springer, 2011.
[39] George Alexander, *International Perspectives on Aging*, Springer, 1992.
[40] Elvira Pulitano, *Indigenous Rights in the Age of the UN Declaration*, Cambridge University Press, 2012.
[41] Paul Lagarde, *Explanatory Report on the* 2000 *Hague Protection of Adults Convention*, Hague Conference on Private International Law, 2003.
[42] International Labor Office, *Introduction to Social Security*, International Labor Office, 1984.
[43] Philip R. Popple, *Social Work, Social Welfare, and American Society*, Massachusetts, 1990.
[44] Gaston V. Rimlinger, *Welfare Policy and Industrialization in Europe, American, and Russia*, John Wiley & Sons, Inc., 1971.
[45] David Owen, *English Philanthropy*, 1660 – 1960, Harvard Press, 1964.
[46] L. W. Cowie, *A Dictionary of British Social History*, G. Bell & Sons Ltd., 1973.
[47] Joel H. Wiener, *Great British, the Lion at Home, A Documentary History of Domestic Policy*, 1689 – 1973, Vol. 3, New York: St. Martin's Press, 1974.
[48] John Ditch et al., *Comparative Social Assistance: Localisation and Discretion, Aldershot, Brookfield USA, Singapore, Sydney*, Ashgate, 1997.
[49] Peter A. Kohler, *The Evolution of the Social Insurance*, 1881 – 1981, *Studies of Germany, France, Great Britain, Austria and Switzerland*, New York: St. Martin's Press, 1982.
[50] Fred C. Pampel, *Rights of the Elderly*, Facts on File, 2008.
[51] Holzmann, Robalino, Takayama, *Closing the Coverage Gap: The Role of*

Social Pensions and Other Retirement Income Transfers, World Bank Publications, 2009.

[52] United Nations, *Current Status of the Social Situation, Well – Being, Participation in Development and Rights of Older Persons Worldwide*, Department of Economicand Social Affairs, 2011.

[53] United Nations, *The Madrid International Plan of Action on Ageing: Guiding Framework and Toolkit for Practitioners and Policy Makers*, New York: Department of Economic and Social Affairs, 2008.

[54] F. Snyder, *The Effective of European Community Law: Institutions. Processes, Tools and Techniques*, 56, Modern Law Review, 1993.

二、论文

[1]余少祥:《法律语境中弱势群体概念构建分析》,载《中国法学》2009 年第 6 期。

[2]王竹青:《德国从成年人监护制度到照管制度的改革与发展》,载《北京科技大学学报(社会科学版)》2005 年第 2 期。

[3]李双元:《再谈法律的趋同化问题》,载《国际法与比较法论丛》2003 年第 4 辑。

[4]孙世彦:《论国际人权法下国家的义务》,载《法学评论》2001 年第 2 期。

[5]管亮:《社会福利和社会保障的关系》,载《法制与社会》2009 年第 19 期。

[6]丁建定:《20 世纪英国养老金制度的历史演进》,载《南都学坛》2002 年第 2 期。

[7]李工真:《德国魏玛时代社会福利政策的扩展与危机》,载《武汉大学学报》1997 年第 2 期。

[8]刘昕:《英国最新福利制度改革分析》,载《外国经济与管理》1999 年第 9 期。

[9]陈星:《英国养老金制度发展演变及其启示》,载《中国地质大学学报(社会科学版)》2007 年第 4 期。

[10]姚海明:《国外老年护理制度及对我国的启示》,载《现代经济探讨》2006 年第 6 期。

[11]沈建:《德国社会养老保障制度及其启示》,载《宏观经济管理》2008 年第 6 期。
[12]仝利民:《社区照顾:西方国家老年福利服务的选择》,载《华东理工大学学报(社会科学版)》2004 年第 4 期。
[13]陶金:《欧洲:社会保障一体化背景下的养老保障改革》,载《世界经济情况》2010 年第 4 期。
[14]湘君:《德国的老年人权益保障立法》,载《人权》2006 年第 6 期。
[15]刘菲:《从 2019 年养老金调整看美国社会保障制度》,载《银行家》2018 年第 11 期。
[16]邓方:《美国老年社会保障制度》,载《世界经济》1986 年第 9 期。
[17]长城物业集团股份有限公司:《美国老年人"社区照顾"调研和启示》,载《城市开发》2012 年第 21 期。
[18]高志强:《加拿大社会养老保险体系评析》,载《天津社会保险》2008 年第 4 期。
[19]王冠琦:《加拿大社会保障审计的主要特点及对我国的启示》,载《商业文化》2015 年第 6 期。
[20]李瑞艳、翟金秀:《加拿大社区养老服务体系特点及启示》,载《南京工程学院学报(社会科学版)》2013 年第 9 期。
[21]王延中、魏岸岸:《国际双边合作与我国社会保障国际化》,载《经济管理》2010 年第 1 期。
[22]朱广忠:《加拿大的社会福利制度与政府的治理理念》,载《当代世界与社会主义》2006 年第 4 期。
[23]郭竞成:《居家养老模式的国际比较与借鉴》,载《社会保障研究》2010 年第 1 期。
[24]程欣、许琳:《境外政府与非政府组织合作参与老年生活照料的经验与启示》,载《郑州轻工业学院学报(社会科学版)》2012 年第 1 期。
[25]张彩霞、许星莹、毛宗福:《〈美洲国家保护老年人人权公约〉简介与评价》,载《医学与法学》2016 年第 6 期。
[26]史嵩宇:《美国弱势群体权利保护的经验与启示》,载《行政管理改革》2016 年第 4 期。

[27]肖喜生、张士斌:《韩国社会养老保险制度改革及对中国的启示》,载《开放导报》2011 年第 4 期。

[28]朱琳:《韩国养老保险制度的实践经验及其启示》,载《吉林金融研究》2012 年第 2 期。

[29]陶建国:《韩国老人长期看护保险法评介》,载《保险研究》2009 年第 2 期。

[30]刘袁平:《日韩老年福利比较及其启示》,载《日本研究》2006 年第 1 期。

[31]金石:《日本养老金改革引发的思考》,载《环球中国》2012 年第 9 期。

[32]鲁仁喆、尹丽花:《韩国国民年金制度的渐进改革》,载《社会保障研究(北京)》2006 年第 1 期。

[33]李小健:《家庭养老支持政策的国外镜鉴》,载《中国人大》2012 年第 14 期。

[34]范明林、陈敏华:《中苏两国人口老化状况和养老保障制度浅论》,载《苏联研究》1990 年第 4 期。

[35]徐林实:《俄罗斯的退休养老体制改革及启示》,载《国外社会科学》2012 年第 2 期。

[36]于晓丽:《俄罗斯社会关于是否延长退休年龄的论争》,载《俄罗斯中亚东欧市场》2012 年第 6 期。

[37]占茂华:《澳大利亚社会保障法律制度》,载《商场现代化》2005 年第 21 期。

[38]翁仁木:《解决跨国劳动力养老保险权益可携性问题的国际经验借鉴》,载《西北人口》2010 年第 5 期。

[39]杨立华:《南非社会保障体系中的社会救助制度》,载《西亚非洲》2010 年第 9 期。

[40]乔晓春、张恺悌、孙陆军:《中国老年贫困人口特征分析》,载《人口学刊》2006 年第 4 期。

[41]李昌麒:《弱势群体法律保护问题研究》,载《中国法学》2004 年第 2 期。

[42]朱晓青:《〈公民权利和政治权利国际公约〉的实施机制》,载《法学研究》2000 年第 2 期。

[43]李洪星、王岳喜:《试论老年监护制度的功能》,载《技术经济与管理研

究》2005 年第 5 期。
[44]王健:《浅谈老年人权益保护》,载《法制与经济》2012 年第 5 期。
[45]周琼:《常回家看看,难啊》,载《人民公安》2014 年第 1 期。
[46]龙正凤:《婚姻法视角下老年人权益法律保护措施的不足与完善》,载《山东省农业管理干部学院学报》2012 年第 3 期。
[47]杨志超:《精神赡养法律化与制度完善》,载《理论导刊》2013 年第 6 期。
[48]董云凤:《老年人精神赡养制度存在的问题与对策》,载《山西高等学校社会科学学报》2013 年第 12 期。
[49]张竞芳:《关于我国老年人权益保护问题的思考》,载《公民与法》2013 年第 12 期。
[50]高瞻:《我国老年人精神赡养法律制度研究》,载《金田》2013 年第 7 期。
[51]巫昌祯:《关注老年人的婚姻权益》,载《检察风云》2009 年第 20 期。
[52]刘慧兰:《我国老年监护制度的法律重审:以〈老年人权益保障法〉为视角》,载《山西农业大学学报(社会科学版)》2014 年第 2 期。
[53]高红:《城市老年人社区居家养老的社会支持体系研究:以青岛市为例》,载《南京师范大学学报(社会科学版)》2011 年第 6 期。
[54]胥丽:《债务危机背景下西方福利国家模式的困境与启示》,载《江西社会科学》2012 年第 6 期。
[55]张士斌:《退休年龄政策调整日本经验与中国借鉴》,载《现代日本经济》2014 年第 1 期。
[56]薛莲、曾力:《解决我国人口老龄化问题的政策分析》,载《统计与决策》2005 年第 3 期。
[57][日]增田雅畅:《韩国介护保险的成立和今后的课题》,载《社会保障周刊》2007 年第 2429 号。
[58]柴野:《德国老龄化危及社会保障体系》,载《光明日报》2003 年 6 月 17 日。
[59]刘继同:《谁大谁小:社会福利与社会保障关系辨析及其政策涵义》,载《中国社会报》2003 年 7 月 29 日,T00 版。
[60]张丽丽:《试论加拿大养老保障制度的建立与发展》,山东大学 2014 年硕士学位论文。

[61]张珂:《加拿大养老保障制度研究》,武汉科技大学 2008 年硕士学位论文。
[62]侣宏钢:《俄罗斯养老保障制度》,黑龙江大学 2006 年硕士学位论文。
[63]张晴晴:《澳大利亚老年护理保障制度研究》,武汉科技大学 2011 年硕士学位论文。
[64]蒋露:《澳大利亚医疗保障制度解析》,武汉科技大学 2009 年硕士学位论文。
[65]秦丽丽:《英美法系成年监护制度研究》,山东大学 2008 年硕士学位论文。
[66]徐瑞鸿:《老年人权利的保护与救济》,烟台大学 2013 年硕士学位论文。
[67]牟洋:《浅析老年人权利法律保障及其完善》,山东大学 2009 年硕士学位论文。
[68]缪陵霞:《老年人社会权益保障权的宪法保护》,华东政法学院 2005 年硕士学位论文。
[69]吴欣欣:《关于老年人权益保障的法律研究》,烟台大学 2013 年硕士学位论文。
[70]李川瑜:《我国城市居家养老社区服务研究》,浙江大学 2007 年硕士学位论文。
[71]徐瑞鸿:《老年人权利的保护与救济》,烟台大学硕士 2013 年学位论文。
[72]马淑艳:《弹性退休制度研究》,河南大学 2013 年硕士学位论文。
[73]周旭:《我国实施弹性退休制度的可行性及难点研究》,西南财经大学 2012 年硕士学位论文。
[74]刘灵芝:《中国公民养老权论》,吉林大学 2008 年博士学位论文。
[75]张雨明:《中国女性老年人的生活现状与需求研究》,华东师范大学 2008 年博士学位论文。
[76]祝亚雄:《奥地利养老保障制度研究》,复旦大学 2007 年博士学位论文。
[77]王石泉:《中国老年社会保障制度与服务体系的重建》,复旦大学博士 2004 年学位论文。
[78]李超:《我国老年人权益保障制度研究》,中国人民大学 2005 年博士学位论文。

[79] Kwong - Leung Tang & Jik - Joen Lee, *Global Social Justice for Older People:The Case for an International Convention on the Rights of Older People*,36 British Journal of Social Work (2006).

[80] Frederic Megret, *The Human Rights of Older Persons: A Growing Challenge*,11 Human Rights Law Review (2011).

[81] Cynthia Sharp Myers, *Jurisdictional Issues in Interstates and International Guardianships*, Elder Law Report (2000).

[82] Ehud Bodner & Aryeh Lazar, *Ageism Among Israeli Students: Structure and Demographic Influences*, 20 International Psychogeriatrics 1046 - 1058 (2008).

[83] Marthe Fredvang& Simon Biggs, *The Rights of Older Persons - protection and Gaps Under Human Rights Law*, 16 Brotherhood of St Laurence 6 (2012).

三、报告

[1]上海市老龄科学研究中心、上海市民政科学研究中心:《美国老年人立法考察报告》,2009 年。

[2]联合国经济及社会理事会人口与发展委员会第四十二届会议秘书长报告:《世界人口趋势》,E/CN. 9/2009/6。

[3]《联合国人权事务高级专员的报告》,E/2012/51。

[4]联合国大会第六十六届会议:《第二次老龄问题世界大会的后续行动秘书长报告》,A/66/173。

[5]联合国大会人权理事会第二十四届会议:《增进和保护老年人人权问题磋商会纪要报告》,2013 年 7 月 1 日,A/HRC/24/25。

[6]联合国大会第六十四届会议:《第二次老龄问题世界大会的后续行动秘书长的报告》,A/64/127。

[7]联合国经济及社会理事会 2012 年实质性会议:《联合国人权事务高级专员的报告》,2012 年 7 月 23 日至 27 日,E/2012/51。

[8]联合国经济、社会和文化权利委员会:《第 6 号一般意见》, UN. Doc. E/1996/22。

[9]联合国经济、社会和文化权利委员会:《有关可达到的最高标准的健康权利的第 14 号一般性意见》,UN. Doc. E/C. 12/2000/4。

[10]联合国经济、社会和文化权利委员会:《有关工作权利的第 18 号一般性意见》,UN. Doc. E/C. 12/GC/18。

[11]联合国经济、社会和文化权利委员会:《有关人人有权参与文化生活的第 21 号一般性意见》,UN. Doc. E/C. 12/GC/21。

[12]联合国消除对妇女歧视委员会:《关于老年妇女问题和保护其人权的第 27 号一般性建议》,UN. Doc. CEDAW/C/GC/27。

[13]联合国经济及社会理事会:《迈向第二次老龄问题世界大会秘书长报告》,UN. Doc. E/CN. 5/2001/PC/2。

[14]联合国经济及社会理事会人口与发展委员会:《第三十六届会议秘书长报告:世界人口趋势》,E/CN. 9/2003/5。

[15]联合国经济和社会事务部:《老龄化世界的发展——2007 年世界经济和社会概览》, UN. Doc. E/2007/50/Rev. 1, p. VII。

[16]联合国经济及社会理事会:《迈向第二次老龄问题世界大会秘书长报告》,UN. Doc. E/CN. 5/2001/PC/2。

[17]联合国大会第五十届会议:《筹备和举办 1999 年国际老人年方案的概念框架秘书长的报告》,1995 年 3 月 22 日,UN. Doc. A/50/114。

[18]联合国大会第五十七届会议:《第二次老龄问题世界大会的后续行动秘书长的报告》, UN. Doc. A/57/93:3。

[19]联合国大会:《联合国第二次老龄问题世界大会的报告》,2002 年 4 月 8 日至 12 日, UN. Doc. A/CONF. 197/9。

[20]联合国大会:《第二次老龄问题世界大会的后续行动秘书长的报告》, UN. Doc. A/58/160。

[21]联合国经济及社会理事会:《第二次老龄问题世界大会以来老龄问题领域的重大发展秘书长报告》,2006 年 9 月 21 日,UN. Doc. E/CN. 5/2007/7。

[22]联合国大会:《2010 年 12 月 21 日大会决议》,2011 年 2 月 4 日,UN. Doc. A/RES/65/182。

[23]联合国大会:《2012 年 12 月 20 日大会决议:订立一项全面综合国际法

律文书以促进和保护老年人权利与尊严》,UN. Doc. A/RES/67/139。
[24]联合国人权理事会第二十四届会议:《老年人的人权报告》,2013 年 9 月 9 日至 27 日,UN. Doc. A/68/53/Add. 1。
[25]联合国经济及社会理事会经济、社会、文化权利委员会:《第十二和第十三届会议报告》,1996 年 2 月 28 日,E/1996/22. E/C. 12/1995/18。
[26]联合国经济和社会事务部:《2007 年世界经济与社会概览——老龄化世界的发展》,E/2007/50/Rev. 1。
[27]联合国大会:《老龄问题不限成员名额工作组第四届工作会议报告》,A/AC. 278/2013/2。
[28]联合国大会:《老龄问题不限成员名额工作组第二届工作会议报告》,A/AC. 278/2011/5。
[29]联合国大会人权理事会第十四届会议:《人权与赤贫问题独立专家马格达莱纳·赛普尔韦达·卡尔莫纳的报告》,A/HRC/14/31。
[30]联合国经济社会理事会社会发展委员会:《进一步执行 2002 年〈马德里老龄问题国际行动计划〉》,E/CN. 5/2014/L. 3。
[31]联合国大会:《老龄问题不限成员名额工作组第四届工作会议报告》,A/AC. 278/2013/2。
[32]联合国大会第六十八届会议:《国际老年人年的后续行动——第二次老龄问题世界大会秘书长的报告》,A/68/168。
[33]联合国大会老龄问题不限成员名额工作组第三届工作会议:《老龄问题不限成员名额工作组的报告》。
[34]联合国大会人权理事会第二十六届会议:《2014 年社会论坛报告》,2014 年 4 月 1 日至 3 日,A/HRC/26/46。
[35]联合国经济及社会理事会 2012 年实质性会议:《联合国人权事务高级专员的报告》,2012 年 7 月 23 日至 27 日,E/2012/51。
[36]联合国大会老龄问题不限成员名额工作组第三届会议:《老龄问题不限成员名额工作组的报告》,A/AC. 278/2012/1。
[37]《酷刑和其他残忍、不人道或有辱人格的待遇或处罚特别报告员的临时报告》,A/63/175。
[38]《适足生活水准权所含适足住房问题特别报告员的报告,对西班牙的访

问》,A/HRC/ 7/16/Add. 2。

[39] Working Document No. 114, Presented by Twenty Delegations.

[40] Working Document No. 54, 11 and 13, and the very Close Vote on Working Document No. 13 (Minutes No. 2, Nol. 03).

[41] Working Document No. 52 and Its Adoption, Minutes No. 8, No. 58.

[42] Working Document No. 86 and Its Adoption, Minutes No. 15, No. 50.

[43] Working Document No. 18, and the Discussion, Minutes No. 4, No. 66 – 100.

[44] Working Document No. 28, Adopted on this Point by 20 Votes to 1 with 2 Abstentions, Minutes No. 6, No. 36.

[45] Working Document No. 25, Rejected by 13 Votes to 5 with 4 Abstentions, Minutes No. 6, No. 54.

[46] The Permanent Bureau of the Conference, Proceedings of the Special Commission of a Diplomatic Character of September – October 1999 Protection of Adults, Hague Conference on Private International Law, 2003.

[47] The Evolution and Impact of Social Security in South Africa, European Report of Development, 2010.

[48] WHO World Report on Violence and Health, 2002.

[49] United Nations Department of Economic and Social Affairs Division for Social Policy and Development Programme on Ageing, Report of the Expert Group Meeting "Rights of Older Persons". Convened in preparation for the report of the Secretary – General to the 64thsession of the General Assembly, 2009.

[50] Organization for Economic Cooperation and Development, "Income Distribution: Poverty", OECD social Expenditure Statistics (database). OECD, Pensions at a Glance 2011: Retirement – income Systems in OECD and G20 Countries, 2011.

[51] UN. Doc. E/1996/22.

[52] UN. Doc. E/C. 12/2000/4, 11 August 2000.

[53] UN. Doc. E/C. 12/GC/18, 6 February 2006.

[54] UN. Doc. E/C. 12/GC/19, 4 February 2008.

[55] UN. Doc. E/C. 12/GC/20, 2 July 2009.

[56] UN. Doc. E/C. 12/GC/21, 21 December 2009.

[57] UN. Doc. CEDAW/C/GC/27, 16 December 2010.

[58] United Nations Economic and Social Council, Second review and appraisal of the Madrid International Plan of Action on Ageing, 2002, Report of the Secretary – General, UN. Doc. E/CN. 5/2013/6, 28 November 2012.

[59] Population Division, DESA, United Nations, World Population Ageing 1950 – 2050 – Africa.

[60] General Comment 6, Rights of Older Persons, E/C. 12/1995/16/Rev. 1, 1995.

[61] International Labour Organization, Setting Social Security Standards in a Global Society, An Analysis of Present State and Proactive and of Future Options For Global Social Security Standard Setting in the International Labour Organization, 2008.

[62] International Labour Organization, Social Protection Floor For a Fair and Inclusive Globalization: Report of the Advisory Group, 2011.

[63] American Bar Association, Commission on Law and Aging, Report to House of Delegates onCourt Focused Elder Abuse Initiatives, 2012.

四、电子文献

[1]新华社:《24 部门联合发文要求进一步加强老年人优待工作》,载中华人民共和国中央人民政府网 2013 年 12 月 31 日 ,http://www. gov. cn/jrzg/2013 – 12/31/content_2557723. htm。

[2]《中国老龄事业发展“十二五”规划(2011—2015 年)》,载中国政府网 2012 年 10 月 12 日 ,http://www. gov. cn/zwgk/2011 – 09/23/ content_1954782. htm。

[3]《合肥市青少年机器人竞赛开幕 敬老爱老成主题》,载凤凰网 2014 年 4 月 13 日,http://news. ifeng. com/gundong/detail_2014_04/13/35728043_0. shtml。

[4]《重阳节全国各地开展丰富多彩的尊老敬老活动》,载中国新闻网 2018 年 10 月 16 日,http://www. chinanews. com/sh/2018/10 - 16/8650856. shtml。

[5]《全国老龄工作委员会关于印发〈“十三五”国家老龄事业发展和养老体系建设规划〉评估指标体系的通知》,载全国老龄工作委员会办公室网 2019 年 6 月 5 日,http://www. cncaprc. gov. cn/ contents/763/186974. html。

[6]《〈“十三五”国家老龄事业发展和养老体系建设规划〉解读》,载中国政府网 2017 年 3 月 15 日 ,http://www. gov. cn/zhengce/2017 - 03/15/content_5177770. htm。

[7]《2018 年全国养老服务机构近 3 万个 养老服务床位共 746. 4 万张》,载中商情报网 2019 年 3 月 5 日 ,http://www. askci. com/news/chanye/20190305/1605411142729_2. shtml。

[8]《今年全面推行城乡居民大病保险》,载网易新闻 2014 年 4 月 19 日,http://news. 163. com/14/0419/13/ 9Q6S4PG900014Q4P. html。

[9]《2019 年城乡居民医保和大病保险筹资标准提高》,载中研网 2019 年 5 月 14 日 , http://www. chinairn. com/news/20190514/145256320. shtml。

[10]《2010 年第六次全国人口普查主要数据公报(第 1 号)》,载中国新闻网 2011 年 4 月 28 日 , http://www. chinanews. com/gn/2011/04 - 28/3004638. shtml。

[11]《2018 年国民经济和社会发展统计公报》,载国家统计局网 2019 年 2 月 28 日 ,http://www. stats. gov. cn/tjsj/zxfb/201902/t20190228_1651265. html。

[12]《老年抚养比创新高 2022 年有望正式实施延迟退休制度》,载新浪财经综合网 2019 年 3 月 22 日, https://finance. sina. com. cn/china/gncj/2019 - 03 - 22/doc - ihtxyzsk9453102. shtm。

[13]《〈中国养老金精算报告 2019—2050〉发布》,载中国老龄事业发展中心网 2019 年 6 月 27 日 ,http://www. chinallsy. org/Index/show/catid/12/id/1321. html。

[14]《“常忘事”当心老年痴呆》,载新浪网 2014 年 4 月 3 日 ,http://sd. sina. com. cn/bz/ news/z/2014 - 04 - 03/0954 - 2598. html。

[15]《长沙78岁老人携大把存折孤身求医 因找不到亲人》,载腾讯·大湘网2014年3月27日,http://hn. qq. com/a/20140327/005420. htm。

[16]《我国居民人均预期寿命达七十七岁》,载中国日报网2019年6月11日,https://baijiahao. baidu. com/s? id = 1634378192476377932&wfr = spider&for = pc。

[17] Population Development of Department of Econ. & Soc. , Affairs of the United Nation, *The Ageing of the World's Population*, United Nations (May 24, 2000), http://www. un. org/esa/socdev/ageing/ agewpop. htm.

[18] Secretary General Kofi Annan, *Address at the Opening Ceremony of the International Year of Older Persons*, United Nations (Oct. 1, 1998), http://www. un. org/esa/socdev/iyop/iyopsgsm. htm.

[19] United Nations Principles for Older Persons, G. A. Res. 46, U. N. GAOR, 74th sess. , U. N. Doc. A/Res/46/91 (1991), United Nations (Mar. 14, 2000), http://www. un. org/esa/soedev/iyoppop. htm.

[20] Charter of the Fundamental Rights of the European Union, 2000 O. J. (C364), p. 1 – 22, European Union (Apr. 10, 2019), http://europa. eu. int/comm/justice – home/unit/charte/pdf/texte – en. Pdf [Charter of Fundamental Rights of the EU].

[21] *Conceptual and Operational Frameworks for the United Nations Prsneiples for Older Persons*, United Nations (Sept. 5, 1998), http://www. un. org/esa/soedev/iyop/iyoPreco. htm.

[22] Convention on the International Protection of Adults, Hague Conference on Private International Law (Oct. 2, 1999), http://www. hcch. net/e/eonventions/text35e. html.

[23] Paul LaGarde, *Explanatory Report for the Convention on the International Protection of Adults*, Hague conference on Private International Law (2000), http://www. hcch. net/e/conventions/text35e. html.

[24] The Finance Ministry's Regulations on Employees' Pension (8th Edition) B. C. 2552, Thai Gov (Sept. 25, 2016), http://www. thaigov. go. th/en/government – news/item/60970 – pm – assures – permanent – employee –

representatives' – their – proposals – will – be – reviewed. html.

[25] Growing Unequal? Income Distribution and Poverty in OECD Countries, International Poverty Centre Working Paper No. 8, International Poverty Center, http://www. ipc – undp. org/pub/IPCWorkingPaper8. pdf.

[26] Kakwani& Subbarao, *Ageing and Poverty in Africa and the Role of Social Pensions, International Poverty Centre Working Paper No.* 8, International Poverty Center, http://www. ipc – undp. org/pub/IPCWorkingPaper8. pdf, p. 10.

[27] Committee against Torture, General Comment No. 2, "Implementation of article 2 by States Parties" (CAT/C/GC/2), United Nations, http:// www. ohchr. org/english/ bodies/cat/comments. htm.

[28] Economic and Social Council, "Concluding observations of the Human Rights Committee: Germany" (CCPR/CO/80/DEU), United Nations, http://www. unhchr. ch/ tbs/doc. nsf/(Symbol)/CCPR. CO. 80. DEU. En? Opendocument.

[29] Human Rights Council, "Report of the Special Rapporteur on torture and other cruel, inhuman or degrading treatment or punishment, Manfred Nowak: Study on the phenomena of torture, cruel, inhuman or degrading treatment or punishment in the world, including an assessment of conditions of detention" (A/HRC/13/39/Add. 5), United Nations, http:// www2. ohchr. org/english/bodies/hrcouncil/docs/13session/A. HRC. 13. 39. Add. 5_en. pdf.

[30] Ken Bluestone, *Main Elements for Inclusion in an International Human Rights Instrument for Older People. Age International Consultation Response, Ref*: 1613, Age UK, http://www. ageuk. org. uk.

[31] Robin Allen QC, *Legal Issues for Strengthening International Legislation on the Rights of Older Persons – Identifying a Defining Principle for a Convention for the Rights of Older Persons*, Age UK, http://www. ageuk. org. uk.

[32] http://www. who. int/gho/public/en.

[33] http://www. pladaily. com. cn.

[34]http://www.xzll.gov.cn/html/2041.html.
[35]http://www.un.org/chinese/esa/ageing.htm.
[36]http://www.chinanews.com/gn/2012/02-29/3707700.shtml.
[37]http://www.un.org/chinese/esa.
[38]http://www.un.org/chinese/esa/ageing.htm.
[39]http://www.un.org/en/ga/docment.htm.
[40]http://www.un.org/chinese/esa/ageing/1stageing.htm.
[41]http://www.un.org/chinese/esa/ageing/1stageing.htm.
[42]http://www.hudong.com/wiki/.
[43]http://www.un.org/chinese/esa/ageing/1stageing.htm.
[44]http://www.un.org/en/ga/54/docment.
[45]http://www.un.org/chinese/esa/ageing/1stageing.htm.
[46]http://www.un.org/en/ga/57/docment.
[47]http://www.hcch.net/index_en.php.
[48] http://baike.baidu.com/link/url = dq52GA - 7vKDndkkV3zFUUYwCWkyjmBGmMq0Zttyy Ivx4 - lYq55tbIET5t2CRl ezJgQA5kAdBd9_XpZq20Tvm_.
[49] http://www.chinalawedu.com/news/16900 /178/2005/6/ma 7972141044166500 210276_168928.htm.
[50] http://www.china.com.cn/international/txt/2009-11/04/content_18826676.htm.
[51]http://hu.mofcom.gov.cn/article/ztdy/200909/20090906494303.shtml.
[52]http://www.baike.com/wiki/%E7%BE%8E%E5%9B%BD%E7%99%BD%E5%AE%AB%E8%80%81%E9%BE%84%E9%97%AE%E9%A2%98%E4%BC%9A%E8%AE%AE.
[53]http://www5.statcan.gc.ca/researchers-chercheurs/index.action? lang = eng&start = 1&end = 25 &search = &sort = 0&themeId = 0&date = &series = &author = &themeState = -1&dateState = -1&seriesState = -1& authorState = -1&showAll = false&univ = 7&MMK.
[54]http://blog.sina.com.cn/s/blog_669960ae0100vdi7.html.

[55] http://gjs. mof. gov. cn/pindaoliebiao/cjgj/201310/t20131025_1003316. html.
[56] http://www. baike. com/wiki/401%28k%29.
[57] http://news. sina. com. cn/w/2010 -03 -22/110417254795s. shtml.
[58] http://www. doc88. com/p -185699717188. html.
[59] http://news. xinhuanet. com/world/2011 -11/27/c_111196894. htm.
[60] http://www. servicecanada. gc. ca/eng/about/publication/srg - gis - eng. shtml.
[61] http://www. servicecanada. gc. ca/eng/ei/digest/5_13_0. shtml#a5_13_9_1.
[62] http://www. nisd. cass. cn/news/697353. htm.
[63] http://blog. sina. com. cn/s/blog_538123bf01009gr4. html.
[64] https://www. un. org/zh/sections/issues - depth/ageing/index. html.
[65] http://www. un. org/zh/development/population/ageing. shtml.
[66] http://esa. un. org/unpd/wpp/Documentation/pdf/WPP2012_Volume - I _Comprehen - sive - Tables. pdf.
[67] http://www. un. org/chinese/esa/ageing/medicaltreatment. htm.
[68] http://www. un. org/chinese/esa/ageing/pdf/B115_29 - ch. pdf.
[69] http://www. cncaprc. gov. cn/guoling/9376. jhtml.
[70] http://www. cncaprc. gov. cn/guoling/21287. jhtml.
[71] http://gb. cri. cn/42071/2013/04/23/5752s4093362. htm.
[72] http://chinese. joins. com/gb/article. do? method = detail&art _ id = 114143&cate gory =002002.
[73] http://www. cncaprc. gov. cn/guoling/33688. jhtml.
[74] http://www. cncaprc. gov. cn/guoling/39914. jhtml.
[75] http://www. cncaprc. gov. cn/guoling/9024. jhtml.
[76] http://cn. nikkei. com/politicsaeconomy/politicsasociety/6615 -20131006. html.
[77] http://www. cncaprc. gov. cn/guoling/49956. jhtml.
[78] http://www. cncaprc. gov. cn/guoling/48368. jhtml.
[79] http://www. cncaprc. gov. cn/guoling/12778. jhtml.

工作的虢丽霞、李娜、何燕华、胡铁钟、周密、姜志腾、周娟、邵文嘉、方静雪、刘蒲沅、栗进东、余婷、朱向颌、李通敏、冯丽芳、周薇薇、郭奕轩、陈露等优秀团队成员，他们曾经或正在湖南师范大学法学院攻读硕士或博士学位，正是因为他们付出的努力以及多次研讨会中或课堂教学中提出的独到见解，扩展了老年人权益保障研究的广度和深度，保证了课题的进展和研究质量。他们在研究中共同努力、互相学习，一直保持着令人满意的学习、工作和生活状态尤其令人鼓舞，使我受益颇多。尽管《老年人权益法律制度比较研究》一书的初稿完成于 2015 年，几经修订、打磨，却依然难以尽如人意，疏漏和错误之处在所难免，恳请读者不吝批评指正！